シードブック

保育の心理学Ⅰ・Ⅱ
第2版

本郷一夫　編著

糠野亜紀・津田千鶴・西野美佐子・平川昌宏・片岡　彰・澤江幸則・鈴木智子
小泉嘉子・佐藤幸子・村上凡子・平川久美子・山本有紀・井上孝之・松好伸一
足立智昭・高橋千枝・杉山弘子・八木成和・飯島典子・金谷京子　共著

建帛社

はしがき

　現代社会において，子どもは様々な危機的状況に遭遇している。外的環境については化学物質などの危険性，地域社会においては安全な遊び場の不足，学校現場においてはいじめや校内暴力の問題，家庭においては虐待などにみられる親子関係の危機などがあげられる。また，子ども自身に目を向けても，集団にうまく適応できない「気になる」子どもの出現，障害の多様化・重複化などの問題が指摘され，様々な支援ニーズをもつ子どもたちが増加している。このような社会において，次世代を担い，新たな社会を創り出していく子どもたちを育てるためには，現代社会の特質をふまえた子ども理解と新たな保育・教育の方法が求められている。

　このような状況の中，2008（平成20）年には保育所保育指針が改定された。また，それを受けて保育士養成課程のカリキュラムが改正され，2011（平成23）年度より実施される。「保育の心理学Ⅰ」（講義2単位）と「保育の心理学Ⅱ」（演習1単位）はそれに伴って新設された教科目である。この2つの教科目では，従来の「教育心理学」と「発達心理学」を統合し，保育との関連で子どもの発達や学びの過程について学ぶことが目指されている。

　本書『保育の心理学Ⅰ・Ⅱ』は，2つの教科目が位置づけられている「保育の対象の理解に関する科目」という系列の特徴に基づいて，保育の場における子どもの発達と学習の理解，子ども理解に基づく適切な発達支援を行う実践力の修得を目指して企画されたものである。

　具体的な構成として，本書は，大きく，第Ⅰ部基礎編と第Ⅱ部保育実践編から構成されている。さらに，第Ⅰ部基礎編は，Ⅰ-Ⅰ 保育と心理学，Ⅰ-Ⅱ 生涯発達の過程（タテの発達），Ⅰ-Ⅲ 各領域の発達（「知・情・意」を中心としたヨコの発達）といったように，生涯発達的視点と領域横断的視点から子どもの発達を理解できるように構成されている。

　第Ⅱ部保育実践編は，保育現場における子ども理解とそれに基づく支援の実

際を紹介する。このうち，Ⅱ-Ⅰ 子どもの理解と支援では，現代の子どもを取り巻く様々な問題と子どもを理解するための方法について展開する。また，Ⅱ-Ⅱ 保育の場における支援の実際では，障害のある子どもや「気になる」子どもだけでなく，いわゆる健常児も含めて，クラス集団全般の発達を支援するという観点から各領域の発達について概説した上で，事例の紹介や事例を通して支援について考えていく構成となっている。

このような意図のもとに企画された本書を利用して，子どもの表面的な行動だけではなく，行動の背景やその変化のプロセスにも目を向けた子どもの理解ができる保育者，子どもの過去からの経過をふまえて現在を理解し，子どもの新たな未来を創ることに力を注ぐことができる保育者が育ってくれることを願う。

2013年アメリカ精神医学会からDSM-5（精神疾患の診断・統計マニュアル第5版）が公表され，翌年日本語訳が確定した。また，一部の発達検査が新しいバージョンになっている。それらについて，主に第12章と第13章を改訂し，全般にわたり，用語の改訂，統計・法令の更新をして，第2版とした。

最後に，本書の企画，編集に際し，建帛社の根津龍平氏には大変お世話になった。本書の構成段階から温かく見守り，迅速で適切な対応をしていただき，ここに心から感謝の意を表したい。

2015年9月

編者　本郷一夫

もくじ

第Ⅰ部　基礎編

■ Ⅰ-Ⅰ　保育と心理学

第1章　子どもの発達を理解することの意義 …… *1*
1. 発達とは …… *1*
2. 発達を規定する要因 …… *3*
3. 発達のメカニズム …… *4*
4. 発達と適応 …… *6*

第2章　子ども観と保育観の変遷 …… *10*
1. 子どもについての考え方とその変遷 …… *10*
2. 様々な保育観 …… *12*
3. 現代社会における子どもの姿 …… *14*
4. 未来の子どもを育てる保育 …… *17*

■ Ⅰ-Ⅱ　生涯発達の過程（タテの発達）

第3章　胎児期・新生児期の発達の特徴 …… *20*
1. 生涯発達のはじまりとしての胎児期・新生児期 …… *20*
2. 胎児期の発達 …… *20*
3. 新生児期の発達 …… *24*
4. 胎児・新生児の環境としての母親の及ぼす影響 …… *26*

第4章　乳幼児期の発達の特徴 …… *30*
1. 生涯発達における乳幼児期の意味と課題 …… *30*
2. 乳幼児期の発達的特徴 …… *32*
3. 自我の芽生えと人間関係の広がり …… *37*
4. 子どもの発達に影響する要因 …… *40*

第5章　児童期の発達の特徴 …… *42*
1. 幼児から児童へ …… *42*

2. 児童期における認知・思考の発達 …………………… *44*
　3. 児童期における社会・対人面の発達 …………………… *46*
　4. 9, 10歳の節 …………………………………………… *48*
第6章　青年期・成人期・老年期の発達の特徴 …………… *51*
　1. 青年期の社会生活 ……………………………………… *51*
　2. 成人期の社会生活 ……………………………………… *56*
　3. 老年期の社会生活 ……………………………………… *58*

■ I-Ⅲ　各領域の発達（「知・情・意」を中心としたヨコの発達）

第7章　身体・運動の発達 …………………………………… *61*
　1. 現代の子どもの身体（からだ）問題 ………………… *61*
　2. 運動発達の分類と方向性 ……………………………… *62*
　3. 乳幼児期の運動発達の様相 …………………………… *64*
　4. 児童期の運動発達の様相 ……………………………… *69*
　5. 運動発達に影響するもの ……………………………… *70*
第8章　認知の発達 …………………………………………… *73*
　1. ピアジェの発達理論 …………………………………… *73*
　2. 各時期の発達的特徴 …………………………………… *75*
　3. 発達における社会文化的視点 ………………………… *81*
第9章　言語の発達 …………………………………………… *83*
　1. 前言語的コミュニケーション ………………………… *83*
　2. 言語的コミュニケーション …………………………… *87*
　3. 「今，ここ」を離れた言語の獲得（3歳～6歳） …… *88*
　4. 子どもの語獲得における養育者の役割 ……………… *90*
第10章　感情の発達 ………………………………………… *93*
　1. 感情とその機能 ………………………………………… *93*
　2. 感情の成立と分化 ……………………………………… *94*
　3. 感情の理解と表出 ……………………………………… *96*
　4. 社会・文化の中での感情 ……………………………… *98*
　5. 感情の表現に問題をもつ子どもについて …………… *101*
第11章　気質・性格の発達 ………………………………… *103*

1. 気質と性格 ……………………………………………………… *103*
2. 子どもの気質 …………………………………………………… *104*
3. 性格をとらえる理論 …………………………………………… *106*
4. 性格を測定する方法 …………………………………………… *109*
5. 子どもの気質・性格の発達と保育 …………………………… *111*

第Ⅱ部　保育実践編

■ Ⅱ-Ⅰ　子どもの理解と支援

第12章　子どもの発達理解の方法 ……………………………… *113*
1. アセスメント …………………………………………………… *113*
2. 発達検査・知能検査 …………………………………………… *113*
3. 行動観察の進め方 ……………………………………………… *118*
4. 発達検査の結果に基づいた発達理解 ………………………… *119*
5. 様々な観点からの子どもの理解 ……………………………… *121*

第13章　子どもの精神的健康と障害 …………………………… *123*
1. 神経発達障害 …………………………………………………… *123*
2. 心的外傷（トラウマ）およびストレス因子関連障害 ……… *131*

第14章　園内研修を通した子どもの発達理解 ………………… *134*
1. 保育検討会 ……………………………………………………… *134*
2. 情報共有ツールを使って ……………………………………… *137*
3. 対話を通して（ワールド・カフェのすすめ）……………… *138*
4. 園内文化の伝承と今求められている保育者研修 …………… *142*

第15章　他機関との連携を通した子どもへの支援 …………… *144*
1. 「連携」の必要性 ……………………………………………… *144*
2. 「連携」を通した「支援」 …………………………………… *146*
3. 特別（保育）支援コーディネーター ………………………… *151*

■ Ⅱ-Ⅱ　保育の場における支援の実際

第16章　親子関係の発達と支援の実際 ………………………… *154*
1. 親子関係の発達 ………………………………………………… *154*
2. 保育現場の支援事例 …………………………………………… *159*

演習課題……………………………………………………………… *164*

第17章　仲間関係の発達と支援の実際 …………………………… *167*
　1．仲間関係とは ………………………………………………… *167*
　2．仲間関係の発達 ……………………………………………… *168*
　3．保育所における支援の実際 ………………………………… *173*
　4．保育の場における仲間関係の支援とは …………………… *176*
　演習課題……………………………………………………………… *177*

第18章　遊びの発達と支援の実際 ………………………………… *178*
　1．遊びの発達と支援 …………………………………………… *178*
　2．ごっこ遊びの発達と支援 …………………………………… *180*
　3．ルール遊びの発達と支援 …………………………………… *183*
　4．子どもの発達と遊びの支援 ………………………………… *187*
　演習課題……………………………………………………………… *189*

第19章　自己の発達と支援の実際 ………………………………… *190*
　1．「自分」という意識の発達過程……………………………… *190*
　2．人間関係の中での自己の形成 ……………………………… *193*
　3．文化における発達期待の影響 ……………………………… *197*
　4．子どもの自己の発達を支援する …………………………… *197*
　演習課題……………………………………………………………… *199*

第20章　認知発達への支援の実際 ………………………………… *201*
　1．保育の場における認知発達の支援 ………………………… *201*
　2．事例を通じた支援の実際 …………………………………… *202*
　3．認知発達支援の留意点 ……………………………………… *210*
　演習課題……………………………………………………………… *212*

第21章　言語・コミュニケーションへの支援の実際 …………… *213*
　1．伝え合うこと ………………………………………………… *213*
　2．コミュニケーションの発達と保育の場におけるコミュニケーション支援… *213*
　演習課題……………………………………………………………… *228*

さくいん……………………………………………………………………… *229*

第Ⅰ部 基礎編 Ⅰ-Ⅰ 保育と心理学

第1章
子どもの発達を理解することの意義

1. 発達とは

(1) 子どもを理解するための知識

　保育・教育の場において子どもを理解することは，言うまでもなく大切なことである。しかし，子どもを理解するというのはどのようなことであろうか。子どもの性格を知ることであろうか，それとも子どもの好き嫌いを知ることであろうか。よく考えてみるとなかなか難しい。目の前の子どもをよく見れば，子どもを理解できるだろうか。そうではないだろう。子どもを観察することは大切なことであるが，いくら眺めていたとしても，子どもについての知識がなければ子どもは理解できない。

　保育・教育の場においては，子どもについての知識の中でも，とりわけ子どもの発達についての知識をもつことが重要となる。それは，目の前の子どもの発達についての知識だけではなく，子どもは一般にどのように成長していくのかといった発達のプロセスについての知識をもつことが必要となる。そのような発達についての知識をもって目の前の子どもを見ること，そして実際に子どもとかかわることを通して，はじめてその子どもの個性，他の子どもとの共通性の両面が見えてくる。このように，発達についての知識をもって子どもとかかわる経験は，子どもの発達についての知識を一層深め，さらに子どもの理解を深めることになる（図1-1参照）。

(2) 発達の時期

　一般に，発達とは，「受精してから死に至るまでの心身の変化の過程」と定

義される。そこには，大きく2つの意味が込められている。1つは発達のはじまりである。「受精してから」という表現に示されるように，子どもが生まれてから発達がはじまるのではなく，お母さんのお腹にいる時から発達がはじまっている。近年，子どもの母胎内での発達の様子や母子の相互作用についての研究が進んだ結果，生まれる前から新生児反射がはじ

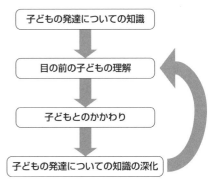

図1-1 子どもの発達についての知識と子ども理解

まり，外側の声も胎児に届いていることなどが知られるようになってきた。

　もう1つは，発達の終わりの時期と関係している。すなわち，「死に至るまでの心身の変化の過程」と表現されるように，人は死ぬまで発達を続けるということである。子どもは乳幼児期から青年期にかけて，身体が大きくなり，様々なことができるようになる。しかし，発達はこのような何かができるようになる，すばやくできるようになる，より巧みにできるようになるといった何かができるようになる過程だけを指すわけではない。いままでできていたことができなくなるといった，成人期から老年期にかけてみられる，いわゆる衰退・退化的変化もそこには含まれる。

(3) 獲得と喪失

　発達には，獲得と喪失の2つの側面がある。1つは，加齢に伴う変化である。上に述べたように，年齢を重ねると今までできていたことでもできなくなることがある（喪失）。一方，様々な事柄についての知識や知恵が蓄積され，柔軟な問題解決が可能となる（獲得）。このように発達には量的な変化だけではなく，質的な変化も含まれる。

　第2に，加齢による変化だけではなく，発達には獲得と喪失という2つの側面が常につきまとう。例えば，運動発達の面では，新生児反射が消える（喪失）頃，乳児は自分の意思で自由に手足を動かせるようになる（獲得）。言語獲得

の面では，子どもが発する喃語には世界中の言語で用いられる音の要素が含まれていると言われている。しかし，子どもがその国のことばを話せるようになる（獲得）とその国のことばに含まれる音声しか話せなくなる（喪失）。その点で，人間は獲得と喪失の2側面を繰り返しながら，発達していく存在と言えるであろう[1]。

2. 発達を規定する要因

(1) 氏か育ちか

人間の発達は何によって決まるのであろうか。この点については，古くから議論がある[2]。例えば，発達は生まれつきもっていた性質が徐々に現れてくるものだという考え方がある。これは，遺伝説（生得説，成熟説）とよばれる考え方である。ちなみに，発達を表す英語のdevelopmentには，もともとあったものが次第に現れてくるという意味がある。一方，人間は，いわば何も書き込まれていない白紙の状態（タブラ・ラサ：tabula rasa）で生まれ，後の経験こそが発達を決めるとするのが環境説（経験説，学習説）である。古くから，「遺伝か環境か」「氏か育ちか」と対比されてきたように，この2つの説は両極に位置する（図1-2）。

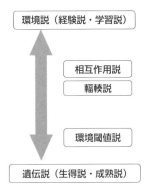

図1-2　発達を規定する要因

(2) 輻 輳 説

実際には，人間の発達は遺伝と環境の両方に影響されていると考えるのが妥当であろう。遺伝と環境の両方に着目した説はいくつかある。その1つとして，シュテルン（Stern, W.）が提唱した輻輳説があげられる。「ふくそう」というのは，本来，自転車などのスポーク（輻：「や」）が車輪の中心に集まる状態を指し，そこから物が1か所に集まることを意味するようになったものである。心理学においては，遺伝と環境の両方の要因が集まって，人間の発達を作り上

げることを示した説として知られる。また，この説は，遺伝と環境が加算されて発達が生み出されることを示す説（相和説ともよばれる：発達＝遺伝＋環境）としてとらえられることが多い。

(3) 相互作用説

　遺伝と環境の両方の影響に着目したもう1つの説として相互作用説をあげることができる。相互作用説は，輻輳説と対比される場合，しばしば，発達＝遺伝×環境（相乗説ともよばれる）と表される。この式のポイントは，遺伝か環境のどちらか一方がゼロであれば，発達もゼロとなってしまうというところにある。したがって，遺伝と環境のどちらが欠けても人間の発達は促進されないことを主張した説だととらえられる。しかし，実際には，遺伝と環境は独立に機能するものではない。例えば，ある遺伝的特徴をもつ人はある環境の側面をより引きつけやすいといったことがある。したがって，相互作用説といっても，単純に遺伝と環境のかけ算として表されるという説だけでなく，その中には様々な関係を想定した説がある。

(4) 環境閾値説

　最後に，環境閾値説をあげておこう。これは，ジェンセン（Jensen, A.R.）の説として知られている。この説は，遺伝的要素が発揮されるためには一定の環境が用意されなくてはならないという説である。例えば，環境の適切さがある水準（閾値）以下では，知能や身長などの遺伝的な形質の発達が阻害されるが，それ以上であれば十分な発達がなされるという考え方である。逆に，いくら豊かな環境が与えられても，もともとの遺伝的な形質がなければ能力は発達しないと考えられる。したがって，遺伝と環境の両方に着目した説とはいえ，どちらかと言えば遺伝説に基礎を置くものだととらえられる。

3. 発達のメカニズム

(1) 発達の連続性と不連続性

　発達は段階的に進むのか，それとも連続的に進むのであろうか。すなわち，

発達による変化は，ゆるやかで，量的で，累積的であるのか，それとも質的で，段階的なものであろうか。答えは，発達は段階的な過程でもあり，連続的な過程でもあるということである。それはどのような現象に焦点を当てて考えるかによって違う。

例えば，プロの野球選手になろうとする子どもは，練習を積み重ね，技能を獲得し，徐々に野球の能力を高めていく。この場合，発達は連続的な過程だととらえられるだろう。一方，いわゆるピアジェ（Piaget, J.）の「保存」の概念の獲得について考えた場合には，事情が違ってくる。幼い子どもは，目の前で粘土玉を変形させて細長い蛇のような形にすると「粘土が多くなった」と答える。しかし，「保存」の概念を獲得した子どもは，粘土を変形しても量は変わらないと判断する。このような場合，子どもは質的に異なった発達段階に進んだと判断されるであろう[3]。

発達の連続性と不連続性のもう1つの側面として，**表面的発達と潜在的発達**の問題があげられる。人間の発達は，目で見てとらえられる表面的発達とその背後にある潜在的発達の2つに分けてとらえることができる。例えば，寝返りを早くはじめた子どもでは，一方向にしか寝返りをうたない時期が続く。しかし，寝返りを遅くはじめた子どもは，寝返りをうてるようになった次の日には反対の方向に寝返りをうち，次の日には左右どちらにでも自由に寝返りがうてるようになる。すなわち，表面的には段階的な変化に見えても，潜在的には連続的な変化が起こっているということである[4]。したがって，子どもの発達をとらえようとする場合，表面的に何ができるかできないかということだけでなく，子どもの中に育ちつつある力，すなわち潜在的発達にも目を向けることが重要となる。

(2) 発達の機能間連関

発達の機能間連関というのは，運動，認知，言語，情動といった発達の各領域が互いに関連しながら発達していくことを指している。この機能間連関には大きく2つのものがある。1つは，正の機能間連関である。すなわち，1つの領域の発達が進むと別の領域の発達が進むということである。例えば，子どもの対人関係が発達すると子どものことばの発達が進むといったことがあげられる。

もう1つは、負の機能間連関である。例えば、ハイハイなどの移動運動の発達が遅い子どもは、言語の発達が一時的に早くなることがある。これは、自分で欲しい物を自力で取ることができないため、周りの大人に声をかけて取ってもらおうとするためである。逆に、運動能力が高い子どもは、一時的に言語の発達が遅れることがある。

　しかし、運動が進んでいると常に言語が遅れるわけではない。発達の一時期における負の機能間連関に過ぎない。このように、発達の機能間連関は子どもの発達水準や年齢によって、その関連の仕方が違ってくる。また、ある領域の発達の遅れが大きい場合には、通常とは異なった機能間連関の様相が示されることもある。

(3) 初期環境の役割

　動物行動学を確立したと言われるローレンツ（Lorenz, K.）は、ハイイロガンなどの鳥類のひなは、孵化してから最初に見たもの（音を出して動くもの）を追うという特徴があることを発見した。これは、刷り込み、あるいは刻印づけ（imprinting）とよばれる現象である。これは孵化後の一定の時期でなければ形成されないことなどから、この時期は臨界期（critical period）とよばれる。

　一般に、臨界期の特徴として、「ある時期を逃すと後では獲得できない」ということ、「一度獲得されると後では修正できない」ということがあげられる。人間の発達においても、言語獲得、愛着などについて、臨界期の有無が議論されてきた。言語獲得については、10歳あるいは12歳が臨界期であると言われることもあるが、人間の場合「ある時期を逃すと後では獲得できない」という意味での決定的な時期は見出されていない。ただし、ある時期に学んでおくと効果的なものもある。そこで、この時期は敏感期（sensitive period）とよばれる。

4. 発達と適応

(1)「気になる」子どもにおける発達の特徴

　最近では、保育・教育の場で様々な障害をもつ子どもが生活している。また、

障害の診断は受けていないが,「対人的トラブル」が多い,「落ち着きがない」,「ルール違反」が多いなどの特徴をもつ,いわゆる「気になる」子どもも増えている。

このような子どもの発達の特徴として,行動上の問題だけではなく,発達の領域間でのアンバランスがあることが知られている。図1-3には,「気になる」子どもの実際の年齢と乳幼児発達スケール(KIDS: Kinder Infant Development Scale)よって測定された発達年齢との差を求めた結果が示されている[5]。ここから,〈社会性(対成人)〉における遅れが最も大きいことがわかる。しかし,この領域には「親に行き先を言って遊びに行く」など保育所では確認できない項目も含まれているため,発達月齢差が実際以上に大きくなった部分もあると考えられる。次に,発達月齢差が大きいのは〈運動〉であり,〈言語(理解)〉や〈言語(表出)〉よりもむしろ大きくなっている。

このように,「気になる」子どもは,〈言語(理解)〉や〈言語(表出)〉に比べて,〈社会性(対成人)〉や〈運動〉の領域での発達の遅れがあることがわかる。しかし,発達のアンバランスがあれば常に集団適応が難しいわけではない。また,逆に集団適応が難しい子どもは必ず何らかの認知や発達的アンバランスをもっているわけでもない。発達と適応は関連してはいるが,まったく同じものではないのである。

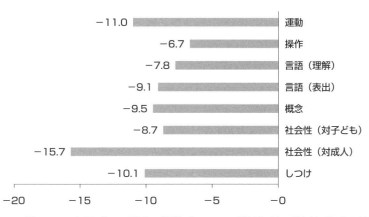

図1-3 「気になる」子どもの発達の特徴(KIDSの発達年齢−生活年齢「月齢差」)

本郷(2010)[5] より作成

(2) 能力の獲得と集団適応

「気になる」子どもの発達の特徴と集団適応との関連をみてみると，言語（表出）が発達しているほど対人的トラブルが多いという結果が示されている。具体的には，〈言語（表出）〉には「遊びながらよくしゃべる」「同年齢の子ども何人かで会話ができる」といった項目が含まれていた。一方，〈対人的トラブル〉には「『バカヤロー』などの言葉を言う」「他児の行為に対して怒る」といった項目が含まれていた。ここから，「気になる」子どもは他者との会話や遊びの途中で自分勝手に話し出したり，否定的な発言をしたりするためトラブルになってしまうのではないかと考えられる。すなわち，ことばは発達していても行動や情動を調整する力は発達していないということである。したがって，ことばの発達だけに目を奪われていてはいけない。また，子どもの発達を促す保育・教育を考える場合，ある部分の発達だけが進んでいても，集団にうまく適応できないことがあるということを理解しておく必要があるだろう。

これに関連して，英国の医学雑誌に載った記事として，次のようなものがある[6]。すなわち，ヴェネズエラにはココ・デ・モノという木がある。この木がつける実のさやはあまりにも複雑なので，非常に器用なサルだけがそれを開けて，中の美味なアーモンド状のナッツを得ることができる。しかし，このナッツを食べたあと，サルの毛は抜け落ち，まもなく死ぬという。「適者生存」という考えがあるが，これは器用ではないサルの方が生き残るということを示したエピソードであり，「最不適個体の生存」を示している。

(3) 時間と多様性の中の発達

これまでみてきたように，「何かができるようになることが発達だ」というのは誤った発達観であろう。また，「発達を理解するというのは，ある年齢になると何ができるようになるかを知ることである」というのも不十分な理解であろう。さらに，「発達支援とは，できないことをできるようにすることだ」というのは不適切な支援観であろう。

「初期の発達は後の発達を決定する」という主張にも注意する必要があるだろう。確かに，初期の発達は後の発達に影響を与える。しかし，不適切な環境により初期の発達が不十分であったとしても，後の発達がすべてうまく進まな

いということはない。その後，適切な環境が与えられれば，人は十分発達する。人は，発達において柔軟性と可塑性をもっているのである。その点で，初期の発達が後の発達を決定するといった決定論ではなく，人の発達の可能性を信じた子どもの理解が重要となる。

　子どもを理解するためには，目の前の子どもの状態だけにとらわれてはいけない。むしろ，子どもの育ちの経過の中で現在の姿を理解するとともに，現在の姿から子どもの未来を考えるといった**時間軸に沿った子どもの理解**が重要となる。また，子どもはひとりで発達するわけではない。常に，周りの人や物との関係を通して発達していく。したがって，発達に問題をもつ子どもの原因を，十分に検討することなく，単純に「遺伝の問題である」とか「母子関係の問題である」といったように，1つか2つの要因に原因を帰属してしまうことは誤りであろう。子どもと子どもを取り巻く環境の諸側面，すなわち**発達の多様な要因**を理解することが，子どもの理解にとっては重要となる。

■引用文献

1) 本郷一夫（2007）発達．本郷一夫編著：発達心理学―保育・教育に活かす子どもの理解―，第1章，pp.1-12．建帛社
2) 本郷一夫（2008）教育と発達．本郷一夫・八木成和編著：教育心理学，第1章，pp.1-12．建帛社
3) Salkind, N.J. (ed.) (2006) Encyclopedia of Human Development. Sage Publications
4) 本郷一夫編著（2008）子どもの理解と支援のための発達アセスメント，有斐閣
5) 本郷一夫・飯島典子・平川久美子（2010）「気になる」幼児の遅れと偏りに関する研究．東北大学大学院教育学研究科『研究年報』第58集第2号，pp.121-133
6) Humphery, N., 垂水雄二訳（2004）獲得と喪失―進化心理学から見た心と体―，紀伊國屋書店

第Ⅰ部 基礎編 Ⅰ-Ⅰ 保育と心理学

第2章
子ども観と保育観の変遷

1. 子どもについての考え方とその変遷

　子ども観とは，私たちが「子ども」について抱くイメージや価値観のことである。例えば「子どもの遊び」と問われて，どのような姿を浮かべるであろうか。「鬼ごっこをして走り回っている子ども」といった屋外の姿を思い浮かべる人もいれば，「ゲーム機に向かっている子ども」といった室内の様子を思い浮かべる人もいる。子どもに対して抱くイメージは，普遍的・絶対的なものではなく，時代の流れとともに変わっていく。「ゲーム機に向かっている子どもの姿」は，現代社会を反映した子どもの姿とも考えられる。

　過去に「子ども」がどのように見られていて，現在の子どもがどのような姿であるのかを知ることは，子どもにかかわる専門家として「子どもをどのようにとらえるか」ということにつながっていく。ここでは，子どもについての見方，考え方を理解することを目的とする。

(1) ヨーロッパにおける子ども観の変遷

　中世ヨーロッパ社会には「子ども期」という概念は存在せず，「小さな大人」として扱われていた。歴史家であるアリエス（Ariès, P.）は，その著書『〈子供〉の誕生』で，中世までの社会において「子ども」という観念は成立せず，子どもは小さな大人にすぎなかったことを，絵画や書簡を分析することで主張した。小さな大人としての彼らは，見習い修業に出され，日常のあらゆる場で大人と一緒に働き，遊び，暮らしていた。子どもは，家庭にとっては働き手であり労働力であり，国家にとっては軍事力であった。子どもが「子ども」として認め

られるのは,「家族」「社会」からそのように扱われるからであり,それは19〜20世紀になってからであるとした[1]。

(2) 日本における子ども観

日本においては,1872（明治5）年に「学制」が発布され,日本最初の教育制度がはじまったが,実質就学率は学制発布後10年の1882（明治15）年で31.5％であった。保坂は,「日本にまだ『子ども期』というものが認識されていなかったことと表裏一体の現象」と指摘し,「日本の大多数を占める農村社会にすれば,就学年齢である6歳以降の『子ども』たちは,りっぱな働き手であり,欠くことのできない労働力であったろう」と述べている[2]。

授業料の無料化など経済的な要因もあり,1902（明治35）年には小学校就学率が90％を超え,近代国家の成立と並行して,学校は子どもに対する教育についての主導権を獲得していった[3]。現在も,日本の教育制度は充実しており,高等学校進学率は96％を超えている。

(3) あらたな「子ども観」

学校に行くことで「子ども」であった存在が,今,変わりつつあるという指摘もある。保坂は,「知識技能が習得されているか否か」といった学校教育における「子ども」像と「大人」像がはっきりしていた時代には,学校教育の役割が自明であったが,現在は「読み書きそろばんができない子ども」と「それらができる大人」という像が揺らいでいて境界線がわかりにくくなっていると述べている。斎藤次郎の『「子ども」の消滅』を引用し,ゲームやアニメは子どもだけのものではなくなり大人も市場となっていること,通信機器や情報機器の熟達は子どものほうが優れていることをあげ,「できない（未熟な）子ども」と「できる大人」という概念ではとらえられなくなっていることを指摘している[4]。

「子ども像」が多様化し,「大人」との境界があいまいになっているからこそ,その発達をしっかりと見つめることが必要となる。家族や仲間,生活する社会とのかかわりの中で,葛藤や挫折など様々な経験を通して,自分自身を見つめ直して「大人」となっていく。そのプロセスを考えることが重要であろう。

2. 様々な保育観

　保育観とは，保育についての見方や考え方のことである。「保育」を辞書で調べると，「乳幼児を保護し育てること」とある[5]。「養護」に加えて，成長・発達を援助することが含まれている。子どもの心身の成長・発達として，「運動能力」「言語能力」「感性」「知性」「創造性」など多様な側面があり，そこへの援助が「保育」である。こういった「保育」という考えが，どのように誕生し，変遷してきたのかを知ることは，今日の保育を営む上で重要である。ここでは，先達の保育思想を紹介し，子どものとらえ方，保育・教育の考え方の基礎を学び，幼児期における保育・教育を理解することを目的とする。

(1) フレーベル (Froebel, F.W.A. 1782-1852)

　1840年にドイツのバート・ブランケンブルグ（旧東ドイツ）に，世界で最初の幼稚園「キンダーガルテン」を創設した。幼児教育の祖ともよばれている。彼は，スイスの教育実践家であるペスタロッチ（Pestalozzi, J.H.）に学んでいる。1805年，スイス西部にあるペスタロッチのイヴェルドン学園での教育に感動し，初等教育を幼児期の教育へと発展させた。

　「恩物」とは，フレーベルが創案した教具・遊具で，原語は「Gabe（英語 Gift）」，つまり「贈り物」「与えられたもの」である。幼稚園での生活で子どもたちに与えられる毛糸や木製の球や円柱や立方体などの遊具を指す（図2-1参照）。基本的には幼児期に適用される6種類の遊具があるが，その応用の遊具が子どもの精神的，身体的な発達に即応して，簡単なものから複雑なものへと順序づけて提供される[6]。

図2-1　恩物の一例

(2) モンテッソーリ (Montessori, M. 1870-1952)

　女性差別が残る時代に逆境を乗り越え，イタリア初の女性の医学博士号を取得した人としても有名である。障害児への感覚教育に注目し，健常児へと発展させた。1907年に「子どもの家」を設立し，貧困層の健常児を対象として，独特な教育法を完成させた。

　モンテッソーリ教育では，日常生活の様々な活動を自分で確実にできるようになることを目指している。また，五感を磨く感覚練習の経験を重視した。教具の形，大きさ，材質，重さにまで配慮され，子どもたちの五感の発達を促すよう意図されている。保育室での道具は「本物」を使い，大切に扱わなければ割れたり壊れたりすること，適切に使用しなければ危険であることを学ぶ。

(3) シュタイナー (Steiner, R. 1861-1925)

　1919年ドイツのシュトゥットガルトという町に，最初のシュタイナー学校が設立された。この学校は，「自由ヴァルドルフ学校」と名付けられたが，日本では，「シュタイナー学校」という名で知られている[7]。

　シュタイナーは，生まれてから21歳までを7年ごとの3期に分類し，それぞれの時期の教育的課題があると考えた。図2-2はそれを図式化したものである。乳幼児期である「第一7年期」は，体のあらゆる部分が発育していく時期であり，そのため，静かで穏やかで温かな環境が必要であると考えられている。園内はピンクやベージュなどの淡い色合いにつつまれ，自然の素材を使った玩具や木製の積木などがよく使われる。この時期の子どもは，感覚を通して模倣するとされていて，大人の様子や動作を全身で感じ取り，そのしぐさをまねることで学んでいく。そのため周りの大人は，模倣されてもよい存在である

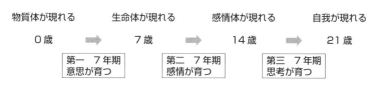

図2-2　シュタイナー教育の考え方

『のびのび子育て』[8] をもとに，筆者が加筆修正

ことが重要である。「第二7年期」は，豊かな感情を育むことを目指し，いろいろな芸術的刺激を与えることが必要とされている。「第三7年期」は，思考が育ち，知力・判断力を作り出していく時期とされている[8]。

図2-3　シュタイナー系幼稚園の午睡の部屋
（中央のテーブルには睡眠を促すアロマオイルがある）

(4) レッジョ・エミリア・アプローチ

「レッジョ・エミリア・アプローチ」は，イタリアのレッジョ・エミリア市という地域の共同保育運動としてはじまった教育方法で，ローリス・マラグッツィ（Malaguzzi, L.）はこの保育実践創始者である。

レッジョ・エミリア保育実践は，創造性を重視していて，保育者（ペダゴジスタ）と芸術教師（アトリエリスタ）によってなされている。幼児学校（3歳〜6歳）では，25名の子どもに対して2人のペダゴジスタがかかわる。3〜5人のグループに分かれて，活動テーマは自分たちで話し合って決められ，共同活動を展開していく。幼児の創造性が発揮しやすい造形表現方法をとる際，アトリエリスタは，幼児の創造的な能力を引き出すと同時に，協働活動によって相手を思いやる気持ちの育成も図るのである。活動における会話や行動は，テープや写真・ビデオなどによって記録される（ドキュメンテーションという）。この独自の記録編集は，子どもたち一人ひとりのファイルとなり，学びや成長していく過程が，その子ども自身や親などによって確かめられるようになっている[9]。

3. 現代社会における子どもの姿

雇用形態の多様化や，地域社会の変容など社会状況の変化によって，子どもの生活も少なからず影響を受けている。ここでは，生活習慣や家庭環境の変化などの今日的課題について述べる。

(1) 生活環境の変化

近年，家庭における食事や睡眠などの基本的生活習慣の乱れと，意欲や体力，気力の相関関係が指摘されていることを受けて，地域や学校・園において，生活習慣を確立するための様々な取り組みが行われている。文部科学省が主体となってすすめている「『早寝早起き朝ごはん』国民運動」もそのひとつである。

しかし，平成25年国民健康・栄養調査（厚生労働省）によると，1歳〜6歳の子どもの約8％が朝食を食べていないと報告されている。また，家族が別々の時間にひとりで食べる孤食の問題も指摘されている。厚生労働省が2003（平成15）年に発表した「児童環境調査結果」によると，週のうち朝食を毎日一緒にとる家庭は25.8％，夕食に関しては，週のうち毎日一緒にとる家庭は31.6％となっている。表2-1は，家族そろって朝食をとる日数に関する調査結果である。「ほとんどない」も約3割を占めている。労働形態の変化などによる保護者の多忙さも考えられるが，「食事」は栄養摂取だけではなく，心身両面への影響がある。竹原ら[10]は，孤食による影響として，「子どもの躾や食事の習慣やマナーなどを学ぶ機会の減少」「家族のコミュニケーション機会の減少」をあげ，健康な心身を育み豊かな人格を形成する場としての家庭の機能低下を指摘している。保育者は，子どもの健全な発達を促す上で「食事」も重要な要因であることをふまえて，子育てを支援する必要がある。

表2-1　家族そろって一緒に朝食を食べる頻度の構成割合（％）実数

総数	毎日	4日以上	2〜3日	1日だけ	ほとんどない	不詳
(100.0)	(25.8)	(8.8)	(20.6)	(10.6)	(33.2)	(1.0)
1,751	452	154	360	186	582	17

(2) 家庭環境の変化

家庭内での暴力や育児放棄に代表される虐待が顕在化してきている。図2-4は，2013（平成25）年度の児童相談所における相談の種類別の対応件数である（厚生労働省）。2013年度については，「障害相談」が172,454件（全体の44.6％）と最も多く，次が「養護相談」で125,831件（全体の32.5％）である。この養護相談のうち，「児童虐待相談の件数」は74,443件で，前年度の66,701

件に比べて 7,742 件増加している。図 2-5 は過去 5 年間の「養護相談」の推移である（厚生労働省）。対応件数が年々増加していることがわかる。しかし、「虐待そのものの増加」と短絡的にとらえることは難しい。テレビや新聞などマスコミの影響もあり、社会的な意識や関心が高まっ

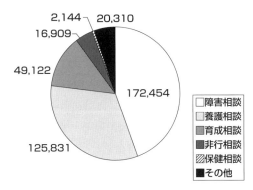

図 2-4　2013 年度　相談種類別対応件数

たことが、発見件数や相談件数の増加に結びついているとも考えられる。一方で、これらの相談機関にかかわる虐待は「氷山の一角」とも言われている。家庭内で起こっていることが周囲に気づかれるまでに至るのは決して多くない。

また、通報があっても専門機関である児童相談所がかかわることが難しい事例も多い。2010（平成 22）年 7 月に大阪で発生した幼児 2 人が育児放棄により死亡した事件を受けて、同年 9 月に児童相談所が子どもの安否確認をできているかどうかの調査が行われた[11]。4～6 月に全国の児童相談所が受けた虐待に関する通報 13,469 件のうち、8 月末時点で 261 件が児童の安否を確認ができて

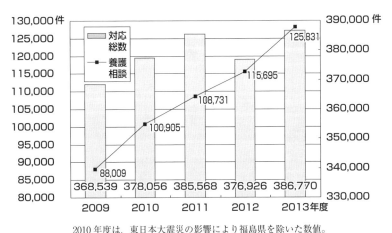

2010 年度は、東日本大震災の影響により福島県を除いた数値。
図 2-5　児童相談所における相談の対応件数の推移

いないという結果であった。児童相談所の機能にも限界があることは確かである。社会として関心をもち続けることが重要であり，子どもにかかわる仕事である保育者は，虐待の発見者になる可能性も高い。朝の視診など子どもの様子の観察を丁寧にすることもその一助となる。

4. 未来の子どもを育てる保育

現在，5歳児の約97％が保育所・幼稚園（及び認定こども園）に通っている。このことは，幼児教育の重要性が認められている証でもある。集団生活の経験や仲間との相互作用を通して子どもたちは心身ともに成長していく。こういった家庭とは異なる場所での生活が，子どもの成長には欠かせないと考えられているのである。2008（平成20）年度に幼稚園教育要領と保育所保育指針が改訂（改定）された。ここでは，それぞれの改訂（改定）のポイントと，それらをふまえた保育の今日的課題について紹介する。

(1) 幼稚園教育要領[12]

今回の幼稚園教育要領の改訂には，その前（2007年）の「学校教育法」の改正によるところも大きい。第1章総則第1条で「この法律で，学校とは，幼稚園，小学校，中学校，高等学校，中等教育学校，特別支援学校，大学及び高等専門学校とする」と記されている。これまでは「この法律で，学校とは，小学校，中学校，高等学校，中等教育学校，大学，高等専門学校，特別支援学校及び幼稚園とする」となっていた。つまり，幼稚園が小学校以降の「学校教育のはじまり」として位置づけられ，義務教育に準じる教育であることが明らかにされたのである。

しかし，第3章第22条の「幼稚園は，義務教育及びその後の教育の基礎を培うものとして，幼児を保育し，幼児の健やかな成長のために適当な環境を与えて，その心身の発達を助長することを目的とする」という条文にあるように，単に「小学校への準備教育」というのではなく，生涯にわたる教育の基礎を培うものであり，環境を通して行う教育という理念は変わらない。

(2) 保育所保育指針

　発達論や保育内容に関しては基本的には変わらないが，形式的・制度的な変更がみられた。これまでは，厚生労働省からの「通知」であり，あくまで「指針（ガイドライン）」で法的な拘束力はなかった。今回は，「告示」であり拘束力が強く規範性が高い。守られることが「最低基準」となる。告示化された背景（理由）として，民秋は，都市化や核家族化・少子化など「現代社会の変化」によって，保育所に課せられた役割（子どもの育ちの支援と子育て支援）を果たすことを求めてきていると指摘し，「法として規定し，その専門性を社会的に担保し，保育所にそれを課題として提示している」と述べている[13]。

　一方，各保育所の条件は一定ではない。都市部の人口過密な場所に立地する保育所もあれば，山間部に位置する保育所もある。核家族もあれば，曽祖父母も同居するなど大家族で生活している地域もある。細部にわたって指針を規定してしまっては，すべての保育所が遵守するのは困難である。すべての園が指針を守り，保育の質を高めていくために，要点を押さえつつも，できるだけ簡明に示されている（**大綱化**）。それにより，各園が創意工夫に努め，特色ある保育を展開することができる。

(3) 保育における今日的課題

　保育所に子どもを預ける保護者が，「養護」だけでなく「教育的側面」の充実を求め，幼稚園に子どもを預ける保護者が給食やおやつなどを含んだ長時間保育を求めるようになっており，保育者のニーズとして保育所と幼稚園の格差がなくなりつつある。地域によっては，少子化・過疎化が進み，子どもの数が減少し，保育所と幼稚園を区別する意味がない地域もある。そういった流れの中での「幼保一元化」の問題があがっている。過去にも，同じ年代の幼児を扱う施設として，保育所と幼稚園は一緒の施設にすればいいという議論はあったが，それぞれの施設の成り立ちや役割，保育者の資格の違いや管轄する省の違いなどから，一元化するという方向には進んでいかないという経緯がある[14]。認定こども園（保育所・幼稚園の両方の機能をもちつつ，なおかつ地域における子育て支援を行う施設）もスタートしたが，幼保2つの仕組みをそのまま合わせたような制度で，認定こども園独自の基準の認定がないことや独自の補助

金を加えるという措置を国として行っていないなど，実際の運用面で課題が残っているため，まだ十分に広がっていない。

　発達の連続性を考える上での「**小学校との連携**」は不可欠であり，教育基本法の改正により，学校教育としてのまとまりが重視されたことからも，小学校への連続性は強調される。保育所保育指針も改定の中で小学校との結びつきを強化している。しかし，小学校への準備教育ということではなく，生涯にわたる基礎をつくる働きを幼児教育が担うのであり，そのための研修がより重要となってくる[15]。

■引用文献
1) 保坂亨（2010）いま，思春期を問い直す，pp.7-9，東京大学出版会
2) 前掲書1），pp.48-49
3) 前掲書1），p.49
4) 前掲書1）pp.41-43
5) 新村出編（2008）広辞苑第6版，岩波書店
6) 乙訓稔（2005）西洋近代幼児教育思想史，pp.127-154，東信堂
7) 高橋弘子（1995）日本のシュタイナー幼稚園，p.25，水声社
8) 入間カイ（2010）「月刊クーヨン」編集部編：のびのび子育て，p.94，クレヨンハウス
9) 坂井旭（2009）創造性を大切にした世界の保育実践から学ぶもの，愛知江南短期大学紀要38，pp.73-83
10) 竹原小菊・純浦めぐみ・福司山エツ子・児玉むつみ・佐藤昭人（2009）児童生徒の食習慣と健康状態の実態調査―「朝孤食」と「朝共食」の比較―．鹿児島女子短期大学紀要44，pp.7-26
11) 厚生労働省，http://www.mhlw.go.jp/stf/houdou/2r9852000000sy0d.html
12) 無藤隆（2009）無藤隆・柴崎正行編：新幼稚園教育要領・新保育所保育指針のすべて，p.6，ミネルヴァ書房
13) 民秋言（2009）民秋言・小田豊・栃尾勲・無藤隆編：保育内容総論，p.171，北大路書房
14) 渡辺英則（2009）森上史朗・大豆生田啓友・渡辺英則編：保育内容総論，pp.222-223，ミネルヴァ書房
15) 前掲書12），p.7

第Ⅰ部 基礎編 Ⅰ-Ⅱ 生涯発達の過程(タテの発達)

第3章
胎児期・新生児期の発達の特徴

1. 生涯発達のはじまりとしての胎児期・新生児期

　人間としての生命のはじまりを，誕生前の胎児とするか，誕生後の新生児とするかは立場によって異なるが，胎児期・新生児期はいずれにしても発達のはじまりであり，人生のスタート地点である。
　ポルトマン (Portmann, A.) は，人間の赤ちゃんは大脳が発達し，胎内で十分に発達すると，脳が大きくなりすぎて母体は出産に耐えられないため，慢性的に1年早く未熟な状態で生まれてくるという「生理的早産説」を唱え，人間の赤ちゃんの無力さを述べた。しかしながら，科学技術の進歩や測定方法の開発により，赤ちゃんを対象にした研究が行われるようになり[1]，研究の成果から，新生児のもつ様々な能力が明らかにされ，胎児もまた，母親のお腹の中で生まれてから発揮する能力の練習をしている姿が明らかになった。
　人間は生命の誕生から死に至るまで，発達し続けるのである。次節から，胎児・新生児の発達のプロセスや特徴，養育環境としての母親との関係をみていくことにする。

2. 胎児期の発達

(1) 胎児の身体発達
　胎児は，生物学的にみて，以下の3つの時期に分けられている。
　①胚　　期　受精から受精卵の子宮への着床までの8～10日間。受精卵は分裂を繰り返しながら卵管を通過し，胚となり子宮内に達し，子宮内膜に着床し，

妊娠が成立する。

②胎芽期　受精卵の着床から胎生第8週までの時期。身長約2cm，体重約4g。諸器官の原形が形成される。この時期は，放射線，化学物質，ウイルス感染など環境の影響を強く受ける。サリドマイド薬による奇形や風疹感染による視覚障害や脳の損傷の危険性などがあげられる。

③胎児期　胎生9週から出生までの時期。胎児の急速な増大期である。妊娠12週前後には外性器の性別判定が可能になり，妊娠16週には心拍の規則正しいリズムが確認でき，妊娠20週前後に母体は胎動を感じる。妊娠34週には肺胞表面の安定が得られ，妊娠38週には諸機能が成熟する（図3-1参照）。

(2) 胎児の運動発達

胎児の行動は，妊娠経過に伴い変化し，同じ部分の運動でも，運動の性質や出現頻度・出現様式が変化する[3]。妊娠16週頃までに胎児の運動反射はほぼ完成する。超音波断層法による妊娠初期の胎児行動の発達の観察から，表3-1[4]に示す通り，妊娠16～17週までに，頭部・体幹・上下肢の屈曲や伸展，回旋，体の向きを変える運動や上肢の細かい動きや手指の開閉やからみ合わせなどの手指の動き，子宮を押し広げたり，けったりするような動きがみられる。このような動きは，出産の際に必要とされる。また，羊水を吸入し吐き出す呼吸様運動や指を吸うおしゃぶりも行っている。

新生児の行動との関連でみると，妊娠12週には自動歩行反射ともいえる歩行様の下肢の交叉性屈伸や足底反射とも言われるバビンスキー反射がみられ，15週頃には把握反射，22週には吸啜（きゅうてつ）反射の前段階である口唇をすぼめる反応が現われる。

妊娠17～18週以降は，子宮容積に対して胎児の身体が大きくなり，活動量は低下する。さらに，33週以降になると，全身運動は活発でなくなり，細かい手の動きや，顔，頭部，体幹，下肢などの協調運動が主となってくる[5]。

(3) 胎児の感覚機能の発達

触覚は，妊娠7週半ば頃に，口の周囲の刺激に反応するようになる。10週半ばには手のひらの刺激を感じるようになり，11週半ばには，顔を刺激する

	初　　期		
月	第2月	第3月	第4月
週	4〜7	8〜11	12〜15
胎児の発育	身長約2cm 体重約4g ・まだ胎芽とよばれる ・頭と胴が分かれ，尾が短くなり，手足が伸びてくる ・目，口，耳などが判別できるようになる	身長約9cm 体重約20g ・心臓，肝臓が活動しはじめる ・頭，胴，四肢がはっきり区別できる	身長約16cm 体重約120g ・この頃から胎児の発育が最も活発になる ・血液が体内を流れはじめる ・胎盤が完成する

	中　　期		
月	第5月	第6月	第7月
週	16〜19	20〜23	24〜27
胎児の発育	身長24〜26cm 体重約350g ・活発に動きはじめる ・髪の毛やつめがはえる ・心臓の動きが活発になり，聴診器で心臓の音が聞ける	身長32〜34cm 体重600〜800g ・羊水の中で動きまわっている ・全身にうぶ毛がはえてくる	身長37〜39cm 体重1.1〜1.3kg ・心臓の音がはっきり聞きとれる ・頭を下にしてうずくまっている

	末　　期		
月	第8月	第9月	第10月
週	28〜31	32〜35	36〜39
胎児の発育	身長42〜44cm 体重1.7〜1.9kg ・胎内での位置がほぼ一定する ・手足の筋肉もじょうぶになり活発に動くが，まだ皮下脂肪は少ない	身長46〜48cm 体重2.4〜2.7kg ・全身に皮下脂肪がつき丸味をおびた体つきになる ・この頃までに生まれてしまうと早産になる	身長49〜51cm 体重2.9〜3.4kg ・外形上の発育は完了する ・お産が近づくとあまり動かなくなる ・子宮外での生活に十分対応できる

図3-1　胎児の発育

財団法人母子衛生研究会（2006）[2] を参考に筆者作成

表3-1 妊娠初期の胎児行動の発達

胎齢（週）	胎児行動
8～9	頭部，体幹が一体となった軽度の屈曲運動
10	頭部から体幹上部に波及する伸展運動 下肢のキッキング（kicking）
11	頭部のみの伸展運動 頭部，体幹の伸展位保持 下肢の一側性の動き 体幹の軽度体軸回旋
12	頭部のみの側屈や回旋 全身を屈曲しての体軸回旋 上肢の非対称性の動きと片手のサッキング（sucking） 下肢の対称性のけりと全身的伸び上がり 歩行様の下肢の交叉性屈伸
13	頭部の連続的な回旋 頭部，体幹のねじれ 上肢の運動範囲の拡大 手指の開閉 上下肢で子宮を押し広げるような運動
14～15	頭部，体幹のねじれの拡大 子宮壁で連続ジャンプ様の運動 頭部，体幹の中間位保持
16～17	頭部，体幹のねじれから体位変換 連続した激しい伸び上がり 手指のからみ合わせ 連続した力強い子宮壁へのけり

鶴崎ら（1995）[4]より筆者作成

と反対側に顔を向ける。12週頃には，口唇への刺激に口を閉じ，足の裏の刺激にも反応する。視覚は，眼球運動は妊娠16週頃から超音波断層法で観察される。強い光刺激には24週頃からまぶたを開閉したり，眼球をきょろきょろさせて反応する。聴覚の機能は胎齢20週には完成し，出生前4か月頃から音を聞きはじめ，出生前2か月には音の強弱や高低を区別できる。胎児は成人女性の声の高さに最もよく反応し，音楽を聞かせたり，妊婦のお腹に音刺激を与えると，妊娠30週前後から心拍数が上昇する。味覚は，生後間もない新生児が，甘さ，酸っぱさ，苦さを区別できるので，胎児も妊娠の終わり頃には味がわかるだろうと言われている。胎児は，高い能力をもち，子宮の中で生まれるため

の準備をしている。

3. 新生児期の発達

(1) 誕生時の身体発育

赤ちゃんは妊娠約40週で誕生し，身長約50cm，体重約3,200gである。2,500g未満を低出生体重児，1,500g未満を極低出生体重児，1,000g未満を超低出生体重児としている。低出生体重児は，1980（昭和55）年の81,659人（5.2％）から，2013（平成25）年には98,624人（9.6％）に増加している（厚生労働省人口動態統計）。

(2) 新生児の行動

新生児の行動は，そのほとんどが反射である。反射とはある特定の刺激に対して神経のみを通して自動的に起きる運動である。反射の中でも，新生児のみに生じる反射を「原始反射」という。代表的なものに，唇に触れると吸おうとする「吸啜（きゅうてつ）反射」や抱きつき反射とも言われる「モロー反射」

表3-2 様々な原始反射

名称	観察される動き
把握反射	手のひらを強く押すと，指を曲げてしっかりと握りしめる。足底にも見られる。3～4か月で消失。
バビンスキー反射	足の裏をかかとからつま先にかけてこすると，親指がそり，他の4本の指が扇状に開く。12～24か月にかけて消失。
ルーティング反射（口唇探索反射）	新生児の唇の周りに触れると，刺激された方に顔をむけ，乳房を探す。3～4か月で消失。
吸啜反射	手などが唇に触れると吸おうとする。4か月頃までに消失。
モロー反射	抱きつき反射とも言われる。赤ちゃんを仰向けに抱き，急に頭を落下させると，両手と両足広げたあと，抱きつくようにする。6か月までに消失。
自動歩行反射	腋を支え足をつけると歩き出すようにする。2か月頃に消失。
緊張性頸反射	頭が一方に向くと顔を向けているほうの手足が伸び，反対側の手足を曲げる。4～6か月で消失。

がある。詳しくは表3-2に示す通りであるが、その多くは母乳を飲む、危険なものから身を守るなど、新生児が生きていくために必要な行動である。

原始反射は生後4～6か月頃には消失する。これは大脳皮質が発達して行動のコントロールが可能になり、自発運動ができるようになるからである。原始反射は乳児の神経系の働きをみるための指標となっており、消失すべき時期になっても原始反射が現れる場合には、脳機能の異常が疑われることがある。

(3) 新生児の能力
1) 新生児の知覚
ことばを話さない赤ちゃんの知覚能力を調べる方法として、選好注視法[*1]と馴化─脱馴化法[*2]がある。

a. 視　覚：視力は新生児で約0.03であるが、その後徐々に発達し3歳から5歳頃には成人並みの視力になる。目の焦点は、眼前の30cm前後にほぼ固定されている。生後2時間で赤いボールを追視する。新生児でも色覚の芽生えはあると思われるが、色覚は誕生直後から発達し、3～4か月頃には成人並みになると言われている。

b. 聴　覚：聴覚は、前述の通り胎児期から発達しているが、生後3日目の新生児は、母親の声と他者の声を聴き分ける。男性の音域の音声よりも女性の音域の音声を好む。また、胎内での音を泣いている新生児に聞かせると泣き止むことなどから、胎児期に聞いた音声を記憶していることがわかる。

c. 味　覚：生後54時間～78時間の新生児に味のない無溶液のかわりに砂糖水を与えると、吸う時間が長くなり、心拍数が上昇する。また、化学物質を新生児の舌にたらすと、酸っぱさには口をすぼめ、苦さには顔をしかめた。新生児は、甘さ、酸っぱさ、苦さは区別していると考えられる。

d. 嗅　覚：新生児は、酢酸とアルコールの匂いをかぎ分けている。甘い匂

[*1] 赤ちゃんは興味のあるものを見つめるという特性から、赤ちゃんに2つの刺激を提示し、各刺激に対する赤ちゃんの注視時間（どれだけ長く見つめるか）を測定する方法。
[*2] 特定の刺激を反復して提示すると馴化現象が生じて赤ちゃんは刺激をあまり見なくなるので、次に、新たな別の刺激を提示し、その新刺激への注視時間が長くなれば脱馴化が生じ、2つの刺激を弁別していることがわかる。

いなど,好きな匂いのほうに頭を動かし,酸っぱい匂いには顔を背ける。生後6日目には母親の母乳のパット方向に頭を動かし,母親の母乳の匂いを認識する。

(4) コミュニケーションする赤ちゃん

図3-2[6)]に示されるように,生後数日の赤ちゃんでも,単純な図形より人の顔の図形を好む。話しかけに対して手足を動かし身体で反応する。母乳を吸うときには休止期間を入れ,吸う—休む—吸うというサイクルが繰り返され,休止期間に入ると母親は優しく細かに赤ちゃんを揺さぶる[7)]。知覚でも述べたように,目の焦点は授乳のときに母親の顔が見える30cm前後に合っており,母親の声や匂いを認識している。また,生まれてからすぐに自発的微笑が出現する。この微笑は外的な刺激とは無関係に睡眠中に起こるものだが,母親は喜びをもって受け止める[8)]。

このようなことから,赤ちゃんは誕生直後から,母親をはじめとする養育者とコミュニケーションするための能力を備えており,かわいらしさを誘発する特徴をもっている。人間は,社会的動物であり生きていく上で他者とのコミュニケーションは必須である。赤ちゃんは誕生時から優れたコミュニケーション能力をもち有効に使用している。

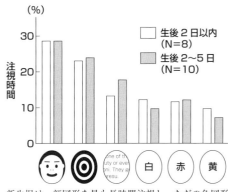

新生児は,顔図形を最も長時間注視し,ただの色図形よりは,より複雑な図形のほうを,選択的に注視した。

図3-2 6種類の刺激への新生児の注視
(Fantz, 1963)

野呂 (1994)[6)] より

4. 胎児・新生児の環境としての母親の及ぼす影響

(1) 母親の飲酒による影響

妊婦がお酒を飲むと,アルコールが血液中に入り,胎盤を通って胎児の血液

中にも入っていく。胎児は肝臓が未熟なため，アルコールを分解できず，発達障害を引き起こす。

妊婦の慢性的な長期にわたる飲酒により，中枢神経の異常をもって生まれてきたき子どもを，**胎児性アルコール症候群**（fetal alcohol syndrome：FAS）という。FASの三主徴としては，顔面異常・中枢神経機能障害・発達遅延がある[9]。

FASを引き起こした母親は，長期間，多量にアルコールを摂取しており，アルコール依存症といってもよい状態である。しかし，アルコールが胎児に及ぼす影響は，1日の飲酒量だけでなく，飲酒パターンや時期，アルコール分解能力などにより個人差が大きく，安全量は確立されていない。したがって，少量の飲酒でも胎児に影響を及ぼす可能性があるので，妊娠中の飲酒は控えるべきであろう。

(2) 喫煙の影響

妊婦がたばこを吸うと，ニコチンや一酸化炭素を体内に取り込むことになり，胎児は酸素欠乏や栄養不足になる。妊娠中に母親が常習的にたばこを吸うと，吸わない母親に比べて，低出生体重児が生まれる頻度が2〜4倍であると言われている。また，妊婦自身の喫煙ほどではないが，妊婦の受動喫煙により，胎児にニコチンが移行することも報告されており[10]，妊婦の周囲でたばこを吸うことへの配慮も必要である。

低出生体重児については，妊娠末期の低栄養により低体重で生まれる，**子宮内胎児発育不全**（intrauterine growth restriction：IUGR）児の方が，BMIが高いランクで推移し，成人後の糖尿病や高血圧などの生活習慣病を発症する頻度が高いという「**Barker仮説**」[11]があり，胎児期からの母体の栄養管理の重要性が示されている。

喫煙が胎児に及ぼす影響は，低体重だけではなく，**乳幼児突然死症候群**（sudden infant death syndrome：SIDS）による死亡率の増加や，無脳児や口唇口蓋裂，二分脊椎などの先天異常や白血病などの血液の悪性腫瘍などの発症率が高いことが報告されている。また，知的発達の遅れや精神発達の障害にも影響を及ぼすと言われている。

(3) 薬物の影響

　薬物は胎盤を通して胎児に移行する。薬物の胎盤通過性の度合いが薬物の胎児への影響を左右する。胎児・新生児への影響としては，サリドマイド薬による四肢の形態的異常（催奇形性）が社会的にもよく知られている。形態的異常は妊娠初期とされる妊娠15週末までに起きる。特に，妊娠4～7週は心臓・消化器・中枢神経・四肢などが形成され，薬物の影響を最も受ける時期である[12]。妊婦も妊娠に気づきにくい時期であることから，妊娠の可能性のある場合は，服薬には十分な配慮が必要である。また，妊娠中期・末期の薬剤摂取においても胎児や新生児の機能的異常が起こりうるため，妊娠期間全体を通した服薬への配慮が必要である。

(4) 母親の心理状態

　胎児や新生児に影響を及ぼす母親の心理状態として抑うつがある。妊婦のうつ病発症率は，研究によって異なるが，4％～16％の範囲で報告されている。また，産後の抑うつとしては，マタニティブルーがあり，日本でも40～70％の産婦が経験すると言われている。一過性のもので，産後1週間程度でよくなると言われているが，産後うつに移行するケースもある[13]。

　母親が抑うつ状態になると，母子相互作用にも影響が現れ，新生児も行動レベルが低く，興奮しやすいなど，抑うつ様の行動をとると言われている。また，抑うつに関連してストレスがあるが，妊婦のストレスは，胎児の心拍パターンに影響を及ぼし，自律神経の発達に影響を及ぼす可能性が報告されている[14]。

　このように，周産期は抑うつになりやすく，抑うつやストレスは子どもの発達に影響を及ぼす。母親の周産期の心理的健康は大切である。妊娠期からの，助産師による継続的な心理的支援が周産期の女性の心理的安定と児に対する愛着の促進につながるという報告がある[15]。

　ヒトの発達は生まれる前の胎芽・胎児の時期からはじまっており，よりよい発達のために，周産期の母子の健全な環境は必須である。胎児・新生児の発達の正しい理解と発達に影響を及ぼす飲酒やたばこ等の問題に関する啓蒙，周産期の母子への社会的サポートの整備が求められている。

■引用文献

1) 鎌田文聰（1990）教育・心理学領域における諸外国の新生児研究動向．岩手大学教育学部研究年報第 50 巻第 1 号，pp.105-123
2) 財団法人母子衛生研究会編（2006）母子健康手帳副読本「赤ちゃんそのしあわせのために（平成 18 年度版）」，財団法人母子衛生研究会
3) 上妻志郎・岡井崇・水野正彦（1989）胎児行動の統御機構—ヒト胎児．周産期医学，19(6)，pp.779-781
4) 鶴崎俊哉・田原弘幸・穐山富太郎・松本勝（1995）妊娠初期の胎児行動の発達に関する検討．理学療法学，22(2)，p.360
5) 多田裕（1992）胎児期の発達．高橋道子編：新・児童心理学講座 2 胎児・乳児期の発達，第Ⅱ章，pp.33-55，金子書房
6) 野呂正（1994）改訂版発達心理学，放送大学教育振興会
7) 正高信男（1993）0 歳児がことばを獲得するとき，中央公論社
8) 高橋道子（1996）ほほえみの発達—微笑の内的制御から外的制御への転換をめぐって．正高信男編：赤ちゃんウォッチングのすすめ，別冊発達 19，pp.17-38
9) 新美洋一（2007）妊婦のアルコール中毒．周産期医学，37，pp.170-174
10) 後藤幹生・岡田まゆみ・松吉創太郎・熊田知浩・武藤庫参・廣瀬安之・加治正行（2002）受動喫煙妊婦から生まれた新生児の尿中ニコチン濃度について．日本小児科学会雑誌，106(8)，pp.1039-1040
11) Godfrey, K.M. & Barker, D.J. (2000) Fetal nutrition and adult disease. Am J Clin Nutr, 71, pp.1344S-1352S
12) 伊藤直樹（2007）胎児・新生児の発達と薬．医薬ジャーナル，43(12)，pp.99-103
13) 安藤智子（2009）妊娠期から産後 1 年における母親の抑うつに関する縦断的研究，風間書房
14) 牧野郁子ほか（2006）母体のストレスが胎児心拍パターンに与える影響．日本産婦人科学曾雑誌，58(2)，p.731
15) 佐藤喜根子・佐藤祥子（2010）妊娠期からの継続した心理的支援が周産期女性の不安・抑うつに及ぼす効果．母性衛生，51(1)，pp.215-225

第Ⅰ部 基礎編 Ⅰ-Ⅱ 生涯発達の過程（タテの発達）

第4章
乳幼児期の発達の特徴

1. 生涯発達における乳幼児期の意味と課題

(1) 乳幼児期とは
1) 生涯発達からみた乳幼児期

　乳幼児期とは，乳児期と幼児期を合わせた時期で，生後約6年間を指している。児童福祉法では，乳児は出生から満1歳に至るまでのもの，幼児とは満1歳から就学の始期に達するまでのものとされている。しかし，発達心理学的には，乳児期とは1か月〜1歳半ないしは2歳，幼児期は1歳半ないしは2歳〜6歳頃までとする場合が多い。乳幼児期は，人間として生き発達していく上での基礎となる力が育まれる重要な時期である。乳幼児期の重要さを強調する根拠は様々あるが，大きくまとめると以下の3点になるであろう。
　① 生涯発達の中でその発達が胎児期・新生児につぎ急速に進む時期である。
　② 人間としての人格発達の基礎づくりの時期である。
　③ その発達が環境の影響を受けやすいので，特別な配慮をもった世話と援助が必要な時期である。

2) 響き合うからだ―親子関係のスタート―

　数人の赤ちゃんのいる部屋で，1人の赤ちゃんが泣きだすと他の赤ちゃんも泣きだすことがよく起こる。「泣き」は，赤ちゃんの身体内部の変調である空腹や体調の変化など「不快」の表出である。しかし上記の泣きは，1人の赤ちゃんの「泣き」が，他の赤ちゃんの身体内部や体調の変調を誘発することを示している。ワロン（Wallon, H.）は，この種の「泣き」を「情動伝染」とよび，人と人とが共同生活を築いていくために最も重要なメカニズムとみなした[1]。

共鳴動作として知られる「舌出し模倣」や「表情の模倣」[2]，「エントレインメント」とよばれる母子間の相互同期的なからだの動きなども，子どもの身体内部で，他者の内部で生じた変化と何らかの同型的な変化が生じていることを示している。一方，乳児の丸みをおびた小さい顔かたちやしぐさ，いわゆる"赤ちゃんらしさ"は母性本能に訴えて養育行動を喚起させる。さらに，母親はわが子の泣き声には，見知らぬ乳児の泣き声に対するのとは異なる反応（血圧や心拍数の上昇）を示す[3]。こうして子どもと母親相互の敏感性とからだの内部の生理情動的変化を介して，子どもと母親とがつながることで，運動機能の未熟さゆえに生命の維持にも全面的に親の養護を必要とする子どもがその後の長い発達の足場を形成するように仕組まれている。こうした両者の関係を維持・発展させていく中で，親も子どもも双方が発達・変化していくが，とりわけ「依存する子ども」の側が大きな変化をとげていく。つまり親子関係の成立を基盤として，結果的に親を媒介にして様々な学習を行い，次第に大脳皮質に基づく社会文化的な行動へと変化していくのが子どもの発達である。

(2) 初期経験の重要性

初期経験の重要性は，機能的欠陥がなくても誕生直後感覚器官を適切に使用する経験が剥奪されるとその後機能の異常をもたらすこと[4]や，人間的環境を剥奪されて育ち後に救出された野生児や社会的隔離児の人間としての復帰過程にみられた困難さからも明らかである。しかし，出生直後から，心理的・社会的・物質的に貧困な環境条件下で過ごし，そのため極端な発達遅滞に陥り救出された2人の子どもが，その後の補償教育によって社会復帰を果たすまで回復した事例からも，人間の可塑性は計り知れないものがある[5]。この補償教育で注目されることは，隔離以前に大人やきょうだいとの間で愛着を形成していたかが，救出後の子どもと養育者との情緒的結びつき，いわゆる"愛着形成"と対応し，またその後の彼らの発達に大きな影響を及ぼしたことである。とくに，愛着は，ことばの学習の根幹をなすものであり，人間としての発達に欠くことのできないものといえる。乳幼児期の重要性は，「三つ子の魂　百まで」「三歳の習い八十に至る」の諺にも表れ，古くからの人々の生活体験の中にも息づいている。

(3) 乳幼児期の発達課題

発達の特定の時期に個人が達成すべき**発達課題**について具体的に記述したのはハヴィガースト（Havighurst, R.J.）である。彼は，乳幼児期の発達課題として，歩行の確立，離乳食の完了，対話の学習，衛生行動や性的相違の認識と性的マナーの学習，生理的安定性，初歩的な概念形成，家族や他の人々との情緒的結びつきや善悪判断や良心の形成など9つを示した。これらの課題が達成されるとその後の発達が順調に進むが，その達成に失敗すると次の段階への移行が困難となるばかりでなく，適応上の問題の契機となるとされている。またエリクソン（Erikson, E.H.）は，ライフサイクルの視点から人生を8つの発達段階に分け，心理・社会的発達段階説を唱えた[6]。**心理・社会的危機**とは，各発達段階の精神的発達を決定づける対人関係のもとで達成されるもので，人間形成を拡大深化させるとともに生活次元を高める分岐点となるものである。

> 乳児期では，おっぱいがほしいとき母親やその代わりとなる人物が応えてくれることを通して，子どもは自分を取り巻く環境に対して深い信頼感を抱くと同時に自己への信頼を得ていく。不信に勝る**基本的信頼**を発達させることが好ましい発達の第一歩とみなされる。次の幼児前期には，親（母性的人物）の言う命令や禁止を受け入れ内面化していくとき，失敗に伴う恥と疑惑に追い込まれる不安と向き合いながら自律性（自分の足で立つという感覚）を発達させる。幼児後期には，基本的な家族との関係の中でやり過ぎて処罰を受ける不安や罪悪感と戦いながら自主性（自分からやってみようという思い）を獲得していく。

2. 乳幼児期の発達的特徴

(1) 発達の土台としてのからだと動き
1) 目覚ましい成長・発達

乳幼児期は，からだの発達がめざましい（図4-1参照[7]）。生れて1年後には生下時体重の約3倍，身長では約1.5倍に成長する。脳重量の増加も著しく，出生時には約370〜400gであったのが，生後6か月後には出生時の約2倍，6〜7歳で成人の脳重量の90%〜95%に達する。脳重量が重くなるのは，細胞体から出ている突起が伸び，絡み合いができ上がるからである（図4-2参

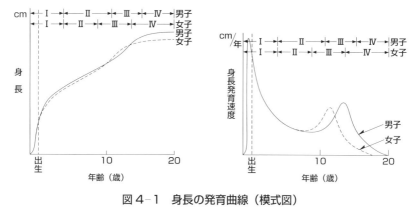

図4-1 身長の発育曲線（模式図）

高石（1985）[7] より

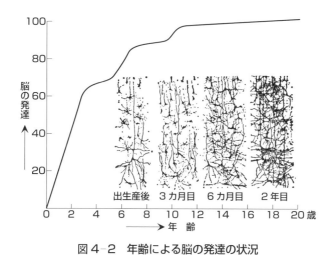

図4-2 年齢による脳の発達の状況

時実（1974）[8] より

照[8]）。

　また，運動機能の発達にはかなり個人差がある（図4-3参照）。生後1～2か月の乳児は，首がすわらず，手足も屈曲して自分のからだを支えることができない。しかし，3～4か月頃になると，うつむきにしたとき首を持ち上げ，やがて寝返りができるようになる。次第にからだから四肢の動きが独立し，随意的な運動ができるようになる。こうした運動機能の発達は一定の順序に従っ

て進む。①頭部から尾部へ（首のすわり→お座り→ハイハイ→つかまり立ち→ひとり歩き），②身体の中心部から周辺部の方向へ（手では，肩の動き→腕の動き→手・指の動きへ），③粗大運動から微細運動へ（四肢を含めた粗大運動→手や指の微細な動きへ）と次第に分化し発達する。5～6歳頃には，より協応性やバランスを必要とする全身運動ができるようになる。運動機能が充実してくる乳幼児期の子どもは，自発的にその機

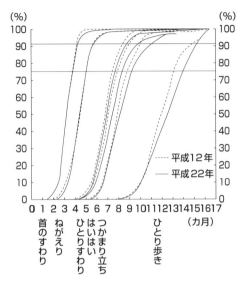

図4-3　乳幼児の運動機能の通過率
平成22年乳幼児身体発育調査結果より

能を発達させるような運動を好んで行う傾向がみられる。子どもが自分の欲求を満足させるものに興味・関心を示す時期なので，そうした活動に安心して取り組める環境づくりが求められる。

2）基本的生活習慣の確立

　睡眠と覚醒の昼夜サイクルのリズムが確立し，からだのコントロールが次第に獲得され，手足を自由にコントロールしてモノを操作することができるようになると，目の前のモノに手を伸ばしてつかみ引っ張るなど目と手の協応を必要とする行為にも習熟していく。やがて衣服の着脱，ボタンをかけたり外したりすること，帽子や靴の着用，トイレでの排便，食事においては，乳汁栄養から離乳食を経て幼児食へと移行する。人の手を借りずに自分で食物を食べようとする「手づかみ食べ」から，スプーンや箸の使用，食事のあいさつなどの食事のマナーを身につけ，こぼさないで上手にご飯を食べられるようになる。幼児期後半になると，基本的生活習慣の自立が一層進む。生活の中で，養育者による機会に応じたしつけをたえず受けながら生活習慣の習得に子どもは日々取り組み自分のものとしていく。

(2) こころの芽生えとその発達
1) 認知と思考の発達

　幼児期全体を通してみると，児童期や青年期にはみられない乳幼児期特有の心理的特性がみられる。以下にピアジェの乳幼児期の認知発達の主なものを紹介する[9]。

　a. 物の永続性：生後6か月くらいの乳児では，物体が視界から見えなくなると，その物はもはや存在しないとみる，「いま」「ここ」の見えるだけの世界で生活している。やがてその場に姿が見えなくてもその物は存在し続けると理解しはじめる。これは物の永続性が形成されたことを意味する。例えばトンネルの中に入った列車を，トンネルのもう一方の出口から出て来るのを待つなどの行為は，見えなくとも列車は走り続けていることをイメージで保持している姿である。「延滞模倣」，「つもり」・「みたて」行動の出現と合わせて象徴機能の発達と深く関連している。

　記憶が発達してくる2歳頃になると，相手の行動を予測した"ちょっかい行動"をして大人を唖然とさせ，楽しむ姿がみられる。

> **事例4-1**
> 　2歳4か月のA児が，玩具を大人の目の前に差し出し「はい，どうぞ」と渡す様子を示したので，「ありがとう」と言って受け取ろうとすると，「ダメー！」と言って後ろに隠し，驚く大人の顔を見て笑いながら逃げていく。

　b. 前概念的思考：外の世界の物に対して幼児期特有の物の見方が生まれる。例えば，「テレビ，生きている。しゃべってるから」という特殊の事象から特殊の事象を導く転導推理，横転している椅子を見て「いすさん，つかれてネンネしている」，風になびいて揺れ動く小枝から勢いよく振る雨を見て「雨さん急いで走ってどこへ行くの」と呼びかけるなど，物には命があるとみなす見方をアニミズム，また，天井のシミをみて「怪獣，こわい」とみる相貌的知覚もこの特徴から生まれる。イメージした事象や夢の中に出てきた架空の物を実在するとみる実念論，「星や月は夜を明るくするために人が作った」など自然界のすべてを人が作ったと信じる人工論など，幼児心性とよばれる。

　c. 直観的思考：幼児期後期になると認知機能も発達し，外界の事物の概念

化が進み分類したり関連付けたりすることができるようになる。しかし，その推理や判断は直観的な判断に依存し，その時々の知覚的に目立った特徴に容易に左右され一貫した論理操作がまだできない。いわゆる保存が成立していない。保存の成立には，「同一性」「相補性」「可逆性」が理解されなければならない。

　d．知的リアリズム：花びらを石でたたき絞って色のついたジュースを作った3歳児のジュースらしい見かけに惑わされる行為は，フェノメニズムとよばれる。4歳から5歳頃の幼児は，絵を描くとき見ていることではなく，知っていることを描いてしまう。例えばプールで泳ぐ姿を描くとき，見えないはずの水の中の手足まで描くなどは，知的リアリズムの1つである。

　このように幼児期は自他の区別がまだできず，自分以外の立場に立つことができないために，感情や知覚に彩られたものの見方が主流で論理的に物事を考えることができない。ピアジェは，この特徴を自己中心性と名付けた。

2) ことばの獲得

　人間のみが多様な音声を伴うことばを発することができるのは，直立二足歩行の姿勢と関連が深い。泣きやぐずり等での欲求伝達はことばに置換されていくが，意味のあることばである初語の出現がひとり歩きの時期と重なるのは多様な音声を発する口腔の仕組みがその頃出来上がるからである。

　子どもと大人との間でひとつの物を共同注視することからはじまり，そこにことばが織り込まれるようになり（3項関係の成立），やがて語彙の獲得が著しい語彙爆発期がみられる。しかし，語彙の獲得には個人差があり，物の名称を最初に多く獲得する「名詞型」と人とのかかわりにおけるやりとり用語から獲得する「決まり文句型」がみられる[10]。一語文は，物の命名ゲームや要求表現などの文としての機能を示す。やがて，二語文・三語文となり，さらに文章と文章をつなぐ接続詞を使えるようになり，複雑な多語文の発話に巧みになっていく。ことばの表現が未熟なときは，身振りや指さしなどノンバーバルなことばで補う。3～4歳頃には，大人の構造に似た話しことばの基礎がほぼ完成する。

　この頃，友だち関係も拡大し，友だちと相互の心のうちを共有する手段としてことばが重要となってくる。子どもは，周囲のことばがけや態度を内面化し行動の準拠枠としていく。これが"内なる声"として自分の行動を規制する

ものとなる。子どもと向き合う大人や友だちの声が，子どもの「内なる声」の源である。幼児期には，行動を支えることばや思考のことばもひとり言，いわゆる外言として出現しはじめる。やがて音声を伴わない内言へと移行するものである。話しことばが身につくまでは，大人は子どもの発話を聞きとりわかりやすくフィードバックすることが大切である。話しことばの基礎が確立してからは，子どもが話す機会を多くなるよう，子どもがしゃべりたくなる雰囲気づくりと新鮮な心おどる経験をすること，また養育者はよい聞き手となるよう心がける必要がある。幼児期後期になると，話しことばの他に書きことばも加わるが，情報化社会の中でその獲得は年々早期化している[11]。

3. 自我の芽生えと人間関係の広がり

(1) 第1次反抗期

誕生直後の母子共生の世界から，子どもなりの「わたし」の世界が誕生する。子どもが母とは異なる「わたし」の内的世界をもちはじめることである（図4-4参照）。

> **事例4-2**
> 3歳になったばかりのK児を風呂に入れるために，早く服を脱がそうとすると「ヒトリデヌグンダヨ」と拒否される。K児のからだを洗おうとすると「ボクガスルノ」と頑固に拒否される。風呂上り，ぐずぐずしていると風邪をひくといけないと思い，パジャマを着せようとすると「イヤ，ボクガスル」とゆずらない。無理に着せると，着せてもらったパジャマをわざわざ全部脱いでから，「Kクンノバン」と一から自分で着ようとする[12]

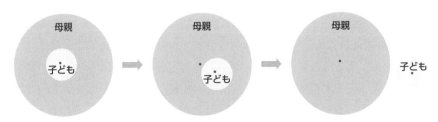

図4-4　私の世界の芽生えとその発達

3歳頃になると，大人との心理的距離化が本格的になり自己主張が盛んになる。子どもは，親に甘えたい気持ちよりも，自分なりの考えや「（できる）つもり」や「こうなるはず」という予想をもって取り組もうとしているのである。2歳頃の何でも「イヤ！」ではなく，3歳になると，ことばで理由をつけて大人のかかわりや提案を拒否する姿が見られる。このような自己主張を**第1次反抗期**とよぶ。身体運動や手指の動きが巧みになり意図したことができるようになること，話しことばの基礎が身につきコミュニケーション能力が発達すること，経験により認知機能も発達し，自分のしたいことについて自分なりの見通しを立てることができるようになることが背景にある。自信と誇りをもち外界にかかわりはじめた証である。自分なりの理屈を述べるので，子どもの気持ちを受け止めじっくり見守る姿勢と，自分でやり遂げた達成感を味わうことができるよう自尊心を傷つけないさりげない支援が必要な時期である。

(2) 子どもの居場所の広がり

　子どもの居場所は発達とともに広がっていく。家庭の中の母親の胸元からはじまり，親に連れられ近くの公園や児童図書館にでかけ，子育てサークルの集いへ参加するようになる。そこで近隣の子ども仲間と出会い，子どもの居場所は養育者に連れられてという条件付きではあるが，家庭から地域へと広がりをみせる。その後保育所や幼稚園に行くようになり，やがて自分一人で小学校へ通うようになる。ブロンヘンブレンナー（Bronfenbrenner, U.）によると，人間を取り巻く環境は，いくつかの「入れ子」になった**生態学的なシステム**になっている[13]。子どもは，生態学的環境システムの中で暮らし，成長・発達に伴い子どもを取り巻く環境は変化するが，社会・文化的文脈の影響を直接・間接に受けながら発達していく。一方，子どもの側の行動を発達的視点からみると，それぞれの発達段階の特徴を作り上げる上で主役を演ずる主導的活動がある。野呂[14]の説明によると**発達の主導的活動**とは，先の発達段階の主導的活動に萌芽をもち，子ども自身の増大した発達可能性と新しい課題要求のもとで発生するとされる。乳児期は親密な直接的情動的交流，幼児前期は親との共同による対象的行為，幼児後期は役割遊びがそれに相当するという。

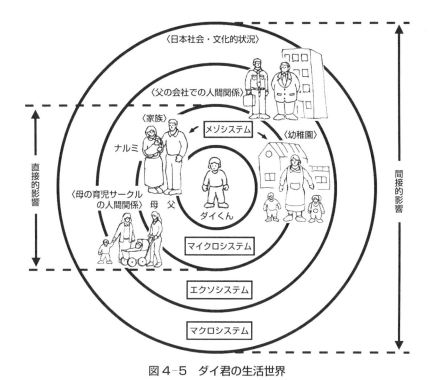

図4-5　ダイ君の生活世界

事例4-3

　ダイ君は，サトウ家の長男で，会社員の父と専業主婦の母，3歳年下の妹と一緒に住んでいる。ダイ君は現在3歳9か月で，幼稚園に通っている。ダイ君の生活と発達に直接影響を与えるのは，彼の両親と幼稚園に通いはじめた後に生まれた妹との関係，幼稚園での担任教師や友だちとの関係である（マイクロシステム）。そして，家庭と幼稚園でのダイ君の人間関係は，相互に影響し合っている。例えば，父親が母親の育児や家事に協力的であるかは，ダイ君の妹との関係や幼稚園での友だち関係にも影響する（メゾシステム）。また，父親の会社における人間関係や母親の友だちとの関係は，ダイ君が直接参加するわけではないが，間接的に影響を与える（エクソシステム）。さらに，日本の社会・文化・経済的状況も間接的に影響している。父親の仕事がITシステムに関連した会社なので多忙であること，また保育所探しが難しく母親は仕事につけないでいる（マイクロシステム）。

4. 子どもの発達に影響する要因

　昨今，親たちの不適切な養育によって幼い子どもが生命を落とす虐待が頻繁に発生している。厚生労働省のまとめによると，統計をとりはじめた1990（平成2）年度から一貫して増加し，全国の児童相談所が2013（平成25）年度に対応した児童虐待の相談件数は7万4,443件と過去最多となった。その一方で少子化社会の中で玩具，子ども服，ゲーム等"子ども産業"の台頭がめざましく，親の購買行動を刺戟する。乳幼児期の発達を促すためには，一方的な関心や注目，あるいは非人格的・物理的刺激を多く与えることではなく，子ども自らの欲求に基づく外界への働きかけに応じて環境変化を生みだすことで，自己効力感を子どもに抱かせるような応答的な環境[15]を準備することが大切である。

　また，近年養育者と子どもとの関係の中で，生得的な個体的特性である気質が注目されている。気質とは，ある程度の連続性がみられる刺激作用に対する個人差である。児童精神科医のトマスとチェス(Thomas, A. & Chess, S.)らは，乳児期から141名の子どもをどのように行動するかその様式を追跡調査し，9つの気質的側面を見出し，その評定結果に基づいて，"扱いやすい子ども" "扱いにくい子ども" "ゆっくりしたペースの子ども"及び"平均的な子ども"に分類した[16]（第11章2. 子どもの気質参照）。従来，子どもの問題行動は母親に原因があるとされることが多かったが，トマスらの主張で子どものもつ気質的特徴も大きく関与しているのであり，親子の適合の問題や母親を取り巻く諸条件によっては母子関係の間に緊張関係をもたらすので，不必要な緊張を避けるよう柔軟で温かい環境づくりに配慮する必要がある。

　子どもを取り巻く環境が変貌を遂げた今日，乳幼児の健やかな全人的な発達を保障するために乳幼児にふさわしい安定した生活リズムと安心できる生活環境の中で，対人関係能力を養うことが求められている[17]。少子化社会の中で育った親たちの子育て不安解消のために，親の養育の指導や地域の子育て環境を整備していくことも保育者の役割となっている。

■引用文献

1) Meltzoff, A.N. & Moor, M.K.（1977）Imitation of facial and gestures by human neonates, Science, 198. pp.75-78
2) Wallon, H., 久保田正人訳（1965）児童における性格の起源―人格意識が成立するまで．明治図書
3) 高橋道子（1998）親子関係の形成と発達．若井邦夫・高橋道子他：乳幼児心理学．pp.122-123, サイエンス社
4) Hebb, D.O., 白井常他訳（1970）行動学入門．pp.165-193, 紀伊国屋書店
5) 藤永保・斎藤久敬・春日喬・内田伸子（1987）人間発達と初期経験．有斐閣
6) 鑪幹八郎（1986）エリクソン，E.H., 別冊発達4 発達の理論をきずく．pp.194-215, ミネルヴァ書房
7) 高石昌宏（1985）子どものからだの発育．新しい子ども学第1巻育つ．pp.379-401, 海鳴社
8) 時実利彦（1974）脳と保育．雷鳥社
9) 岡本夏木（1986）ピアジェ・J. 別冊発達4 発達の理論をきずく．pp.127-162, ミネルヴァ書房
10) Shore, C.M., 佃一郎他訳（2009）言語発達ってみんな同じ？言語獲得の多様性を考える．学苑社
11) 東洋（1995）幼児期における文学の獲得過程とその環境的要因の影響に関する研究．平成4-6年度科学研究費補助金（総合研究A）研究成果報告書
12) 岩田純一（1998）認識と文化8〈わたし〉の世界の成り立ち．金子書房
13) Bronfenbrenner, U., 磯部芳郎・福富護訳（1996）人間発達の生態学―発達心理学への挑戦―．川島書店
14) 野呂正（1996）発達のエコロジー．野呂正編著：改訂版発達心理学．pp.173-184, 放送大学教育振興会
15) Hunt, J.M., 宮原英種・宮原和子訳（1988）乳幼児期教育の新しい役割―その心理学的基盤と社会的意味―．pp.142-189, 新曜社
16) 古田倭文男・佐藤俊昭（1988）気質の概念と測定をめぐる諸問題．宮城学院女子大学研究論文集第63号．pp.57-75
17) 西野美佐子（2010）幼稚園教師が把握する幼児の健康実態と健康教育の必要性―生活充実度と健康増進への取り組みとの関連を踏まえて―．保育と保健第16巻第2号．pp.67-73, 日本保育園保健協議会

第Ⅰ部 基礎編　Ⅰ-Ⅱ 生涯発達の過程（タテの発達）

第5章
児童期の発達の特徴

1. 幼児から児童へ

(1) 小学校への入学

　児童期とは，一般的に6,7歳から12,13歳までの時期，つまり，小学校入学から卒業にかけての時期のことをいう。小学校へ入学すると，子どもたちは校庭や教室といった新たな環境，新しい担任やクラスの仲間に慣れなければならない。また，時間割で一日のスケジュールが決められており，これに沿って授業の準備を行い授業に参加していくことが求められる。さらに，授業では，基本的には教師1人対多くの子どもという関係の中で，教師主導のもと特定の技能の習得・学習が目指されるようになる。子どもたちは，このような活動の流れを理解し，参加の仕方やふるまい方を学ばなければならない。加えて，小学校生活において多くの時間を共有する学級集団の中でのふるまい方も学んでいかなければならないだろう。小学校に入ると学びの内容も大きく変化する。就学前の子どもたちは遊びや日常の具体的経験の中で知識を身につけていたのに対し，小学校では，予め計画された学習計画に沿って，科学的な概念や知識の習得が求められるようになる。このように，小学校に入学するのに伴って，子どもたちはいくつかの課題に直面する。そして，それを克服し小学校という新たな環境や文化へ適応することが求められるのである。

(2) 一次的ことばと二次的ことば

　小学校という新たな環境への適応は，児童期の子どもの発達に大きな影響を及ぼす。例えば，岡本は子どもが習得すべきことばとして一次的ことばと二次

的ことばという2種類のことばがあると指摘している[1]。それぞれの特徴を表5-1に示した。子どもたちは，授業において，クラス集団全体に対して話をする機会に出くわすことになる。また，書きことばの習得や表現が求められるようになる。つまり，小学校生活では一次的ことばだけではなく二次的ことばの習得と使用が求められるようになるのである。そして，二次的ことばの習得によって，それまで用いられてきた一次的ことばも影響を受け，この2つのことばが重層的に発達していくことが指摘されている（図5-1）。

表5-1　一次的ことばと二次的ことばの特徴

	一次的ことば	二次的ことば
用いられる状況	現実的な生活場面の中で，具体的な状況と関連して用いられる	伝えたい出来事やテーマから離れた場面で，それについて表現することが求められる
意味が伝えられる文脈	ことばが用いられる文脈に支えられ，意味が伝えられる	ことばの文脈のみで意味を伝えなければならない
対象	伝えたい出来事やテーマについての経験を共有する特定の親しい人物	不特定多数。誰にでも意味が伝わることが求められる
コミュニケーションの展開	一対一のやりとりを通して内容が深められる	一方向的なコミュニケーションであり，どのような内容をどのように伝えるのかという点を自身で計画し，調整する必要がある
媒体	話しことば	話しことば・書きことば

岡本（1985）[1] をもとに作成

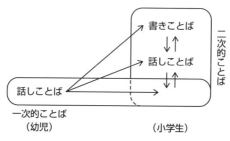

図5-1　一次的ことばと二次的ことばの重層的発達

岡本（1985）[1] より引用

(3) 小1プロブレム

　小学校という新しい環境や文化への適応はすべての子どもたちにとって必ずしも楽な作業ではない。例えば、授業中に「教師の指示に従わない」「教室の中を立ち歩く」といった行動を子どもたちが示し授業の進行が困難になる状況が、小学1年生の早い時期から生じていることが指摘されている。そして、このような現象は小1プロブレム（小1問題）として問題視されている。この背景には、①入学した子どもたちが小学校での学級環境や新たな対人関係、授業の受け方や授業内容に適応できないこと、さらには、②子どもたちの基本的生活習慣や対人関係に関する能力が十分に育っていないことなどがあると考えられる。このような問題を生じさせないために、子どもたちが小学校にスムーズに適応できるような対応や働きかけが必要不可欠である。特に、保育所・幼稚園と小学校、さらには、保護者が相互理解を深め連携をとりながら対応を行っていくことが重要であろう。

2. 児童期における認知・思考の発達

(1) 論理的思考のはじまり

　子どもの認知・思考の発達について研究を行ったピアジェは、児童期の認知・思考の特徴を具体的操作ということばで表している。この時期の特徴として、外見的特徴や見かけに基づく思考ではなく、物事を論理的に考え、見かけを超えた実体を理解することが可能となる。また、物事を分類して理解したり、順序づけて理解することも可能になる。ただし、このような論理的な思考が可能なのは、具体的な対象に対してであったり、具体的経験に沿った内容のときに限られている。つまり、抽象的な事柄に対して論理的に考えることや記号を用いて論理的に考えることは難しい。例えば、「ネズミが犬より大きくて、犬が象より大きければ何が一番大きいか」といった具体的な経験と矛盾する事柄については、論理的に考えることが難しい[2]。

　さらに、児童期には「他者にはどのように見えているか」や「他者はどのように考えているか」など他者の視点に立って物事を考える力が発達する（脱中心化）。

(2) 自分の認知や思考についての理解

児童期における認知・思考の発達の特徴として，自身の認知や思考に関する知識をもち，それらを意図的に調整したりコントロールする能力（メタ認知能力）の発達があげられる。この能力は，子どもの学習活動，特に有効な学習の仕方を自身で計画し実行したり，自分の学習の程度を評価するといった主体的な学習活動を支える能力であると考えられる。

(3) 自己理解の深まりと自己評価の変化

児童期では，認知発達に伴い，他者の視点に立って自身をながめ，より客観的に自分を理解できるようになる。さらに，他者との比較や，属する集団・文化の基準に照らし合わせて，自己を理解するようになる。また，自己理解の内容面にも変化がみられ，自身の特徴について述べる際に，身体的特徴や見た目の特徴ではなく，自身の行動や人格特性についてより多く述べるようになる[3]。

しかし，このような自己理解の深まりに伴って，自分に対する否定的な評価が生じやすくなる。例えば，図5-2に示すように，自己評価を求められると自分の肯定的な部分だけでなく，否定的な部分も述べるようになることが示されている[3]。

これに関連して，エリクソンは，生涯を通した人格発達の過程の中で児童期

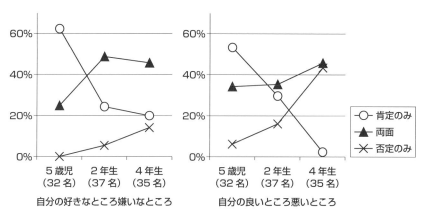

図5-2 自己評価の発達的変化

佐久間（保崎）・遠藤・無藤（2000）[3]をもとに作成

に直面する課題として，**勤勉性対劣等感**という心理・社会的危機の克服をあげている。この時期には，子どもは自身が属している文化において有用とされる技能を獲得することが求められる。例えば，小学校での学習や集団活動の中でこのような技能の獲得が求められる。これに対し，子どもたちは努力を続け，目標を達成することができれば，自信や有能感を高めることになるだろう。一方活動がうまくいかない場合，劣等感といった自己に対する否定的な感情が生じるのである[4]。

児童期は，このような自己の否定的な側面の理解や自己に対する否定的な評価をいかに受け止め，自己を受容するのかといった問題に直面しやすい時期であるといえよう。

3. 児童期における社会・対人面の発達

(1) 対人関係の拡大

児童期では対人関係が拡大し，とりわけ，一日の多くの時間をともに過ごす仲間との関係がより重要となる。例えば，「悲しいことがあったときに一番いてほしい相手」「テレビに出たとき見てもらいたい相手」などを選ばせることによって対人関係の枠組みを調査した研究[5]によると，小学6年生で，主に

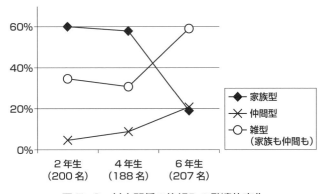

図5-3　対人関係の枠組みの発達的変化

高橋（1983）[5]をもとに作成

家族のメンバーを選んだ者は減少する一方，主に仲間を選んだ者や家族と仲間の両方を選んだ者が増加する（図5-3）。また，学年が上がると「友だちがいないと困る」と感じる割合は増加し，その理由も「遊べない」「話ができない」といった表面的・行動的なものから「相互援助」や「さびしい」といったお互いの支え合いや内面的なものへと変化することが指摘されている[6]。

特に高学年になると子どもたちは自発的に特定の仲間との間でいわゆるギャング集団を形成する。この集団の特徴として以下の3点があげられる[7]。

① 5～8名程度の集団で，同性・同年齢のメンバーで構成されている。
② 仲間意識が強く，集団内での規則や役割，態度を明確に保持する。
③ 対外的には排他的であり，大人からの干渉や規則を極力避けようとする。

ただし，近年，集団で遊ぶ場所や時間の喪失などのためにこのような集団の形成が困難な状況にあることが指摘されている[8]。

(2) 児童期における仲間関係の影響

児童期の子どもたちは，仲間との関係さらには仲間集団内での関心やきまりなどを基準として自身の行動や態度を決めていくようになる。また，仲間とのかかわりを通して自己理解を深め，他者とのかかわり方や集団でのふるまい方を学んでいく。加えて，良好な仲間関係は子どもの生活をより豊かなものにする。例えば，小学5，6年生に対する調査の結果，多くの子どもたちがストレスに対する対処行動として「友だちと話す」「友だちと遊ぶ」といった仲間との活動をあげている[9]。

しかし，その一方で，児童期の子どもたちにとって仲間との関係がストレスになること，さらに，このストレスが大きくなると不安症状といった心理的問題が引き起こされることが指摘されている[10]。また，友だちがいじめているからいじめをするなど，仲間への同調がいじめなどの反社会的行動のきっかけになる場合もある[11]。このように，児童期において仲間関係は良い意味でも悪い意味でも重要な意味をもつといえよう。

(3) 向社会的行動の発達

向社会的行動とは自ら進んで他者のためになるような行動を行うことであ

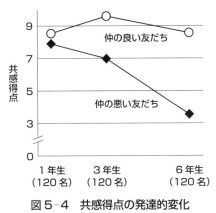

図5-4 共感得点の発達的変化

浅川・松岡（1987）[13] をもとに作成

る。一般的には，年齢の増加に伴って多くの向社会的行動を行うようになる。ただし，伊藤[12]は，他者が困っているいくつかの状況に対して「向社会的にふるまった方がよいか」を尋ねた結果，9歳児が5歳〜8歳の子どもに比べてそのような認識をあまり示さなかったことを指摘している。そして，9歳児は行動や判断に関する様々な判断基準をもっており（例えば，「自分が招いた状況は自分の力で解決すべきである」といった判断基準など），他者が困っている場面で必ずしも「向社会的にふるまった方がよい」とは考えないと考察している。

加えて，向社会的行動の基盤となる共感性の発達に関して，児童期では年齢の増加に伴い，仲の良い友だちに対しては一貫して同程度の共感を示すのに対して，同様の場面でも仲の悪い友だちに対しては共感を示さなくなることが指摘されている（図5-4）[13]。このように，児童期では，年齢が上がるほど，子どもがもっている様々な判断基準を状況に応じて用いたり，仲間関係のあり方に影響を受け，向社会的活動へと至る道筋がより複雑になる。

4. 9，10歳の節

以上，児童期における発達について概観してきた。その児童期の中でも，一

表 5-2　9, 10歳頃の発達的特徴

Ⅰ．思考・認知
・論理的に物事を考えたり表現することがよりいっそう可能になる。
Ⅱ．創造性
・発達の停滞・退行がみられる。
Ⅲ．仲間関係
・特定の仲間集団が作られ，子どもによってより重要な意味をもつようになる。
Ⅳ．自己
・自己評価が強まり，その中でも否定的な自己評価が生じやすくなる。
Ⅴ．学業面
・学力の個人差が大きくなる。1年以上の学業の遅れを示す子どもが急増する。

藤岡（2010）[15] をもとに作成

一般的にはおおよそ9,10歳を境目として子どもの様々な側面で大きな変化がみられる。このような発達的変化，そして，それによって子どもに生じる諸問題を表現するのが9,10歳の節ということばである[14]。9,10歳頃に生じる変化を表5-2に示した[15]。この中で学業面の特徴については，授業でより科学的，抽象的な内容の学習が求められるようになること，また，ことばを用いた指導がより多くなることなどが背景にあると考えられる[15]。

　児童期の子どもの発達や教育に携わる人たちは，9,10歳の節を念頭においた丁寧なかかわりが必要になるだろう。9,10歳の節として語られる子どもたちの変化やそれによって生じる問題は，子ども自身と子どもを取り巻く環境や文化とのかかわりの中で生じるものである[14]。したがって，子ども自身の発達や特徴に加えて子どもを取り巻く環境や文化を見据えた理解や対応が必要になるだろう。また，9,10歳頃に様々な側面で生じる変化は，ある側面の変化が別の側面の変化を生みだす機能間連関・発達連関の結果として生じている部分があるだろう。したがって，子ども一人ひとりの機能間連関・発達連関のあり方をふまえた上での対応が必要になると考えられる[14]。

■引用文献
1）岡本夏木（1985）ことばと発達．岩波書店
2）矢野喜夫（2002）児童期．田島信元・子安増生・森永良子・前川久男・菅野

敦編著：認知発達とその支援，第9章第1節，pp.109-125，ミネルヴァ書房
 3) 佐久間（保崎）路子・遠藤利彦・無藤隆（2000）幼児期・児童期における自己理解の発達：内容的側面と評価的側面に着目して．発達心理学研究，11，pp.176-187
 4) 小嶋秀夫（1991）発達段階としての児童期．小嶋秀夫：児童心理学への招待，第2章，pp.22-47，サイエンス社
 5) 高橋恵子（1983）対人関係．三宅和夫・村井潤一・波多野誼余夫・高橋恵子編著：児童心理学ハンドブック，第23章，pp.607-639，金子書房
 6) 國枝幹子・古橋啓介（2006）児童期における友人関係の発達．福岡県立大学人間社会学部紀要，15，pp.105-118
 7) 伊藤美奈子（1998）自己の成長と人間関係．無藤隆編著：児童心理学，第9章，pp.87-96，放送大学教育振興会
 8) 伊田勝憲（2009）少年少女期の問題―思春期への移行．心理科学研究会編：小学生の生活とこころの発達，第2部第3章1，pp.133-144，福村出版
 9) 岡崎由美子・安藤美華代（2010）小学生の学校生活における心理社会的ストレスと心理教育的アプローチ．岡山大学教育実践総合センター紀要，10，pp.11-20
10) 佐藤寛・新井邦二郎（2003）児童の不安症状と抑うつ症状に及ぼす学校ストレッサーの効果．筑波大学発達臨床心理学研究，15，pp.37-43
11) 新保真紀子（2008）現代のいじめ：大阪子ども調査を中心に．神戸親和女子大学児童教育学研究，27，pp24-39
12) 伊藤順子（2004）向社会性についての認知はいかに行動に影響を与えるか：価値観・効力感の観点から．発達心理学研究，15，pp.162-171
13) 浅川潔司・松岡砂織（1987）児童期の共感性に関する発達的研究．教育心理学研究，35，pp.231-240
14) 田丸敏高（2009）9, 10歳の節．心理科学研究会編：小学生の生活とこころの発達，第2部第2章2，pp.98-110，福村出版
15) 藤岡秀樹（2010）9, 10歳児の特性：学力・教育評価研究の立場から（〈特集〉9, 10歳の節をめぐって）．心理科学，30，pp.33-42

第Ⅰ部 基礎編 Ⅰ-Ⅱ 生涯発達の過程（タテの発達）

第6章
青年期・成人期・老年期の発達の特徴

1. 青年期の社会生活

(1) 子どもから大人への移行期（準備期）としての青年期

　青年期は一般的に子どもから大人への移行期とされている。現在では，子どもでなくなっても大人ではない独自の発達の一時期として青年期が存在していると考えられている。レヴィン（Lewin, K.）は，子どもと大人との境界にあるという青年期の特徴をマージナルマン（境界人，周辺人）とよび，不安定になりやすい時期であると説明している。しかし，現在の青年期はマージナルマンとはいえないほど長期化し，独自の発達的意味をもっているように思われる。

　日本では，小学校高学年から中学校の時期に，身体が子どもの身体から大人の身体へと変化する。女子は乳房がふくらみ，月経がはじまるなど身体が大人の身体になりはじめる。男子は声変わりをし，体毛が生えるなど女子ほど劇的な変化を感じられないかもしれないが，やはり女子より1年ほど遅れて大人の身体になりはじめる。これを第二次性徴とよんでいる。

　産業革命によって大規模な工業化社会が誕生する19世紀頃までは，子どもたちは家庭，地域の中で親の仕事を手伝いながら成長し，第二次性徴を迎えると一人前の大人の仲間入りをしていた。成人式や成女式とよばれる移行儀式は，初潮や声変わりなど第二次性徴を基準に行われていたのである。ところが，産業が高度化，大規模化するにつれ身体が大人になっても，一人前の働き手（大人）になるには，さらに学習，準備期間が必要となり，教育も家庭教育だけでは対応できなくなり，小学校などの初等教育，中学校，高等学校などの中等，高等教育機関が整備され，子どもでなくても大人ではない青年期という発達段

階が一般化することになった。

（2）青年期のはじまり

　何歳になったら子どもでなくなるのか，つまり青年期がいつはじまるかは意外と明確ではない。前項で触れたように，子どもから大人への移行は主として第二次性徴という身体的変化が基準となっていた。ただし，この第二次性徴がはじまる年齢は時代とともに早くなるという「発達加速現象」が確認されている。身体的変化だけを青年期のはじまりとすると，青年期のはじまりは早まってきているということになる（明治，大正時代にはだいたい12歳前後，今の中学校進学の頃に第二次性徴がはじまっていた）[1]。

　一方，シュプランガー（Spranger, E.）は，自分自身の独自の存在に気づく「自我の目覚め」など精神的変化を青年期のはじまりとしている[2]。また，ホリングワース（Hollingworth, L.S.）は，親から精神的に自立する「心理的離乳」を青年期のはじまりと特徴づけている。これらの精神的変化を青年期のはじまりとすると，現代の日本では青年期のはじまりが早まってきているとは考えにくいように思われる。

　身体的変化を基準としても，精神的変化を基準としても個人差が大きく，青年期のはじまりは個別的なものとなる。これに対して，満12歳には小学校から中学校へ進学するという社会的立場の変化はすべての子どもにとって共通した変化である。中学校に進学することによって，学習形態は小学校から大きく変わる。小学校では担任の先生がほとんどの教科を担当していたが，中学校では教科ごとに専門の先生が授業を担当し，部活動などの組織的な活動が本格的にはじまる。これらの変化は，個人として責任のある行動が求められることになり，集団・組織とかかわりながら進路や自分の将来を含めた様々な問題と向き合うことが必要となってくる。一般的な青年期のはじまりを考えるとするならば，日本では中学進学という社会的地位の変化を基準とすることが妥当であろう。

（3）青年期の終期（大人になる？）

　青年期は子どもから大人への移行期であるから，青年期の終期は一定の教育

期間を終了し(高校・短大・大学卒業,専門学校卒業など),大人になる(就職し,家庭を構えるなど)ことが一般的に青年期の終期と考えられていた。しかし,現在では,大学院などのさらなる高等教育機関への進学者が増え,平均初婚年齢は2013(平成25)年には夫が30.9歳,妻が29.3歳となっている[3]。また,フリーターなど教育期間を終えても定職に就かず(就けず),場合によっては30歳を過ぎても親に経済的に依存し続けるものもみられる。これらのことから,青年期の終期が延長されてきているという指摘もされている。

これまでの社会では,学校が終われば就職をし,結婚し家庭をもつという生き方が当然とされていた。しかし,現代社会では就職だけでなく,結婚しない生き方を選択する男女も増えてきている。現代社会では,経済的な発展と少子化などの社会変化の中で,日本の青年は多様な生き方の選択が可能となってきており,このような時代において青年期の終わり(大人になること)を1つだけの基準で決めることは困難になってきているといえよう。あえて基準を考えるとすれば,次項に紹介する青年期の発達基準を何らかの形でクリアー(達成)し,社会の担い手として社会的活動に取り組むことが青年期の終わり,大人になることと考えるのが適当であろう。

(4) 青年期の発達課題

ハヴィガーストは,青年期の発達課題を表6-1のようにまとめている[4]。彼は,青年期は表にある課題に取り組み,それをクリアー(達成)して大人の仲間入りをすると考えた。個々に書かれている,「成熟した人間関係」の内容や「男性または女性としての社会的役割の達成」が具体的にはそれぞれの時代や社会によって変化していることを前提に読み取れば,この課題は現在でも当てはまると思われる。

ピアジェは,11歳頃からはじまる抽象的な内容でも論理的に考えることができる「形式操作の段階」が青年期のはじまりであり,それをふまえ自分の「自己中心的世界観」が脱中心化することが青年期の発達課題であると指摘している[5]。世界は自分中心に動いていると考えがちな子どもの時期から,必ずしも世の中は自分の思い通りに動くとは限らず,違う考え方・論理でも動いていることが理解できるようになり,青年期はそれを受け入れて新しい自分の新しい

表6-1 ハヴィガーストの発達課題（青年期）

1. 両性の友人との新しい，成熟した関係を持つこと
2. 男性または女性としての社会的役割の達成
3. 自分の身体的変化を受け入れ，身体を有効に使うこと
4. 両親や他の大人からの情緒的独立の達成
5. 経済的独立のめやすを立てる
6. 職業の選択とそれへの準備
7. 結婚と家庭生活への準備
8. 市民として必要な知的技能と概念の発達
9. 社会生活に責任のある行動をとること
10. 行動を導く価値観や倫理体型の形成

Havighurst, R.J., 荘司雅子監訳（1958）[4] より抜粋

世界観をつくっていくというのである。

ただし，現代社会の青年期だけでなく，いわゆる大人をみても，世の中が自分中心で動いているとしか考えていないようなふるまいをしている人間も少なくない。青年期は，脱中心化した世界観を形成しうる思考力をもつが，それを使って脱中心化した世界観をもつかどうかは，個人個人の選択であり，人生選択の課題でもある。

(5) アイデンティティ ― 青年期の発達を考える

エリクソンは，フロイト（Freud, S.）に師事し精神分析を学び，後にアメリカに亡命し有名な自我の発達理論を作り上げた研究者である。エリクソンは，図6-1にあるように"社会的発達の軸"と"心理・性的な発達の軸"の組み合わせによって，人間の一生のそれぞれの段階に重要な自我の発達課題を考えた[6]。

その中で青年期の発達課題は，「自我アイデンティティ（同一性）の確立」であるとしている。自我アイデンティティは「自己の存在証明」とも訳されているが，"一貫した自我の感覚"とか"自分自身の中に保たれる自分の一貫性"などという説明も行われている。具体的には図の青年期の横軸に記されているように，「時間的展望（見通しをもって物事に対処できる力）」「自己確信（自分を自分で律することができるという自信をもつこと）」「役割実験（いろいろなものに首を突っ込んで，自分を試し，自分の固有性を確認する力）」「達成の

	心理・性的発達の軸→							
社会的発達の軸↓	1	2	3	4	5	6	7	8
I 乳児期	信頼 対 不信							
II 幼児前期		自律性 対 恥,疑惑						
III 幼児後期			自主(積極)性 対 罪悪感					
IV 学齢期				勤勉性 対 劣等感				
V 青年期	時間的展望 対 時間的拡散	自己確信 対 自意識過剰	役割実験 対 否定的同一性	達成の期待 対 労働麻痺	同一性達成 対 同一性混乱	性的同一性 対 両性的混乱	指導性の分極化 対 権威の混乱	イデオロギーの分極化 対 価値の混乱
VI 初期成人期						親密さ 対 孤立		
VII 成人期							世代(生殖)性 対 自己吸収	
VIII 老人期								統合(完全)性 対 絶望

図6-1 エリクソンの発達漸成図

Erikson, E.H. (1980)[7]及び Erikson, E.H., 村瀬他訳 (1989)[8]を参考に筆者作成

期待(目標に向かって努力する力を身に付ける)」「性的同一性(男として,また女としての性を受け入れ,その性に即した行動・生き方を自分のものにする)」「指導性の分極化(リーダーシップ,フォロアーシップという役割分担の重要性を理解し,組織の構成員としてふるまう力を身に付ける)」「イデオロギーの分極化(自分が生きる上でのよりどころになる価値観・世界観をみつける)」などが含まれている。青年期は,自分と社会との両方に向き合い,様々な側面で自分づくりをする時期であることをエリクソンは見事に描いている。

エリクソンの理論は，青年や成人が抱えていた精神的なつまずきを分析する中からつくられた理論である。したがって，自我の形成にはそれぞれの時期に「危機」があり，それを乗り越えて一歩一歩自我を積み上げていくように自我形成をするという漸成的な発達理論となっている（漸成説）。ただし，「漸成」といっても，前の段階の発達課題を達成できないと取り返しがつかないというものでもない。特に，青年期は，社会の中で，自立した一人の人間として自分の生き方，人生を選択するために，自分と向き合い確かな自分を新たにつくりかえる時期である。

2. 成人期の社会生活

(1) 生活を自分の責任で切り開く

　日本は悲惨な戦争を経て，一人ひとりが主権者，社会の担い手として自分の人生を自分で選ぶことができる日本国憲法を手に入れた。いわゆる，思想・信条の自由，職業選択・移動の自由，結婚の自由など基本的人権を手に入れることができた。旧憲法では，結婚の自由をはじめ基本的人権の多くは保障されず，自分の人生を自分で選ぶためには多くの困難があった。新しい憲法の下で，成人期は，日本の主権者，社会の担い手として自分の生活を自分の責任で切り開くことが保障されたのである。

　日本では20歳になれば選挙権が与えられ，いわゆる「成人式」も20歳を基準に行われている。刑法でも，20歳で大人として扱われる。ただし，先に述べたように20歳を超えても，職に就かず学習を続けたり，人生を模索し続ける若者も多い。彼らは，法的には大人として扱われても，発達段階としては成人期というよりは青年期に属すると考えた方が適当であると思われる。人生の模索を一応終え，一定の職業，社会的地位を得て，経済的にも自立し，人生を自分の責任で切り開く時点で成人期がはじまるとここでは考えることとする。

(2) 初期成人期の特徴，発達課題

　自分の選択した職業（NGOなど社会的組織を含む）に足を踏み入れることによって，一人ひとりが社会の担い手，働き手として責任のある行動が要求さ

れる。職場の中で、あるいは特定の社会組織の中で、新しいものを生産したり、サービスなどを提供するという社会的に価値を生み出す活動に従事する。これらの活動は、お互いに協力し、支え合う仲間、パートナーの存在が欠かせない。このパートナーには、家庭を築き、新しい命を生み出すパートナーも含まれる。エリクソンはこれらのパートナーをつくる自我として「親密さ」を獲得することを課題と考えている。

　ただし、ここで言う「親密さ」は自立した（同一性を確立した）個人同士の支え合う関係であり、もたれかかる依存的な関係ではない。エリクソンはアイデンティティ（同一性）を確立する前に青年期が親密さを求めることは、2人だけの世界をつくり社会から孤立する危険があることを指摘している。

(3) 成人期の特徴, 発達課題

　支え合う仲間、パートナーを得た成人期は、仕事や活動に本格的に力を発揮し、まさに社会の中心的な担い手として活動を展開することになる。この、新しいもの・価値を作り出し、育てる活動を通して充実感を感じる状態を、エリクソンは「generativity（世代性，生殖性）」と名付けて自我の発達課題としている。この発達課題は、子どもを生み育てるという活動を中心として考えられがちであるが、働くということも生み育てる活動である。エリクソンも、この時期の発達課題を子どもを生み育てることに限るのではなく、芸術的な創造活動など、幅広い、想像、生産活動を含むとしている。社会を改善し、より良い社会を創造していくことも成人期の大切な活動であり、仕事である。

(4) 手をつなぐ親たち

　現代の日本では、夫婦と子ども二世代だけで構成されるいわゆる**核家族化**が進み、地域のつながりが希薄になってきている。勤務時間が長くなり、通勤にも時間がかかるようになり、場合によって単身赴任などによって家族のつながりも薄れてきている。核家族化や地域のつながりの希薄化などにより、子育てに対する支援も受けにくくなってきている。このような社会変化の中で、子育てに不安や悩みを抱えたり、孤立感を感じる親（保護者）が多くなっていると言われる。

北海道の白老町では，子育てに孤立感を感じ，子育ての大変さを実感している親たちが「親が子どもの心の基地になれるよう，親の心の基地を地域につくりたい」[9]と育児サークルを作り活動を開始した。活動の中で，地域の親同士が支え合い，理解し合い，認め合うことの大切さが改めて確認されている。現在も「子どもの育ちを保障するには，親が安心して子育てができる社会の仕組みや制度，意識改革が必要」[9]として「NPO法人お助けネット」を設立して活動を続けている。このような活動は，現在，全国各地で展開されているとともに，保育所・幼稚園が地域の子育て支援のセンターとなることも求められている。このように，親自身が手をつなぎ，お互い支え合って困難を乗り越えることで親たちも成長していく活動は，職場の中で協力し合って仕事をする中で成長し，充実した人生を送ることと同様に，成人期の主要な活動であるといえる。

　以上のように成人期は，自分で選択した分野・領域で，新しい価値・もの・後継者・命をつくり，育てるという，様々な社会的活動を展開し，その中で充実した人生を送ることが中心的な発達課題となる時期であるといえよう。

3. 老年期の社会生活

(1) 老年期と老化

　青年期の区切り目がはっきりしないように，老年期の区切りも実は明確ではない。かつては，会社の定年が55歳程度で，その前後に孫が生まれ「おじいちゃん」「おばあちゃん」と呼ばれるようになっていた。しかし，定年の年齢が延長され，年金の支給年齢も60歳から63歳へ，そして65歳までに延長されようとしている。60歳を超えても，多くの人が成人期と同様の仕事や社会的活動を続けている。

　かつては，50歳代から記憶や運動能力が低下し，老化がはじまると言われてきた。ただし，これも職場や活動の場でどのような仕事を分担するかと無関係ではないようである。55歳前後で職場を離れ，責任のある活動を要求されないようになれば，緊張感も薄れ，脳の活動レベルも低下せざるをえないであ

ろう。しかし，現在では，60歳代，場合によっては70歳になっても元気に活動している人も多くみられる。もちろん，細胞のコピーの回数の限界から心身の機能の低下は避けることはできないが，発達段階としての老年期の開始期はかなり遅くなってきていると考えることができる。ここでは，老年期のはじまりは，職業活動などの社会的活動を中心的に担っていた立場から，一応引退する時点からはじまると考えることとする。

(2) 老年期の発達課題

エリクソンは，発達課題の最終段階を「integrity（統合，完全性）」の獲得としている。人間は様々な発達課題に取り組み，最後に老年期を迎える。それまで苦労しながら自分づくりをし，懸命に働きながら，後継者をつくり，育ててきた。社会的に様々な価値を作り出してきた。間近にせまる死に向き合うとき，自分の存在そのものである生物学的な命は失われることになるが，自分が生きた証（あかし）は子どもたち，後継者に受け継がれていくという"人類としての継続性"に確信をもつことが必要となる。

自分の人生を振り返り人類としての継続性に確信をもつ「integrity（統合，完全性）」の獲得を老年期の発達課題としても，満足のできる後継者を得て，経済的にも不安がなく，自分は恵まれた人生を送ってきたと総括できる人はそれほど多く存在しないであろう。しかし，失敗ややり残しはあったかもしれないが，人類全体の継続性の中で自分の人生は意味があったと考えることが可能である。その点で，エリクソンが老年期の発達を支える重要な枠組みとして「人類」を位置づけていることは重要である。

(3) 充実した老年期を生きる

老年期に，人類という大きな枠組みの中に自分の一生を位置づけられるようになるには，地域社会の中で子どもや若者と交流をもつことが重要である。

かつての日本社会では，職業活動をリタイアしても高齢者の長い経験を生かす場はたくさんあった。高齢者は家庭や地域の中で後継者たちを指導する重要な役割を担っていた。現在は，核家族化や都市化によって，高齢者が子どもたちとふれあう場，機会が少なくなってきている。都市政策の貧困から，高齢者

ばかりの住宅地，地域が増えてきている。世代が輪切りにされ，高齢者が活躍できる場が少なくなっている。地域の子育てを含め様々な活動に高齢者が参加できる環境づくりが必要になってきている。

　現在，保育所・幼稚園を含めて子どもたちと高齢者が交流する場がつくられはじめている。これまで懸命に働き，社会，家庭を担い，つくってきた高齢者たちの経験から子どもたちが学ぶことは少なくない。また，通勤時間の延長や共働き家庭の増加などのため地域活動に若い世代の参加が難しくなっている。町内会活動などの地域活動に高齢者の活躍が期待されている。これらの社会的活動に参加することによって，様々な世代の人たちと交流することができる。老年期に期待される活動に積極的に参加し，自分の生きてきた人生の意味，証（あかし）を若い世代の中に見出し，充実した老年期を生きることが可能となるであろう。

■引用文献
1) 沢田昭（1982）現代青年の発達加速，創元社
2) Spranger, E., 原田茂訳（1973）青年の心理，共同出版
3) 厚生労働省（2014）平成25年人口動態統計
4) Havighurst, R.J., 荘司雅子訳（1958）人間の発達課題と教育，牧書店
5) Piaget, J., 滝沢武久訳（1963）思考の心理学，みすず書房
6) Erikson, E.H., 小此木啓吾訳編（1973）自我同一性，誠信書房
7) Erikson, E.H.（1980）Identity and Life Cycle, W.W. Norton & Company
8) Erikson, E.H., 村瀬孝雄・近藤邦夫訳（1989）ライフサイクル、その完結，みすず書房
9) 中谷通恵ほか（2006）子どもが育つ地域のつながり～子育ち・親育ち・子育て支援．日本保育学会第59回大会論文集, p.35

第Ⅰ部 基礎編　Ⅰ-Ⅲ 各領域の発達(「知・情・意」を中心としたヨコの発達)

第7章
身体・運動の発達

1. 現代の子どもの身体（からだ）問題

(1) 動かない子ども？　動けない子ども？

　中村[1]は，今どきの子どもの身体特性を説明するために，現代社会の特徴として「効率化」と「自動化」，「情報化」を示した。「効率化」とは，インターネットショップに代表されるように，身体を動かさなくても物が手に入るような特性を示す。「自動化」とは，離れた場所に移動する際，自動車やバス，電車，新幹線，飛行機などを使うことが多くなった。そのように身体エネルギー消費を極力抑えて自動的に移動できる特性を示す。動く歩道はそのひとつである。最後に「情報化」とは，携帯電話や電子メールに代表されるように，動かなくても簡便に手元に世界から様々な情報を受け取ることができる特性を示す。このような現代社会のもつ物理的環境が，子どもたちを動かなくさせているのではないかと考えることができる。しかしその結果，子どもの身体にいろいろな弊害が生じているようだ。

　例えばある調査によれば，保育所・幼稚園・小学校ともに，子どもたちがじっとしていられない，姿勢が保てない等，自分の身体をうまくコントロールできていないという実態がある[2]。また，保育所・幼稚園に巡回に行くと保育者から，転んでも手が出ない，急に止まれない，服のボタンをはめられない，靴ひももしめられない，友だちと手をつないで歩くとバランスを崩しやすくなる，友だちとキャッチボールが続かない，うまくボールが避けられずゲームにならないなど，様々な子どもの身体問題について訴えかけられることが多くなった。

(2) 子どもの体力低下問題

　その背景には子どもの体力低下問題が指摘されている。文部科学省の「体力・運動能力調査」によると，今の子どもたちの基礎的な運動能力や筋力は1985（昭和60）年前後をピークに著しく低下しているようだ。ところで，この子どもの体力低下問題には2つの傾向があることが指摘されている[3]。1つは「低年齢化」である。すなわち，子どもの低体力化現象が幼児期からはじまっているというのである。いいかえれば，幼児期での身体運動体験が不足しているのである。2つめは「二極化」である。すなわち，運動していない子どもはほとんど運動せず，運動している子どもは相当量の運動を実施し，その中間層が少ない現象である。

　以上のことから，幼児期や児童期の子どもに対して，この時期に必要とされる様々な運動機会の質とともに量を十分に保障していくことが今日的保育課題である。

2. 運動発達の分類と方向性

　では，子ども時代に必要とされる運動とは何であるかを，発達的観点から考えてみる。

(1) 運動の分類

　これまでの研究において，運動発達は様々に分類されているが，ここでは運動を発達的観点から分類したものを紹介する。すなわち，反射と言われる自動的な運動反応の時期から，自律的に運動を獲得する時期，そのうち歩く，立つ，物をつかむなどの基礎的な運動や，その基礎的な運動がベースとなって発展していく，走る，とぶ，投げるなどの基本的な運動を獲得する時期を縦断的に分類したものである。つまり，平衡感覚やバランスといった姿勢をコントロールする能力（バランス）と移動手段に関連する能力（移動運動），物を操作する際の目や手，足などを協応させる能力（協調運動）に分類されている。小松[4]によってまとめられた乳幼児期の運動発達を参考にしたもの（一部改変）を示しておく（表7-1）。

表7-1　乳幼児期の運動発達

年齢	協調運動	バランス・移動運動
0歳	・把握反射（0:1）。 ・物をつかもうとする（0:3）。 ・見た物をつかむことができる（0:5）。 ・持った物を放すことができる（0:6）。 ・必要な片方だけを動かしてつかむことができる（0:6）。 ・手の指がはたらきはじめる（0:7）。 ・指先でつかむような持ち方ができる（0:8）。 ・積木の上に別の積木が置ける（0:10）。 ・親指と人さし指，中指が対応してつかむような持ち方ができる（0:10）。	・腹ばいの姿勢であごを持ち上げる（0:1）。 ・腹ばいで頭を上げる（0:2）。 ・首がすわる（0:3）。 ・支えられれば座る（0:4）。 ・あおむけに寝て頭と肩を上げる（0:5）。 ・寝返りをする（0:6）。 ・エンコができる（0:7）。 ・ハイハイがはじまる（0:8）。 ・つかまり立ちができる（0:9）。 ・椅子にうまく腰かけられる（0:10）。 ・支えらえて歩く（0:11）。
1歳	・つかみ方，放し方が完成する（1:0）。 ・スプーンで食事をする（1:6）。 ・積木を3つ積み重ねる（1:6）。 ・わしづかみでなぐり書きができる（1:6）。	・ひとりで立ち上がる（1:0）。 ・ひとりで歩く（1:3）。 ・ころびながらも走れる（1:6）。 ・なめらかに歩ける（1:8）。
2歳	・積木を6，7個積み上げられる。 ・絵本のページを1枚ずつめくれる。 ・さかさまにしないで，スプーンを口に運べる。 ・コップを片手でつかめる。 ・円形をまねられる。 ・簡単な衣類を身につけられる。 ・箱をあけられる。 ・円・正方形・正三角形を形態盤に入れられる。	・広い歩幅だが，うまく走れる。 ・数段の階段をひとりで上り下りできる。 ・低いすべり台に上り，すべれる。 ・大きなボールを蹴ることができる。 ・大きなボールを投げられる。 ・広いハシゴを1段ずつ下りられる。 ・約30cmジャンプできる。
3歳	・積木を9個積み上げられる。 ・積木を3個用いて橋を作れる。 ・キャッチボールができる。 ・スプーンからほとんどこぼさない。 ・握り箸で箸を使える。 ・水差しからつげる。 ・ボタンをはずせる。 ・靴をはける。 ・図形を模写できる。 ・直線をひける。 ・のりづけができる。 ・はさみを使える。	・つま先立ちで歩ける。 ・目的地まで走れる。 ・階段で最下段からとびおりられる。 ・片足で立てる。 ・両足でホップできる。 ・片足で車を押せる。 ・三輪車に乗れる。 ・ブランコに立って乗れる。 ・長い階段を，ひとりで1段ずつ下りられる。 ・45〜60cmジャンプできる。 ・でんぐり返しができる。
4歳	・はさみで曲線を切れる。 ・はさみとのりを使って，紙で簡単なものが作れる。 ・不明確な図形や文字を書ける。 ・小さなボールをキャッチして，前方へ投げられる。 ・ひとりで着衣ができる。 ・洗顔・歯みがき・鼻かみがだいたいできる。	・疾走できる。 ・ひとりで交互に足を運んで，狭いハシゴを下りられる。 ・三輪車を上手に乗りこなす。
5歳	・高度な積木遊びができる。 ・紙を三角形に折れる。 ・四角形を模写できる。 ・小さなボールをキャッチして，側方に投げられる。 ・上手に投げられる。 ・見えるボタンならはめられる。 ・簡単なひも結びができる。 ・図形・文字・数字を模写できる。	・足をそろえて立てる。 ・スキップができる。 ・片足で10回以上ホップができる。 ・交互に足を運んで，上手に広いハシゴを下りられる。 ・ジャングルジムの上の方まで，ひとりで上れる。 ・一直線に歩ける。 ・ブランコをひとりでこげる。

小松（2004）[1]の一部改変したものを引用

(2) 運動発達の方向性

ところで子どもの運動の発達的変化の中には、首すわりからはじまり次第に歩けるようになり、自分の身体を自由に使って移動する姿がみられる。また、うまく物を扱えない時期からブロックで飛行機等を巧みにつくれるようになる姿がみられる。それらに加え、友だちとぶつかって転がることが多かった時期から、例えば右の写真にあるように川などのような状況でも友だちと手つなぎしながら移動することができるようになる（図7-1）。つまり運動発達には「身体を自分で動かす」と「動きが巧みになる」、「（他者や状況等に）動きを合わせる」等といった方向性があると考えられる。

図7-1 手をつないで流れを上る

3. 乳幼児期の運動発達の様相

(1) 乳児期の反射

1) 新生児反射の特徴

生まれたての赤ちゃんの動きを代表するものに反射といったものがある。反射とは、何らかの刺激に対して自動的に反応する動きのことである。自動的というのは、自分の意志に関係なく機械的に反応することを意味している。昨今の研究で、乳児期の子どもの動きすべてが反射によって支配されているという考え方は否定されてきたが[5) 6)]、それでも多くは反射の動きである。代表的なところでは、把握反射やモロー反射、吸啜（きゅうてつ）反射等がある（表7-2参照）。そのうち把握反射をみてみると、生まれて間もない赤ちゃんの手のひらを指等で刺激すると強く握り返すことが多くある。これは中枢神経系の脊髄レベルの反応と言われており、高次な意志決定を司る大脳皮質は十分には関与していないと言われている。

表 7-2　反射（及び反応）の概要と中枢神経系機能との関係

中枢神経機能の 高次化水準	反射及び反応〈代表的なもの〉
脊髄－橋レベル （新生児反射）	ルーティング（Rooting）反射（口唇探索反射） 吸啜（きゅうてつ）反射 足引っ込め反射 交差伸展反射 自動歩行 把握反射 緊張性頸反射 モロー（Moro）反射
中脳レベル （立ち直り反射）	首立ち直り反射 体幹立ち直り反射 迷路性立ち直り反射 視性立ち直り反射 パラシュート反射 ランドウ（Landau）反射
大脳皮質レベル （平衡反応）	背臥位傾斜反応 座位傾斜反応 四つ這い傾斜反応

前川（1978）[7]，家森・神田・弓削（1988）[8]などを参考に筆者作成

　その中枢神経機能から，反射には3つの水準が与えられている[9]。脊髄レベル中心の「新生児反射」と中脳レベル中心の「立ち直り反射」，大脳皮質レベルの「平衡反応」である。言うまでもなく，出生後すぐに中枢神経系は，完全に機能しているわけでなく，出生後の環境との相互作用の中で高次化していく。それに伴い反射の内容が変化していくのであろう。

　ところで最近の技術革新により胎児期の子どもの様子をみることができる。その時期の子どもの行動には，新生児反射と同じ様式の動きがみられる。例えば，胎児期に既に指を吸っているが，それは吸啜反射と同様の動きが必要とされるだろ。また足けり運動（ステッピング）は，自動歩行の動きと類似している。それらの動きのメカニズムは新生児期以降の反射と異なると言われているが[10]，少なくとも胎児期に子どもは運動し，出生後の環境に応じて動くための準備をしていると考えることもできる。

2) 反射の意味

ところでこれらの反射は何のためにあるのだろうか。代表的な考えとしては，出生後，身を守る術をもたない新生児が，生まれてからすぐにでも「自らの生存を自ら守るための仕組み」であると言われている。例えば，口唇探索反射や吸啜反射は，自ら乳首を探し，効果的に栄養分を体内に取り組む上では，非常に優れた動きであるといえる。

図7-2　乳児の二足歩行までの変化

Shirley, M.M.（1931）より

(2) バランス系運動
1) 立位までの変化

　反射による姿勢保持のための平衡機能に支えられながら，子どもは次第にあらゆる条件のなかで，自分の姿勢のバランスをとれるようになる。

　図7-2にあるように，はじめは，あごをあげたり，肩をあげて顔を持ち上げたりする等の頭部からはじまる。そして腕を使って上体をあげ，座位を保持し，四つ這い姿勢が可能になる。そしてつかまり立ちが可能になり，1歳頃には，立位を保てるようになる。このように頭部から尾部，中心から周辺に向かって，身体を統制し，自分の姿勢のバランスをとるようになる。

2) 様々な状況に応じたバランス

　また表7-1にあるように，2歳を過ぎた頃になると，低いすべり台なら姿勢を保ってすべれるように，外部からの姿勢変化刺激に対して，自分の姿勢を保持できるようになりはじめる。実際，この頃になると，友だちとぶつかっても倒れにくかったり，友だちと手をつないでも共倒れすることなく移動できるようになりはじめる。

　3歳頃になると，子どもたちは，さらに不安定な状態におかれても姿勢を保持できる。例えば，片足で立ってバランスをとれるようになる。男児で約4秒，女児で約8秒程度と報告されている[11]。4，5歳頃になると，片足立ちは30秒以上可能になる[11]。

　このように子どもたちは，次第に，不安定な状況であっても，バランスがとれるようになる。このことが自分の体を巧みに操れるもとになっていると考えられる。

(3) 移　動　運　動
1) 独歩までの変化

　乳児期の移動方法の初期は「寝返り」である。そして腹這いや背這い，四つ這い，高這い等の「ハイハイ」が可能になり，そして物につかまりながらの「つたい歩き」，そして一般的に1歳半頃までにはひとりで歩くことが可能になる。ハイハイやつたい歩き，独歩は，平衡機能に支えられながら姿勢を一定に保つことが求められる。

2) 発達課題

ところでこうした独歩までの運動発達課題の段階は普遍的なものとしてとらえられる傾向があるが，最近の育児環境の変化に伴い，ハイハイをしないまま独歩に至る子どもがいる。それがその後の成長・発達に問題を呈することが言われる一方で，それを実証した研究報告があるわけではない。むしろ子どもがおかれている生活状況に能動的に適応しようとする現象としてとらえることのほうが理にかなっているようにも思える。つまり，上記の独歩までの発達的課題は，必ずしもその段階を追うというわけではなさそうである。

3) 移動運動パターンの拡大と効率化

さて2歳頃になると，走ることが可能になる。走る動作は，年齢があがるにつれ，歩幅が広がり，足の運び方に無駄がなくなり，腕の振りを活用する等，より効率的な走るフォームへと変化する[12]。

また表7-1にあるように，3歳頃には，両足でホッピングができ，5歳頃にスキップできる子どもが多くなると言われている。その中間期にギャロップができるようである。また，高い台から飛び下りるジャンプ動作をみると，2, 3歳頃は下斜め方向に片足下りのジャンプだったものが，次第に台から上斜め前方に両足で放物線上にジャンプできるようになり，腕の振りや上体の屈伸を利用するようになる。

このように移動運動は，年齢があがるにつれ，レパトリーが増えるとともに，移動運動の効率を高めるために動きが巧みになっていくのである。

(4) 協調運動
1)「つかむ」運動

表7-1の操作運動の項目にあるように，生まれて4, 5か月頃になると，目の前にあるものに手を伸ばし，つかむ動きがみられる。これは自分の目に入った物を操作しようとする初期の「目と手の協応動作」だといえる。

しかし，この時期の「物をつかむ」は，図7-3にあるように，「つかむ」というより「はさむ」といった状態である。それが月齢を重ね，様々な運動経験を通して，抵抗なく親指と人さし指でつまむことができる。この発達的変化は，まさに動きが巧みになることを印象づけるものである。

	2か月	4か月	6か月	8か月	10か月	12か月
つかみ方	把握反射	小指と掌の間に入れてつかむ。	親指以外の4本の指と掌の間に入れてつかむ。小さな物をつかむ時は4本の指を揃えて、掻き寄せるようにする。	親指を人さし指のほうに動かせる（内転）ようになり、有効に働きはじめる。	指がひとつひとつ独立して来て、親指と人さし指でものをつまめるようになる。	親指と人さし指でつまんだとき、他の指が広がらなくなる。

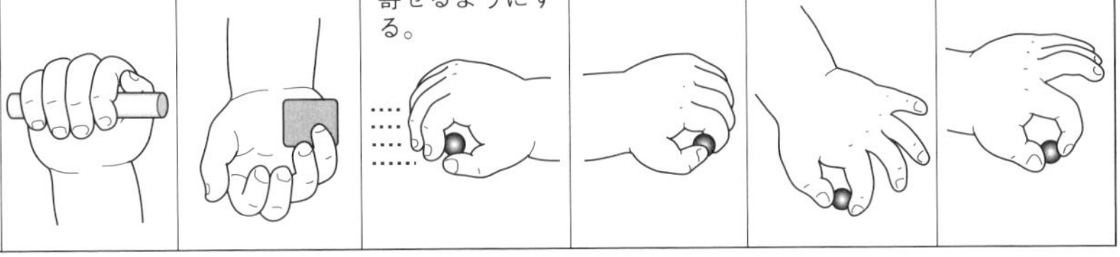

図7-3 物のつかみ方の発達

新井（2001）[13]から

2）物の操作

そして1歳頃になると、スプーンで食事ができるようになるが、スプーンを使いはじめた頃は、口に近づけるたびに、スプーンからこぼれ、食物がなかなか口の中に入らないことが多い。それはスプーンの先をテーブルに平行にして物をすくい、手首を固定し肘を軸に口に持っていこうとすると、スプーンの先がテーブルに対して垂直傾斜になる。そのため口に入る前に物が落ちてしまう。つまり道具を使って、こぼさず口もとに運ぼうとするためには、腕や肘、手首、指先等の動きを物が落ちないように協応させなければならないのである。

その後次第に、積木を高く積み上げられるように、空間位置を定めながら動きを調整していくことができる。こうした身体統制に伴う物の操作は、4歳頃になると、はさみで曲線を切るまでに至る。そのためには、両手の動きを別々に統制する必要がある（例えば、右手ではさみを操作し左手で紙を操作する）。さらに6歳頃になると、簡単なひも結びができたり、図形や文字、数字等を模写したり、手先の動きが大人顔負けに巧みになる。

4．児童期の運動発達の様相

ガラヒュー（Gallahue, D.L.）らによれば、基本的運動は、この児童期のは

じまりまでに発達する可能性があることを示唆している。その運動をもとに，この時期から，多様なスポーツ的運動技能を学習できるようになると述べている[14]。また近藤は，単にスポーツ的運動技能だけでなく，日常生活の動作やふるまい，学業や作業に関する姿勢や道具の使用，コミュニケーションに必要とされる表情やボディランゲージ，またダンスや踊り，造形等を含めた表現・芸術活動等に，これまでの運動が活用されることを示唆している[15]。つまり児童期の運動は，これまでに獲得された運動を，いろいろな場面や状況に応じて活用し，さらに巧緻化していく時期だと考えられる。

実際，平成20年度小学校学習指導要領によれば，小学校低・中学年において，将来の体力向上につなげることを目標に，この時期に様々な身体の基本的な動きを培っておくことが重要であることを示している。具体的には，低学年では「多様な動きをつくる運動遊び」，中学年では「多様な動きをつくる運動」が含まれている。

これ以降の児童期後半から次第に，得意な動きや苦手な動きなど，自分の身体特性に応じた好みがはっきりしてくる。思春期になり，自己のアイデンティティの目覚めに合わせて，身体の個性も明確化してくる。その頃になって，専門的なスポーツ活動に心身ともにより傾倒していくようになる。

5. 運動発達に影響するもの

(1) スポーツトレーニングの観点からみたら

トレーニングの基本原則によれば，運動能力は，普段より力（運動負荷）が必要とされる運動課題を繰り返していく必要があると言われている。幼児期でみるとそれは，日常的に園庭等で，鬼ごっこやドッジボール，長縄などを，子どもたちが「おもしろがって」遊ぶことのできる環境である。つまり，大事なのは子どもが身体を動かすことを「おもしろがる」ことである。おもしろがれば，自分なりに力を発揮し，いろいろな動きにチャレンジしようとする。そして，結果的に何度も繰り返す。そうすると子どもは，また運動することを「おもしろい」と思えるようになる。

一方で，身体運動を子どもが「おもしろがる」環境をつくることを難しいと

感じている保育者は少なくない。その背景には，「うまくなるためには厳しい練習が必要」などのスポーツのマイナスイメージや，その他いろいろな理由が関連している。まずは保育者自身が身体運動を楽しみ，その楽しむ姿を子どもにモデルとして示していくことではないかと考える。

(2) 他の発達との関連からみたら

　ところで，なぜ子どもは寝返りから歩く運動へと，わざわざ不安定な姿勢を保持しながら移動運動を変化させていくのであろうか。また，目の前にある物をとり，物同士をくっつけたりして遊ぼうとするのであろうか。

　身体の動きは自然に発生するというだけではない。動きたい，立ちたい，触りたいといった動機付けられる環境が運動発達刺激になっている。つまり運動発達は，他の発達と同様，遺伝と環境との相互作用によって保障されているのである。また，子どもたちの多くは，運動することの楽しさを発見するとともに，自己と外界をつなぐ身体を肯定的に認識する。実際，幼児の運動に対する有能感は，自由遊び場面における活動性を高めることに影響することが示唆されている[16]。

　つまり，運動発達に刺激を与える魅力ある環境を考える際には，単に運動発達だけをとらえるのではなく，認知や社会性などの他の発達状況も合わせて考えることが必要ではないかと思われる。

■引用文献

1) 中村和彦（2009）いまどきの子どもの体力・運動能力．教育と医学，676，pp.904-911．慶應義塾大学出版会
2) 野井真吾（2005）からだと心の"元気"指標．子どもの発育発達，3(2)，pp.75-79．杏林書院
3) 澤江幸則（2009）子どもの健康と安全．青木多寿子・戸田まり編：児童心理学，第2章，pp14-23．学文社
4) 小松歩（2004）幼児期．無藤隆編：発達の理解と保育の課題，第5章，pp.63-81．同文書院
5) Andre-Thomas, C., & Autgaerden, S. (1966) Locomotion from pre-to post-

natal life. Clinics in Developmental Medicine, 24, S.I.M.P. Heinemann
6) Touwen, B.C.L（1978）variability and stereotypy in normal and deviant development. In Apley, J.（Ed.）, Care of the handicapped children. Clinics in Developmental Medicine, 67, S.I.M.P. Heinemann
7) 前川喜平（1978）神経系の成熟と子どもの発達．総合乳幼児研究臨時増刊号，pp.49-52，同文書院
8) 家森百合子・神田豊子・弓削マリ子（1988）子どもの姿勢運動発達．別冊発達3，ミネルヴァ書房
9) 落合幸勝（1984）運動反射の消失と随意運動の発生．赤塚徳郎・調枝孝治編：運動保育の考え方，第1章第4節，pp.57-61，明治図書
10) 小西行郎（1999）胎児・乳児の運動能力．正高信男編：赤ちゃんの認識世界，第1章，pp.1-49，ミネルヴァ書房
11) 宮丸凱史（1984）基本的運動の発達．赤塚徳郎・調枝孝治編：運動保育の考え方，序章第2節，pp.13-17，明治図書
12) 加藤謙一（2003）遊びの中の走運動：かけっこ，鬼ごっこ．子どもと発育発達，1(3)，pp.187-189，杏林書院
13) 新井邦二郎（2001）図でわかる学習と発達の心理学，福村出版
14) Gallahue, D.L., 杉隆監訳（1999）幼少年期の体育：発達的観点からのアプローチ，大修館書店
15) 近藤充夫（1984）子どもの運動発達と運動保育．赤塚徳郎・調枝孝治編：運動保育の考え方，序章第2節，pp.13-17，明治図書
16) 鈴木康弘・中村和彦・杉原隆・岩崎洋子・猪俣春世・古田伊津美（1996）幼児の運動の有能感と園での自由遊び場面における行動との関係．東京学芸大学紀要5部門48，pp.111-119

第Ⅰ部 基礎編 Ⅰ-Ⅲ 各領域の発達(「知・情・意」を中心としたヨコの発達)

第8章
認知の発達

1. ピアジェの発達理論

　子どもは生まれたときから，周りの環境や人とのかかわりを通して，物や人に対する見方・考え方，すなわち認知を発達させていく。

　認知の発達については，従来からいくつかの理論がある。ここでは，はじめに，物や人に対する理解が進む仕組みを発達段階という形で説明したピアジェについて簡単に紹介する。

(1) 各発達段階と各年齢の特徴

　ピアジェは子どもが生まれてから児童期に至るまでを，表8-1に示すように年齢別に4つの段階に分けた。

1) 感覚運動的段階：0～1歳半（2歳）

　感覚運動的段階では，物や人を見る，触る，音を聞くなどの感覚的・運動的体験を通してその特徴を理解していく。この段階はさらに6つの下位段階に分けられている。この段階の特徴的行動として，同じ行動を繰り返し行う様子がみられる。例えば，手を開いたり閉じたり，ガラガラを繰り返し振ったりする。この行動の繰り返しを循環反応とよび，その内容の複雑さに応じて第1次から第3次までに分けられている。

2) 前操作的段階（象徴的思考・直観的思考）：1歳半（2歳）～7（8）歳

　前操作的段階はさらに象徴的思考と直観的思考の2つに分けられる。人や物についてのイメージ（表象）が出来上がり，「今・ここ」にない物についても考えられるようになっていく。しかし，この段階は自己中心的段階ともよばれ，

表8-1 ピアジェの発達段階

感覚運動的段階	Ⅰ. 反射シェマの行使	0〜1か月	生得的な反射的活動を通して外界に働きかけ，外界を取り入れる。
	Ⅱ. 第1次循環反応	1〜3(6)か月	同じ動作を繰り返す（手を開いたり閉じたりするなど）。
	Ⅲ. 第2次循環反応	3(6)〜8(9)か月	動作の繰り返しに物を取り入れる（ガラガラを繰り返し振るなど）。目と手の協応の成立。
	Ⅳ. 2次的シェマの協応	8(9)か月〜1歳	目的と手段の分化（2つの動作を協力させて目的を達成する）。物の永続性の理解。
	Ⅴ. 第3次循環反応	1歳〜1歳半	繰り返す行動を実験的に行い，バリエーションを増やしていく（様々な手段を試して目的を達成する）。
	Ⅵ. シェマの内面化による新しい手段の発見	1歳半〜2歳	実験を頭の中で行い，結果を予想するようになる（最初から一番いい手段で目的を達成する）。延滞模倣。
前操作的段階	象徴的思考	1歳半(2)〜4歳	イメージ（表象）の形成により「今・ここ」にないものについて考えることができる。
	直観的思考	4〜7(8)歳	物事の見た目に影響されて論理的に考えることが難しい。
具体的操作期		7(8)〜11歳	論理的に考えることができる。考える内容は具体的，現実的なものに限られる。「保存」の概念の獲得。
形式的操作期		11歳〜	論理的に考えることができる。考える内容は抽象的なもの（架空・仮定の話）にまで広がる。

考え方が論理的でないという特徴がある。

3) 具体的操作期：7(8)歳〜11歳

具体的操作期では筋道を立てて論理的に考えることができるようになる。例えば，様々な生き物を大きさや色に惑わされず，四本足の動物・鳥・魚などに分類することができる。しかし，その考える内容は現実にある具体的な物・人・場面に限られる。

4) 形式的操作期：11歳〜

形式的操作期では，現実にはない架空のものや仮定の話についても論理的に考えることができる。例えば論理的に考えた結果，「ネズミは象より大きい」

という現実にはありえないような結論が導き出されてもそれを受け入れることができる[1]。また自分の考えそのものについて考え，誤っている考えについては修正することができることから，「操作」の「操作」，「二次的操作」の段階であるとも言われる。

(2) 発達の仕組み

認知は同化（assimilation）と調節（accomodation）という2つの働きによって発達していくとピアジェは説明している。子どもは物や人とかかわりながら，枠組み（シェマ）をつくっていく。そして経験したことは枠組みと照らし合わされ，枠組みに合う経験は行動レパートリーの1つとして取り入れられる。この働きを同化という。一方で，枠組みに合わない経験をした場合は，その経験に合うように枠組みの方を変えていく。この働きを調節という。例えば，乳児期の子どもは目の前に出された物を次々と握ろうとする。これは新しい物を「握る」というシェマに当てはめる同化という働きにあたる。一方でこれまで握ったことのない大きな物を目の前に出された場合，それまでとは指の動かし方を変えて握らなければならない。このとき，「新しい握り方で握る」というようにシェマを変えることが調節にあたる。そしてこの同化と調節のバランスが取れている状態を均衡化（equilibration）という。

2．各時期の発達的特徴

ピアジェの発達段階を参考に，各時期の特徴を1）物に対する認知，2）人に対する認知に分けてみていく。

(1) 乳児期（0〜1歳半（2歳））
1）物に対する認知
　a．**随伴性の理解**：乳児期の子どもは活発な手足の動きを通して，自分の動きや行動が周りに変化を与えていくこと（随伴性）を次第に理解していく。例えば，図8-1のように足を動かすとおもちゃのモビールが動く仕掛けを用意すると，気まぐれではなく，おもちゃを動かすために意図的に足を動かすよう

になる。

　b. **目と手の協応**：生後4か月頃になると，見た物に手を伸ばすことや触った物を見ることができるようになる。それまでは見るだけ，手を動かすだけ，と別々に行われていたことを協力させて行うようになる。これを目と手の協応とよび，視覚と運動との関連づけができるようになったことを示している。

　c. **目的と手段の分化**：子どもは目の前にある物を布で覆って隠されると，なくなってしまったと考えるが，生後9か

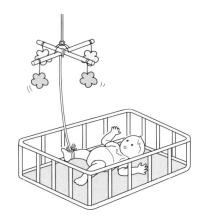

図8-1　随伴性の理解

月頃になると隠されてもそれを探そうとする。自分の視界からは見えなくなっても，物があり続けるということの理解を物の永続性の理解とよぶ。

　そして，隠された物に直接手を伸ばすのではなく，隠している布をとろうとする。それまでは物を手に入れる（目的）ということと物をつかむという行動（手段）は同じであった。それが物を手に入れる（目的）ために布をとる（手段）という別の行動をとるようになる。これを**目的と手段の分化**という。

　この分化が可能になると，直接目的に向かって進むのではなく，別の手段を利用できるようになる。例えば，すべり台をすべる側から上ろうとするのではなく，階段側から上ろうとするようになる。これを**一次元可逆操作の獲得**とよび，1歳半頃からみられる[2]。

2）人に対する認知

　a. **顔の認知と模倣**：子どもは小さい頃から人の顔に，特に関心をもっている。様々な模様の円の図形（人の顔，同心円，英字，白・赤・黄のペイント）を見せると生後間もない頃から人の顔の図形を最も長く見る（p.26，図3-2）。さらに口を大きく開けたり，舌を出したりという顔の動きをまねすることもできる（p.155，図16-1）。模倣は，手の動きや身体全体の動きなどでもみられる。

　b. **社会的参照**：子どもは何か不安なこと（この遊具で遊んでもよいのか）があると周りの大人の顔色や表情（笑っているか，怖がっているか）を見て判

断しようとする。この行動を社会的参照（social reference）という。

(2) 幼児期（1歳半（2歳）～6歳）
1）物に対する認知
a．イメージ（表象）の形成：子どもはよく，積木を車にみたてるなどのみたて遊びをするが，ここには表象の発達がみられる。「今・ここ」にはない車という実物から車に対するイメージを作り出し，そのイメージを積木に置き換えることで，ただの四角い積木を車として遊ぶことができる。

また，2歳頃から自分の経験したことを話しはじめる。子どもの経験はただランダムに記憶されるというより，物事の因果関係（物を壊したから怒られた）やスクリプト（ある出来事の一連の手続き，例えばお買い物の順番）によって，関連づけ，整理されて記憶される。この記憶は生活の中の会話やごっこ遊びの内容として現れてくる。

b．「保存」の概念：見た目が変化しても何かを加えたり引いたりしていなければ本質的な量や数は変わらないという考えを「保存」の概念という。例えば，図8-2の数の保存ではおはじきのAとB´はおはじきの間隔が長くなっただけで数は同じである。しかし幼児期では見た目の一方のみの特徴（横幅が

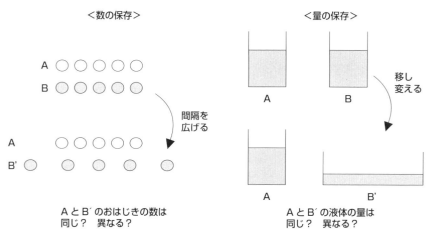

図8-2 「保存」の実験

広がった）に注意がひきつけられ，B′のおはじきが多いと答える。同じように量の保存についても，幼児はB′の水が多いと答えたり，Aが多いと答えたりする。このほかには，重さの保存や体積の保存がある。同じ保存の概念であっても内容が異なることによって獲得される年齢にズレ（décalage）があることがわかっており，数や量などの保存は7，8歳頃，重さや体積の保存は9歳以降に獲得される。

2）人に対する認知

a. 模倣と意図理解：1歳半頃から大人の動作を見てすぐ模倣するのではなく，時間を置いて別の場所で模倣する様子がみられる。これを**延滞模倣**とよぶ。一度見たものを頭の中にイメージとして留めておかなくてはならないため，表象の発達の1つと考えられる。また，単に見た行動を模倣するだけでなく，その人が何をねらいとしてその行動を行っていたか，についても理解している。例えば，大人が棒にはめられている積木を外そうとするが，できないという場面を子どもに見せて，その棒を渡すと，積木を外そうとして失敗するのではなく，外す行動を示す[3]。子どもは他者の行動を見ることを通して，他者の意図を理解しているのである。

b. 心の理論：4歳を過ぎたあたりから，自分と他者の考えは別々のものであるということに気づきはじめる。例えば，誤信念課題とよばれる実験では図8-3のようなお話を子どもに聞かせる。サリーは誤った信念（ビー玉はバスケットに入っている）をもっている。子どもが「サリーの誤信念」と「自分の知っていること」の区別ができないと，最後の質問に対して「箱を探す」と答えてしまう。逆に区別ができていると「バスケットを探す」と答える。自分とは異なる他者の心の働きについて理解している場合「**心の理論**（theory of mind）」をもっているという。

c. 自己中心性：しかし，幼児期の子どもにとって他者の視点に立って何が見えているかを正確に理解することはまだ難しい。例えば，大人と子どもが向かい合って読んでいるときに，大人には絵本が逆さまに見えている。しかし，幼児期の子どもは自分が見ているのと同じ正面から見た見え方をしていると考える。他者が自分と同じ視点で物事を見ていると考えるため，この特徴を**自己中心性**（egocentrism）とよぶ。

図 8-3　誤信念課題の内容

Happe, F.G.E. (1997)[4] を改変

(3) 児　童　期
1) 物に対する認知

　a．**メタ認知**：幼児期には自分の外界にある物や人について考えることが多かったが，児童期には「自分自身の考えていること」について考えることができるようになる。これを認知の認知という意味でメタ認知(metacognition)とよぶ。メタ認知は大きく2つに分かれる。1つは自分自身の認知の特徴（例えば，「～を理解するのは得意」など）についての知識を指すメタ認知的知識である。もう1つは認知の進み具合を監視して（モニタリング）必要に応じて認知を止めたり進めたり，修正したりと調整するメタ認知的活動である（例え

ば，今のペースでは時間までにテスト問題が終わらないので，自分のできそうな問題だけをまず解いていこうなど）。このような知識や活動を通して，どのような考え方や行動が自分に合っているか，また状況に合っているかを考え，計画を立てて（プランニング），効率のよい行動をとることができるようになる。

2）人に対する認知

a．社会的情報処理：他者とかかわる際に，相手の内面や周囲の状況について考えることを社会的認知という。ダッジ（Dodge, K.A.）らの研究では，子どもは複数の認知のステップを通して，ある行動（相手を攻撃する，援助する）を行っていると考えられている[5]。例えば，まず自分や相手がどのような状況にいるか，次に自分の目標を何にするか，さらにそのための行動はどのようなものがよいか，などを考えた上で，行動を実行している。そして，その行動に対する相手の反応を受けて，また最初から考え直していく。

このように複数の認知のステップに分けることで，その子どもがどのステップでつまずいて，他者に受け入れられない行動をとってしまうのか，ということを理解する手がかりになる。例えば，攻撃的な行動の多い子どもの中には最初の相手の状況理解において，相手が敵意をもって自分に働きかけていると誤って解釈してしまう子どもがいることなどがわかっている[6]。

b．他者の特性についての認知：他者とのやりとりを抽象的に考えられるようになると他者を評価する内容も変化してくる。例えば，児童期前半の子どもは他者についての2つの側面（やさしいけれど乱暴なところがある）を同時にとらえたり，統合したりすることは難しい。そのため，どちらかの偏った見方に集中することがあり，それが修正されにくいという特徴をもつ[7]。しかし，児童期後半の終わり頃にはこの複数の側面が一人の子どもに同時に存在することがわかり，それぞれの側面を別々にとらえられるようになる。

3. 発達における社会文化的視点

(1) ヴィゴツキーの発達理論

　これまで年齢にそって認知の発達をみてきたが，子どもにかかわる大人や大人の背後にある文化が子どもの発達に重要な影響を与えると説明したのがヴィゴツキー（Vygotsky, L.S.）である。ヴィゴツキーは子どもが一人で問題解決できる水準とその少し上に大人や年長の子どもの手を借りて解決できる水準があるとした。この2つ目の水準を成熟しつつある発達可能な水準であるとし，2つの水準の間を**発達の最近接領域**（zone of proximal development）とよんだ。そして，教育とはこの最近接領域に働きかけ，発達を促していくものであるととらえた。

(2) 文化に規定される認知発達

　教育が発達を促す役割をもっているとするならば，受ける教育の内容，置かれている文化によって認知発達が異なってくると考えられる。例えば，ニューギニアのオクサプミン族は商品の売買に計算の手続きが用いられない（一対一，もしくは一対多数の交換が行われる）ため，数で計算する必要がほとんどない。そのため，子どもの計算能力はアメリカの子どもに比べてゆっくり発達する。一方，南アフリカで生活のために商取引に従事している種族の子どもは，自給農業の種族の子どもに比べて計算などの成績が優れているという報告がある[8]。このように，文化を背景とした生活に強くかかわる側面については早く発達するが，そうでない側面についてはゆっくり発達するといえる。

　以上のことから，まず子どもの認知能力の発達には段階があり，様々な経験の積み重ねによって少しずつ段階を上っていくことがわかる。しかし，子どもに働きかける側がどんな社会文化的背景をもっているかによって，発達の早さや方向が違ってくると考えられる。

■引用文献

1) 岡本夏木（1986）ピアジェ，J.．村井潤一編：別冊発達4．発達の理論をきずく，pp.126-161，ミネルヴァ書房
2) 田中昌人・田中杉恵（1982）子どもの発達と診断2 乳児期後半，pp.107-115，大月書店
3) Meltzoff, A.N. (1995) Understanding the intentions of others : Re-enactment of intended acts by 18-months-old children. Developmental Psychology, 31, pp.838-850
4) Happe, F.G.E., 石坂好樹・神尾陽子・田中浩一郎・幸田有史訳（1997）自閉症の心の世界，星和書店
5) Crick, N.R., &Dodge, K.A. (1994) A review and reformulation of social informationprocessing mechanisms in children's social adjustment. Psychological Bulletin, 115, pp.74101
6) Dodge, K.A., & Tomlin, A.M. (1987) Utilization of self-schemas as a mechanism of interpretational bias in aggressive children. Social Cognition, 5, pp.280-300
7) Hymel, S.・Wagner, E.・Butler, L.J., 山崎晃・中澤潤監訳（1996）世評の偏り：仲間集団からの見方．Asher, S.R.・Coie, J.D. 編著：子どもと仲間の心理学―友だちを拒否するこころ―，pp.158-186，北大路書房
8) Cole, M., 天野清訳（2002）文化心理学，pp.293-295，新曜社

第Ⅰ部 基礎編　Ⅰ-Ⅲ 各領域の発達(「知・情・意」を中心としたヨコの発達)

第9章
言語の発達

1. 前言語的コミュニケーション

(1) 音声の獲得（生後0か月～8か月）

　子どもは，生まれつき人とかかわるための能力をもっており，人の顔を見る場合には見慣れない顔よりも見慣れた顔を好んで見る。そのため親から様々な養育行動を得ることができ，ことばの発達も促されることとなる。生まれてしばらくの新生児（生後0か月～28日）は，口の中の形やのどが未発達なために「泣く（叫喚発声）」ことで快・不快を親に伝えるが，生後1か月頃から気分の良いときなどに「アー」「クー」といった発声（クーイング）をするようになり，親とのやりとりをはじめるようになる。例えば，子どもは授乳のときに一定のリズムで「吸う-休む」を繰り返す。母親は子どもが吸うのを休むとそれに続いて「よしよし」と声をかけ子どもを揺さぶる（随伴的反応）が，母親が反応しないと子どもは再び発声を行う。このように，生後間もない子どもでも，母親との間で「吸う-休む-反応する」といった相互的なやりとり（ターンテーキング；turn-taking）を行うようになる。さらに生後3か月頃になると，子どもは一人で「声遊び」をしているかのように，音の高さ，強さ，長さが様々な音声（喃語：babbling）を発するようになる。初期の頃は「バ，バ，バ」といった1音節の音声が現れ，次いで「ババ，ババ」といった同一音声が繰り返される音声（反復喃語）へと変化し，その後音声の基礎となる「バマ，バマ」といった異なる音を組み合わせた音声（非反復喃語）が現れるようになる。このように，乳児期のこの時期は音声言語につながる「音」を作り出せるようになる重要な時期であることがわかる[1]。

(2) 前言語から言語へ（6か月〜1歳）
1）3項関係の成立（図9-1）

　6か月頃になると，子どもはおもちゃで遊んでいるときはモノと自分との間のやりとり（モノ−自分）を行い，遊んでいる子どもに親が声をかけるとおもちゃを放り出して親と自分との間のやりとり（人−自分）を行う。このように，初期のやりとりは「モノ−自分」「人−自分」といった2項関係のやりとりからはじまる。しかし9か月頃になると，何かを発見して驚いたときに「ほら，みて！」といったようにモノを指さし，並んで同じものを見ながら感動した体験を共有するといった並ぶ関係がみられるようになる。10か月頃になると感嘆・共有の指さしは一時的に消失し，なじみのあるおもちゃなどを指さして親とのやりとりを楽しむ交流の指さしや，おもちゃを指さして「あれ，欲しい！」といったような要求の指さしを行うようになる。このように，感嘆・共有の指さしから交流・要求の指さしへと指さしの機能が変化することで，並ぶ関係から対面関係へと移行していく。11か月頃になると一時的に消失していた感嘆・共有の指さしが再び現れるだけでなく，さらに指さしの機能が多様化する。例えば，「あれなに？」といったような質問の指さしや，「あれは〜だね」「これはあれとおなじだ」といったような叙述の指さし，「〜がない」「〜がしたい」といったような要求の指さしなどがみられるようになり，「ン？ン？」「ア！ア！」などと言いながら指さすことで様々な事柄を表現するようになる。しかし，これらの指さしは「今ここにあるもの」を示すことはできても，「今ここにないもの」を指し示すことができないため，次第に表象の理解にともないことばを使用した「人−モノ−自分」の3項関係へと移行していく[2]。

2）表象の獲得

　実際のバス（意味されるもの：所記）を積木（意味するもの：能記）でみたてるといったように，意味されるもの（所記）と意味するもの（能記）とを自分の中で結び付けてイメージしたり関係づけたりすることを，表象という。また，今ここにない物（意味されるもの）を頭の中で「イメージ化（表象）」し，そのイメージをことば・モノ・動作（意味するもの）などで代表させることを象徴機能（symbolic function）という。例えば，生後9か月のローランは父親であるピアジェが身じろぎして椅子をきしませると，父親の姿を探すようなし

第9章 言語の発達　85

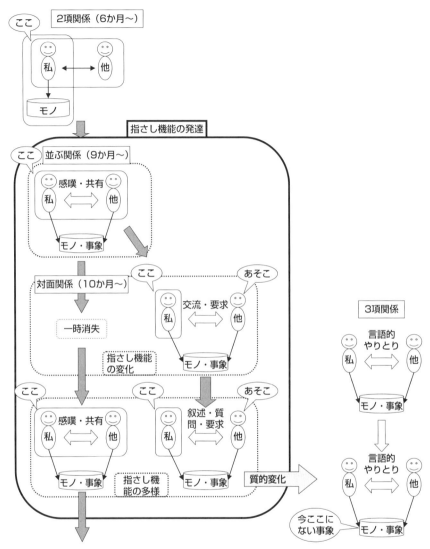

図9-1　2項関係から3項関係へ

やまだ (1998)[2] より筆者作成

ぐさをしたという。このように椅子の音が父親（ピアジェ）の存在を予期するための「指標」のように理解されるようになる[3]。その後，1歳前後では積木をバスにみたてて遊ぶなど，目の前にあるもの（意味するもの）によって目の

前にないもの（意味されるもの）を表現（象徴）するようになる。このような象徴機能の獲得は，形や音が似ているといった類似性がなくとも意味するものと意味されるものとを結び付けることのできることば（記号）の理解へとつながっていく。例えば，実物の「猫」とことばの「ネコ」「cat」との間には音や形態の類似性はないが，この2つは頭の中にある「ネコ」の概念的なイメージによって結び付けられて理解されている[4)5)]。

このように，表象の理解の獲得とともにモノを介してヒトとかかわる「人-モノ-自分」の3項関係が成立するようになると，モノを介したやりとりから今ここにない事象についてのやりとりが可能な言語的コミュニケーションの獲得へとつながっていく。これらの前言語的コミュニケーションの発達過程は，表9-1にまとめられている[1)2)4)]。

表9-1　ことばの発達過程

		話しことば（1次的）						書きことば（2次的）
		前言語期			言語期			
		0〜3か月	4〜8か月	9か月〜1歳	1歳〜2歳半	2歳半〜3歳	3歳〜6歳	就学前期
言語の発達	音声（音韻）	泣きクーイング	反復的喃語	非反復的喃語・原初語音声の模倣	初語一語文二語文			
	語彙（意味）			表象と象徴機能	言語爆発過度の拡張と制限			メタ言語
	文法読み書き（統語）					多語文	ひらがな	特殊なひらがな・かたかな・漢字
	語の使用（語用）				「コレ？」「ナニ？」	「ナゼ？ドウシテ？」	直接的要求会話手法の使い分け	間接的要求会話の維持
コミュニケーションの基礎となる認知の発達			（6か月）【共同注視】┈┈▶	（9か月）- - - - ▶	（1歳半）──────────────▶			
				（9か月）【指さし】─────	（減少へ）- - ▶			
			（6か月）【2項関係】┈▶	（9か月）【並ぶ関係・対面関係】▶	【3項関係】──────────▶			

坂原（2004）[1)]，やまだ（1998）[2)]，本郷・寺田（1986）[4)]をもとに筆者作成

2. 言語的コミュニケーション

(1) 一語文の成立（1歳〜1歳半）

　1歳頃になると，子どもは「マンマ」のように意味のある語を初めて発するようになる(初語)。この初語は増加と消失を繰り返しながら定着した数になっていくが，消失せずに定着する語の種類や増加の速度には個人差がある。ようやく語が定着すると，子どもは一語を文の機能があるかのように使用するようになる（一語文）。例えば，図9-2のように「パパ」という一語によって，「パパが出かけた」「これはパパ（です）」など様々な意味を表わすようになる[6]。また，この時期の語の意味には，「ワンワン」を犬だけでなく猫や牛にも適用するなど，ことばの適用範囲を広げて使用する「過度の拡張」がみられる。また逆に，「ワンワン」を自分の家の犬にしか使用しないなど，ことばの適用範囲を狭めて使用する「過度の制限」がみられることもある。これらのことから，この時期の子どもは「語と語がもつ意味」との関係を理解するようになり，一語文で自分の要求などを表現したり，自分のもつ少ないことばのレパートリーを拡張・制限したりすることで，他者とやりとりを行っている様子がうかがえる。

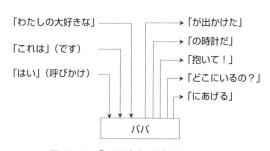

図9-2　「一語文」が表現するもの
村田（1973）[6] より引用

(2) 二語文の獲得と多語文の出現（1歳半〜3歳）

　1歳半頃を過ぎた子どもが50語くらいの語を定着して使用するようになると，使用する語の数が急激に増大するようになる（語彙の爆発）。この頃から，子どもはモノには名前があることを理解しはじめ，「これ　うさぎ」のように二語をつなげた発話を行うようになる（二語文）。表9-2のように，この時期の子どもが多く使う二語文は「これ＋モノの名称（これ　うさぎ）」ですべて

表9-2 二語発話の主要な統語意味関係

統語意味関係	例文	1歳8か月	1歳9か月	1歳10か月	1歳11か月	2歳0か月	計	占有率(%)
これ+物の名称	これ ウサギ	1	8	23	81	10	123	14
行為者-行為	フミちゃん 帰った	4	17	20	29	33	103	12
存在物-存在・発見	写真が あった		3	25	23	14	65	8
対象-行為	さかな 食べた	6	9	6	29	13	63	7
非有生主体-動き	ニュース 終わったね	1	8	8	15	15	47	5
要求対象-要求	りんご 要る	6	9	7	16	9	47	5
所有者-所有物	お父さんの おズボン	4	3	9	5	7	28	3
交換対象-交換	お薬 もらった		5	7	6	9	27	3
行先-移動	公園 行こう	1	1	6	2	7	17	2
場所的対象-行為	ブブ 乗ると	1	1	2	9	3	16	2
計（異なる発話数）		24	64	113	215	120	536	62
当月の二語発話数（異なる発話数）		29	89	194	345	208	865	

綿巻（2001）[7]より引用

の二語発話数の14％を占めており，次いで「行為者+行為（フミちゃん 帰った）」が12％を占めている。このような二語発話は，10種類の発話で全二語発話の60％を占めている。さらに2歳頃になると，子どもは三語以上の語をつなげた発話（多語文）を行うようになる。「オカーサン ボーシ」などの二語文にみられるような助詞が省かれ電報文的であった発話は，この頃になると発話の形態の長さ（平均発話長：MLU；mean length of utterances）が長くなり，次第に洗練されていく。例えば，「フォーク モ アリマスヨ」のように，助詞を使用した多語文が現れるようになる。このような一語文から二語文，さらに多語文への発達は，発達障害（ダウン症）の子どもも似たような順序で発達する。しかし，会話の形式は単純なものが使われ，内容が抽象的でないものが多く，会話も主導的でない傾向がみられる。また認知的側面の遅れがある場合には，二語発話以降の多語文への発達やその複雑化が難しくなる[7]。

3.「今，ここ」を離れた言語の獲得（3歳～6歳）

（1）会話のためのことばから思考の道具へ

3歳前後の子どもを観察すると，集団の中で独り言のような会話をすること

がある。ヴィゴツキーは，このような独語は一人でいるときではなく，遊びの場面などの集団の中でみられることから，他者とやりとりをするためのことば（外言）から，自分の頭の中で考えを整理するために自分の中でつぶやくことば（内言）への移行期に現れる現象だと考えた[8]。例えば，ダウン症の子どもでは，3歳6か月頃に車のおもちゃで遊んでいる際に，「コウ，ア，テ，コウ，ア，テ（こうやって　こうやって）」という独語がみられており，ことばを使ってどうしたらよいかを考えている様子がうかがえる[9]。6歳以降になると，外言は他者との会話のやりとりのための優れた伝達手段として，一方内言は「今，ここ」を離れた場所や遠い未来，抽象的な事柄などを考える際に「思考の道具」として使い分けられるようになる。

(2) 相手を意識して会話をすることの理解

　子どもは日常的な他者との会話場面の中で，自然と相手の心の状態や相手の状況を意識して会話をするようになる。例えば，4歳頃の子どもは自分の弟や妹と会話をするとき，同年代の友だちや親と会話をするときより発話の形態の長さが短いことばを使用する。また，この頃の子どもは，母親がおやつを準備していたときにその場にいない父親について「オトウサンノハ？」という発話を行うなど，他者の立場に立った発言を行うようになる[9]。また，新しい場面や人になじむのに時間がかかる発達障害（ダウン症）の子どもの場合でも，集団の中で他児とやりとりを行うことで次第に「ワタシニモ　ミセテ」と自分から要求したり，「ガンバッタヨ」と自分の思いを人に伝えたりするなど，人間関係の広がりとともにことばの広がりもみられるようになる[10]。このように，他者と会話を行うためには，音声の獲得，語の意味の理解，文法の理解だけでなく，集団の中で人とやりとりを行う経験を通して，相手の気持ちや考えといった他者の心の理解を獲得することが必要になる。

(3) 読み書きの理解

　6歳頃になると，多くの保育所や幼稚園では就学に向けて名前を書いたり絵本を読んだりといった文字の読み書きの機会が増える。こうした読み書きの力は，急激にはじまるものではなく，幼児期から続くことばの理解の獲得と関係

している。読みについては，4歳頃はひらがなの自分の名前が読める程度だが，5歳頃になると急速にひらがなの習得が進み，絵本などを一人で読むようになる。またひらがなの書きについては，4歳から次第に書字数が増え，5歳頃には折り紙などにお友だちに向けて短いメッセージを書いて渡すこともみられる。これらのことから，子どもは生活の中で文字に関連した活動を目にしたり，参加したりすることで自然と身に付けはじめている。

4．子どもの語獲得における養育者の役割

(1) 母 親 語

　ブルーナー（Bruner, J.S.）は，言語を獲得するためには親がもつ子どものことばの発達を助けるしくみ（**言語獲得援助システム；language acquisition support system, LASS**）が必要であると考えた[11]。このような言語の獲得を援助するシステムは，子どもと母親とのやりとりにみることができる。母親から授乳される際に乳児がクーイングを発したとき，母親は乳児の発声に続いて応答する。このとき母親は，大人と会話をするような方法とは異なる特徴的な応答の仕方を行い，子どもの言語理解を支える「**足場（scaffolds）**」を提供している。このような親の特徴的な応答は「**母親語（motherese）**」とよばれている。

　表9-3のように，母親語には12種類の特徴があり大きく2つの機能に分けられる。まず，分析的機能は「Ⅰ．子どもが母親の発話を参考に，そこから構造についての情報を得る」という機能があり，「④上昇音階」「⑤休止」などは文の境目を子どもに教える働きをする。また，社会的機能は「Ⅱ．子どもの注意を引きつけ，注意を保持する」という機能があり，「①高いピッチ」「②大きな周波数域」「④上昇音階」などがその働きをする。さらに，社会的機能には「Ⅲ．やりとりの順番の手がかりを与え，子どもとの会話を効果的に進める」という機能があり，「④疑問文・上昇音階」などによって会話の反応する順番の手がかりを教えている[12]。また，母親語は様々な国や文化で使用されており，子どもはこれらの「言語獲得援助システム」に助けられることで，言語発達の初期から自分の所属する言語文化に参加できるようになる。

表9-3　談話における母親語の特徴

子どもにとっての母親語の機能		母親語の言語的特徴
分析的機能	Ⅰ. 子どもが母親の発話を参考に，そこから構造についての情報を得る	①高いピッチが用いられる。 ②大きな周波数域が用いられる。 ③特異な「強調」が用いられる ④疑問文が多く，疑問文以外でも上昇音階で終わる文が多い。
社会的機能	Ⅱ. 子どもの注意を引きつけ，注意を保持する	⑤1つ1つの文の境界に休止が置かれる。 ⑥ゆっくり話す。 ⑦ある語が長く伸ばされる。
	Ⅲ. やりとりの順番(turn-taking)の手がかりを与え，子どもとの会話を効果的に進める	⑧長い文は分割され，それぞれにイントネーションがつけられる。 ⑨限られた語彙を用いる（名詞・現在形など）。 ⑩簡単な文を用いる。 ⑪決まった文型が用いられる。 ⑫繰り返しや言い換えが多く，文が長くなる（冗長である）。

本郷（1980）[12] より筆者作成

(2) 育児語

親が子どもに対して使用することばには，「バブバブ」「ワンワン」といったような，子どもの発する音声の特徴をもっている語がある（育児語：baby-talk）。この育児語は表9-4のように，衣食住，子どもの動作，挨拶といった日常にかかわる事柄に関する語彙が多いが，それらの育児語を子ども自身が実際に使用している割合は多くない。また育児語は，日本では全国共通のもの（ワンワン・ブーブー）や地域特有のもの，家庭特有のものがみられるが，フランスではあまり使用されることはないなど文化差がみられる。これらのことから，母親語が会話の形式やタイミングなどを獲得させる機能をもつのに対し，育児語はことばを使うことの楽しさを子どもに伝えるといった，子どもに言語への

表9-4　育児語の特徴

特徴	例
①幼児の音声にみられる音韻転化その他の音声の歪みがある	おさら→オチャヤ
②音声パターンが単純で短いため，変形される	手→テテ，火→ヒー
③オノマトペや反復形式が多い	ワンワン，ブーブー
④音声的強勢ないし極端な音調を伴い，リズム的である	アチチ，ニャーニャ

村田（1977）[13] より引用

興味を促す機能があると考えられる[13]。

以上のことから，ことばの発達を考えるときには，ことばそのものの発達だけではなく，それを支える親の存在や，保育所や幼稚園での他児とのやりとり経験によって獲得される知覚・認知・身体運動といった，その他の領域の能力が重要である。

■引用文献

1) 坂原明（2004）志向・言語―考えるこころ，考えを伝えるこころの発達―．平山諭・保野孝弘編著：発達心理学の基礎と臨床②脳科学からみた機能の発達，第6章，pp.112-126，ミネルヴァ書房
2) やまだようこ（1998）身のことばとしての指さし．秦野悦子・やまだようこ編：コミュニケーションという謎　シリーズ/発達と障害を探る1，第1章，pp.3-31，ミネルヴァ書房
3) Piaget, J., 谷村覚・浜田寿美男訳（1994）知能の誕生，ミネルヴァ書房
4) 本郷一夫・寺田晃（1986）〈症状別〉認知心理学から見た言語発達遅滞児のとらえ方とアプローチの方向①語彙定着の悪い子．実践障害児教育，162，pp.42-45
5) 浜田寿美男（1995）意味から言葉へ，pp.190-212，ミネルヴァ書房
6) 村田孝次（1973）言語発達．藤永保編：児童心理学，第7章，pp.277-328，有斐閣
7) 綿巻徹（2001）発話構造の発達．秦野悦子編：ことばの発達入門，第4章，pp.82-113，大修館書店
8) 柴田義松（1969）ソビエト心理学から診たピアジェ．波多野完治編：ピアジェの発達心理学，第Ⅷ章，pp.55-69，国土社
9) 神土陽子（2003）子どもの心の理解とことばの発達．小山正編：ことばが育つ条件　言語獲得期にある子ども発達，第5章，pp.86-99，培風館
10) 小山正（2003）子どもの発達とことばの獲得．小山正編：ことばが育つ条件　言語獲得期にある子ども発達，第1章，pp.86-99，培風館
11) Bruner, J.S., 寺田晃・本郷一夫訳（1988）乳幼児の話しことば―コミュニケーションの学習―，新曜社．Bruner, J.S.（1983）Children's Talk：learning to use language, Oxford University Press
12) 本郷一夫（1980）言語獲得における母親の談話の役割．東北心理学研究，4，pp.27-32
13) 村田孝次（1977）幼児の言語発達，pp.190-196，培風館

第Ⅰ部 基礎編　Ⅰ-Ⅲ　各領域の発達（「知・情・意」を中心としたヨコの発達）

第10章
感情の発達

1．感情とその機能

(1) 感情とは

　感情とは，快・不快，怒り，恐れ，喜び，悲しみ，好き・嫌いなど，内外からの様々な刺激によって引き起こされる，ある対象に対する態度や価値づけをいう。感情と同じように用いられることばに「情動」や「気分」，「情緒」がある。一般に，情動とは感情の中でも怒り，恐れ，喜び，悲しみのように比較的急激で一時的なものを指すが，感情と厳密に区別されていない場合も多い。気分は一時的だが比較的持続する感情状態を表し，繰り返す弱い刺激によって徐々に起こり，刺激対象がなくなってもしばらく持続し，徐々に減衰すると言われている。情緒は情動とほぼ同様に用いられている。これらの用語は起こり方（生起の仕方）とどのくらい持続するか（持続性）ということから分類されている。ここでは，情動と感情を厳密に区別せずに使用する。

(2) 感情の機能

　新生児が生まれた時には，首もすわらず母親にしがみつくこともできない，自分では何もできない状態である。放置されれば数時間で生命の危機に直面する。すなわち，子どもは母親の注意を引き，世話を受けるのを待たなければならない。飢えや痛みや不快な感情を泣くという態度で表すことで子どもは母親の注意を引き世話を受けることができる。情動は，子どもが生き抜くために重要な機能を果たしている。これらの子どもの感情の機能を表10-1に示した。

　また，イザード（Izard, C.E.）[1]は感情を知覚したり考えたりする人の行動

表 10-1　子どもにおける感情の機能

アタッチメント：	保育者に接近し親密に接触する機能
恐れ／注意：	危険を避けるために子どもが逃げるための機能
探　　索：	ほかの人と遊び関係をもつことを動機付ける機能
所　　属：	ソーシャルスキルやほかの人との関係を獲得する機能

を引き起こす原動力になるものと定義している。このような現象はヒトにも動物にも観察され，基本的には生得的に組み込まれた神経系の反応であるが，学習によって習慣化されるものである。また，感情は人と人の間の豊かなコミュニケーションを作り出すのに重要な役割を果たしている。

2. 感情の成立と分化

(1) 基本感情

　感情は快，不快からなる原始感情とそれ以上分化することのできない基本感情と，そしてより複雑な感情に分類される。

　エクマン（Ekman, P.）[2]は基本感情の特質として表10-2に示す9つの基準をあげている。情動は，喚起される先行事象により，意識するしないにかかわらず生じてくるものであり，高等霊長類に観察されるという特質をもっている。また，喜び，恐れ，嫌悪，怒り，悲しみ，驚きの6つを基本情動としてあげている（表10-3）。各情動には先行事象や表情の特徴に共通性がみられる。

表 10-2　基本感情の特質

① 顔面表出や発生など明らかに他と区別できる独特の表出シグナルを備えている
② 高等霊長類をはじめとする他の動物にも類似の表出が観察される
③ 他と明確に区別できる特異的な生理的反応を備えている
④ 情動を喚起する先行事象にある程度の共通性がある
⑤ 生理的反応パターンや表出反応パターンなどの反応システムに関連が存在する
⑥ 固体が意識する前に生じる
⑦ 短時間に終結する
⑧ 無意識的な評価メカニズムに結びついて発動される
⑨ 固体が意図して引き起こすのではなく自然に生じてくるものである

表10-3 感情に先行する事象と表情の特徴

基本情動		感情に先行する事象	表情の特徴
肯定的感情	喜び(幸福)	快感を経験したり空腹やのどの渇きが癒されたり、また、好ましい自己概念を確認しさらに高める場合、安心できる場合	① 唇の両端は後ろに引かれ多少あがっている ② 口は開いていることもそうでないこともある ③ 歯は見えたり見えなかったりする ④ 鼻から唇の両端を越えたしわがある ⑤ 頬は持ち上げられている ⑥ 目じりが下がっている
否定的感情	恐れ	ひどい苦痛や身体的危害を受けそうな出来事、人物、動物、事物、観念	① 両眉が引き上げられ共に引き寄せられる ② 額のしわが中心部分に横にできる ③ 上瞼は持ち上げられ鞏幕(強幕)はあらわになる ④ 下瞼は緊張しピンと張っている ⑤ 口は開いていて唇は緊張し後方に引かれる
否定的感情	嫌悪	排除や回避したい出来事	① 上唇は引き上げられる ② 下唇も引き上げられ上唇のほうへ押し上げられる ③ 鼻にしわがよる ④ 頬は持ち上げられる ⑤ 下瞼の下にしわができ、瞼は押し上げられるがピンと張っていない
否定的感情	怒り	目標追求に対する干渉によるフラストレーションや身体的脅威、そして精神的に傷つけられたと感じられる他人の行動	① 眉の内側の両端が引き上げられている ② 眉の間に縦じわができる ③ 眉の下の皮膚は三角形になり内側の端は上がっている ④ 目は見開いて凝視し出目のように見えるかもしれない ⑤ 唇の両端は下がっている
否定的感情	悲しみ	喪失体験	① 眉の内側の両端が引き上げられている ② 眉の下の皮膚は三角形になり、内側の端は上がっている ③ 唇の両端は下がっている
中立的感情	驚き	予期せぬ出来事と予期に反した出来事	① 眉は引き上げられ弯曲し盛り上がる ② 眉の下の皮膚は引き伸ばされる ③ 目は大きく開かれる ④ 顎が下がり開口する、口は緊張していない

Ekman, P. (1975)[2] より作成

(2) 感情の分化

　ブリッジス (Bridges, K.M.)[3] は早期の情緒的反応は未分化であり、最初に見出されるのは快、不快と漠然とした興奮であると考えた。このうち快より不快の感情の分化が早く、怒り・嫌悪・恐れは生後半年の間にはっきりとしてくるとして感情の分化図を表した(図10-1)。

　これについてワトソン (Watson, J.B.)[4] は子どもに対して様々な刺激を与えて反応を観察した。例えば子どもを急に落下させたり、大きな音を聞かせる、たたくなどの刺激に対して、子どもは生後数時間で泣いたり、指しゃぶりをし

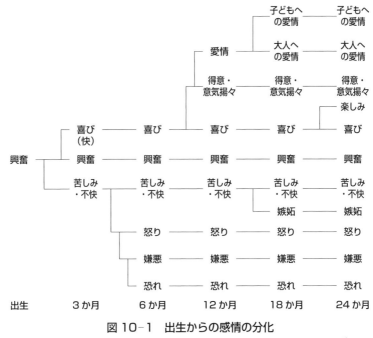

図 10-1　出生からの感情の分化

Bridges, K.M. (1932)[3] より

たり，手足を動かしたりすることが明らかになった。このことから生後間もない子どもの感情として恐れ，怒りと愛が存在すると述べている。

3. 感情の理解と表出

(1) 感情の理解の発達

　子どもの感情に対する概念の理解について，プルチック（Plutchik, R.）[5] は2歳〜2歳半の頃から他者の表情から感情を正しく推測できるようになりはじめると述べている。スマイリー（Smiley, P.）ら[6] はカラーの動画であれば4歳までにはほとんどの子どもが幸福・悲しみ，怒り，驚き，恐れの表情を区別できることを報告している。また，朝生[7] は他者の感情を推測する能力の発達について検討した。カブトムシをもらえるという状況に関する情報と，カブトムシを好きか嫌いかという子どもの特性に関する情報を与えた場合に，4〜

第 10 章　感情の発達　　97

表 10-4　感情理解の発達

2歳〜2.5歳	他者の表情から感情の推測をはじめる
〜4歳	幸福・悲しみ・怒り・驚き・恐れの表情の区別
4歳〜5歳	状況情報を取り入れた他者の感情の理解
6歳〜	他者の特性情報を取り入れた他者の感情の理解

5歳では他者の特性は考慮に入れず状況情報のみを利用し，6歳児では状況情報と他者の特性に関する情報を利用して他者の感情を推測するものが多くなると報告している。このような感情理解の発達の過程を表10-4に示す。子どもは年齢を重ねるとともに様々な情報を取り入れて他者の情動を理解できるようになる。逆に3歳頃までには，そのような情報を取り入れることができないために，他者の情動が理解できず，他児との衝突や葛藤を引き起こすことが多い。

　子どもは自分が行ったことで相手が怒りを表出したときにその経験を通して，どのようなときに人は怒るのか，どのように対処すればよいのかを学び，人と人との関係において必要な知識を獲得していく。この知識には慣習などの文化的なものから個人的なものまでがある。

(2) 感情を表す言語の獲得

　発達の中で感情を表現する言語の獲得は2歳くらいからはじまる。遠城寺式の発達検査では「きれいね」「おいしいね」などの表現の出現は2歳過ぎにみられる項目である。子どもが感情を表す言語を獲得するまでは母親の働きかけは感情を示す問いかけが多い。例えば「楽しいのね」「怒っているの？」などである。これが感情の概念化を促すことになる。しかし，ことばを覚えてくると母親は子どもの感情に名前をつけることをしなくなり，むしろその状況や理由を尋ねるようになる。状況や情報や他者の特性に関する問いかけをし，子どもの知識獲得を促すことになる。子どもの発達に応じた声がけをすることが子どもの情動の理解や言語化を進めると考えられる。

(3) 感情の表出

　感情には認知的判断の側面，感情体験の側面，感情表出の側面があり，感情表出は人との関係に影響を与え，社会性の獲得とも密接に関連している。エク

マン[2]は他者に感情がシグナルとして送られる回路には，4つの聴覚回路と4つの視覚回路があることを指摘した。4つの聴覚回路とは，ことば，声の調子，スピード，小休止の長さであり，4つの視覚回路とは，顔，顔の傾き具合，姿勢，手足の動きである。特に顔の表情には，すばやい感情が表されることが知られており，感情の記述や説明に関しては視覚回路のほうが有利である。また，顔への表出がどのくらい続くのかによって微表情と巨視表情に分類される。わずか1秒の何分の1表れるものが微表情とよばれるものであり，数秒持続するものを巨視表情とよんでいる。特に微表情は瞬間的な顔の動きであるため見逃されやすい。子どもの表情の変化を見逃さずに観察する必要がある。

(4) 感情表出に対する反応

人は感情のやりとりをするときにずっと相手の顔を見ているわけではない。相手から感情が表出される前に視線をそらすことさえある。相手が顔の表情に感情を露呈するかもしれないと直感するその瞬間に実際には視線をそらすというのだ。会話の相手を当惑させたり自分自身の心を乱したくないという心の動きが理由としてあげられている。さらに，人が怒っているときにその人の顔を凝視するのは危険であると学んでいるのかもしれない。このように対人関係における感情のやりとりには，次の感情を引き起こすきっかけが含まれ，それをあるときは避けることで上手に社会性を保っていくのである。

4. 社会・文化の中での感情

(1) 表示規則

社会生活の中で人は表情の表出を抑制することがある。エクマン[2]はこれを表示規則とよんだ。表示規則とは顔の表情の制御にかかわる規則であり，ある特定の感情を特定の場面では人前で表情に示してはいけないという規則である。例えば米国の中流階級で，都会に住む白人の大人の男性は，人前で恐怖の表情を示さないなどの規則に従っている。日本においては，人と人の間の和を保ちお互いの団結を生み出すことに価値を置く文化であるため，特に理由がない場合でも笑顔をつくったり，また，個人的な喜びを抑制したりすることが知

られている。また，人前で自分や自分の子どもをほめたりしないことが多く，また，悲しみや怒りを抑制するなどの行動がよくみられる。表示規則は特定の感情を示すのを絶対的に禁じたり，逆に要求するものではなくある感情の強さを調整するものである。この表示規則は社会生活における慣習によるものと成長過程での個人的な経験によって獲得されるものがある。

(2) 表示規則の獲得

　佐藤[8]は子どもの表示規則の獲得について検討している。研究で用いられた課題は簡単なお話を聞かせて主人公が感じた感情を表現させるものである。その結果，喜びといった肯定的な感情の表情による表現については，年齢があがるほど肯定的な表情が減少し中立的な表情をする子どもが増えることから，表示規則を獲得し表現を抑制していると考えられた。

　この点に関して，工藤は[9]"日本人は謙虚な物腰が望ましいとされており，親しい仲間や身内でなければ喜びの感情などは表わすべきではないという文化的な行動様式がある"ことを指摘している。これがポジティブな感情の表現を抑制する一因であることが考えられ，6歳児頃からこの表示規則を獲得していくことが示唆されている。ネガティブな感情に関しては，年中児，年長児，小学1年生の間で差がみられなかった。比較的早くから制御していることが考えられた。

(3) 感情表現の制御に関する要因

　これらの感情表現の制御に関連する要因をモデル化したものが図10-2である。まず外的刺激を認知し感情の評価がなされることにより感情が喚起される。乳児期には喚起された感情がそのまま表出され，他者（主に保育者）による調整がなされる。しかし，発達とともに喚起された感情を制御し表出するようになる。表情の制御は表情筋の運動の制御であることから，運動の制御能力が高まることで自分の表情を作り出すことができるようになる。また，どのようなときにどのような表情を作り出せばよいかという知識，すなわち社会的慣習に対する知識が獲得されることにより表情表現の制御が可能になる。この知識は身体的，心理的発達に裏打ちされているものである。子どもの情動表現が他者

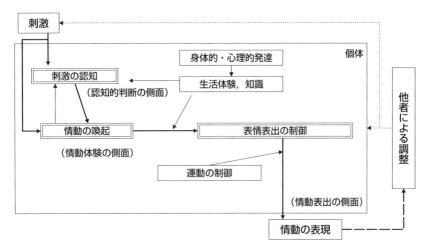

図10-2　情動表出の制御に関する要因

に伝わることにより，親やその他の人による情動の調整がなされる場合も多い。

　これらの表情表現の制御により対人関係を調整がなされることになり，結果として社会性が発達したと考えられる。

(4) 感情調整の発達

　感情調整の発達に関しては次のような過程を考えることができる。まず乳児期の子どもは感情調整を他者に依存している。乳児期の子どもは嫌がったり，泣いたりするが，それを調整するのは養育している他者である。抱いたり食事を与えたりする中で，世話をする人との関係が感情調整の発達を促す。一般に，3～4歳頃より泣いたりかんしゃくを起こしたりするなどネガティブな感情表現が減少する。しかし，虐待された子どもの中には感情調整と表出に困難を抱える子どもがいると言われている。また，認知的発達の遅れている子どもは感情調整に困難さがある。

　学童期には認知や社会性の発達が自己調整の大きな力となり，経験や感情を内在化させ，表示規則の明確な理解ができるようになる。7歳には様々な感情の課題が達成できる。例えば他者とのかかわりを楽しむ，危険を認識し不安や恐れに対処する，自分を守り許される行動の境界をもつ，一人でいることがで

きる，学習の興味や動機付けができる，友情が芽生えるなどである。感情調整は先生や友だちとの関係を作り出すために必要な技術である。

5. 感情の表現に問題をもつ子どもについて

感情の表現に問題をもつ子どもに関しては，自閉スペクトラム症/自閉症スペクトラム障害（ASD）等のような①子どもの発達に起因するものや虐待を受けた子どものように②生育環境（他者とのかかわり）に起因するもの，そして両者に関連する神経症水準のものがある。

(1) 自閉スペクトラム症/自閉症スペクトラム障害（ASD）

カナー（Kanner, L.）[10] は ASD の子どもの感情的交流の特徴として「母親の後を追うこともなく，かわいがられても喜ぶこともない」「泣くことはなく，親戚の訪問にも無関心」など感情の変化がまったくないような場面から，「三輪車を怖がり」「なにかで遊ばせようとするのを極度に嫌がり」「母に触れられるのを嫌がる」など一般的な子どもの反応とは異なる感情反応を示すことをあげている。ASD の子どもは幸福と悲しみの表情の認知が特異的に困難であることが明らかになっている。これは表情の感情的意味の評価が質的に異なるためであることが考えられる。すなわち，ASD では感情評価の質的差異により，他者の心理を察することが困難であり，カナーが述べたような感情反応が生じ，それが表現されると考えられる。この質的な差異に関して，バロン-コーエン（Baron-Cohen, S.）[11] は自閉症の子どもは他者の心を読むことができず，心に関する用語が欠如していると述べている。

(2) 被虐待児

子どもの虐待には暴力を受けるなどの身体的虐待のみならず心理的虐待，性的虐待，そしてネグレクトの4つの種類があると定義されている。現実には同時に複数の虐待を受けることも多く明確に区別できないこともあるが，子どもの心理面への影響は性的虐待が最も重篤であると言われている。虐待を受けた子どもは怒りに対する認知の範囲が広く，他の感情に対する注意が向けにくい

など，感情認知において特徴があることが示されている．また，感情表現においては無表情など表情の乏しさが指摘されている．

本章では感情の機能や意義と子どもの感情発達の特徴及び表出について述べた．子どもの発達は他者との相互関係の中で育まれるが，その中で感情の果たす役割は大きい．子どもの発達を理解するためには感情の側面をつかまえて理解していくことが重要である．

■引用文献

1) Izard, C.E., 荘厳舜哉監訳（1991）感情心理学, pp.19-44, ナカニシヤ出版. Izard, C.E.（1991）The psychology of emotions, Plenum Press
2) Ekman, P.& Friesen, V.W., 工藤力訳編（1987）表情分析入門, pp.14-198, 誠信書房. Ekman, P.（1975）Unmasking The Face, Englewood
3) Bridges,K.M.（1932）Emotional development in early infancy. Child Development, 3, pp.324-334
4) Watson, J.B.（1929）Psychology from the standpoint of a behaviorist（3rd ed.）, Lippincott
5) Plutchik, R.（2002）Emotions and life：Perspectives from psychology, biology, and Evolution, pp.194-196, American Psychological Association
6) Smiley, P. & Huttenlocher J.（1989）Young children's acquisition of emotional concepts. Saarni, C. & Harris, P.L.Eds：Children's understanding emotions, Cambridge University Press
7) 朝生あけみ（1987）幼時期における他者感情の推測能力の発達. 教育心理学研究, 35, pp.33-40
8) 佐藤幸子（2006）子どもの表情による情動表現の発達的変化に関する検討. 日本看護研究学会雑誌, 29(2), pp.27-32
9) 工藤力（1999）しぐさと表情の心理分析, pp.170-193, 福村出版
10) Kanner, L, 十亀史郎・斉藤聡明・岩本憲訳（2001）幼児自閉症の研究, pp.10-55, 黎明書房. Kanner, L（1973）Childhood Psychosis：Initial Studies and New Insights, John Wiley & Sons
11) Baron-Cohen,S., 長野敬・長畑正道・今野義孝訳（2002）自閉症とマインド・ブラインドネス, 青土社. Baron-Cohen, S.（1995）Mindblindness, MIT Press

第Ⅰ部 基礎編 Ⅰ-Ⅲ 各領域の発達(「知・情・意」を中心としたヨコの発達)

第11章
気質・性格の発達

1. 気質と性格

　本章の内容は，性格がどのように形成され，発達していくのかを考えるための基本となる理論を理解し，子ども理解や保育実践に役立てることをねらいとしている。

　性格は，その人らしい個性と言い換えることができよう。私たちは，個々の性格の違い，つまりその人らしさの違いを，ある出来事に対する対処の仕方やコミュニケーションのとり方など外からみえる行動や言動で理解している。そして，周りの人のことを「優しい」「エネルギッシュだ」などと語る。

　では，人の性格はどのように形成されるのであろうか。もし，自分のことについて「今のあなたを形成したもの，人は何ですか？」と尋ねられたとする。読者のみなさんは，どのように答えるであろうか。例えば，「親，友人など私が出会ったすべての人です」と答えるとする。この応答には，周囲の人とのかかわりによって，自分がつくられてきたという考え方が示されている。また，「あなたはどんな人ですか」と尋ねられたときに「私は努力家です」と答える。その応答には，それまで周りの人から「あなたは努力家ですね」と言われたことが反映されている可能性がある。

　このように，人の性格は，その人を取り巻く他者との交流の影響を受けて形成される。人の性格について，もともとの性質の部分から周囲の影響を受けて変化する部分までの4つの層から成り立つという考え方がある。それを同心円のモデル図に示したのが図11-1である[1]。最も中心にあるのが「気質」である。この「気質」とよばれるのは，いわゆる生まれつき備わっている部分であ

図11-1 性格の4つの層
宮城（1960）[1]より
中心部が深層部分に位置するという意味を表す図ではない。

る。新生児も欲求の表し方や刺激への反応の仕方が異なっていることに示されている。その周りにあるのが「狭義の性格・人格」である。気質を中心としてつくられ、幼児期に家族など身近な他者との関係でつくられる後天的な部分である。気質よりも変化しやすい。その次に位置するのは、「習慣的性格・態度」とよばれ、友人や教員との交流でつくられる。最も外側にあるのが、「役割的性格」である。職場などでの立場や役割に沿って表現される部分である[1]。

内側にある部分ほど遺伝的、先天的に決定されており、変化しにくい。それとは反対に外側に位置する部分は、その個人が周囲の人との関係の中で果たしている社会的役割や置かれた状況によって変化しやすいと考えられる。このように、性格は遺伝的な要因と環境的な要因とが複合的に作用し合いながら形成されると考えるのが一般的である。

2. 子どもの気質

(1) トマスとチェスによる子どもの気質の分類

児童精神科医の山崎は、診察室で乳児を抱いた母親から「この子はとっても手がかかる子どもです」などと訴えられることがあると報告している[2]。ここで母親が訴えている乳児の性質が気質とよばれるものである。本項では、子ど

もの気質に関する重要な考え方を取り上げる。気質は前節で述べたとおり，先天的，生理的な性質を指す。トマスとチェス（Thomas, A. & Chess, S.）らのグループ[3]は，乳児の親への面接調査を通して，子どもには生得的な気質があり，出生後間もなくからその特徴が表れることを報告した。その気質は，ある程度の安定性がみられ，個体が置かれる環境によって影響を受けて変化するということも提起している。

　彼らは，評価可能な行動特徴を9つにまとめた。それは，①活動性，②生物学的機能における規則性，③新しい刺激に対する接近・回避傾向，④順応性，⑤反応の強さ，⑥反応を引き出すのに必要な刺激の度合い，⑦機嫌，⑧気分の質，⑨注意の幅と持続性である。これらの9つのカテゴリーの5段階評定の組み合わせによって，特徴的な気質をもつ3つのグループが存在することが明らかにされた。その3つとは，「扱いやすい子ども（easy children）」，「ゆっくりしたペースの子ども（slow-to warm-up children）」，「扱いにくい子ども（difficult children）」である。

　「扱いやすい子ども」は，排泄や睡眠，空腹を訴える時間が規則的で，生活リズムが一定しており，環境の変化にも安定した状態を示す。また，おもちゃなど新しい刺激に積極的に反応する。養育者は，乳児の世話をするときに見通しをもつことができる。この気質をもつ子どもは養育者にとって育てやすい子どもである。調査では40％の子どもがこのタイプに当てはまっていた。「ゆっくりしたペースの子ども」は，新しい環境に慣れるのに時間がかかる。生活リズムは定まっていない。全体に占める割合は15％であった。最後の「扱いにくい子ども」の特徴は泣く，笑うなどの情動の表し方が激しい。この点が養育者にとって育てにくいと感じさせる要因となっている。生活リズムは不規則で，環境に慣れるのに時間がかかる。全体の10％が当てはまっていた。残りの35％の子どもは上記の3つのいずれのタイプにも当てはまらなかった。

（2）子どもの気質と養育者との関係

　「扱いやすい子ども」と養育者との間では，良好な関係が成立する。授乳や排泄などのリズムが規則的で養育者の情緒も安定する。それに対して，「扱いにくい子ども」を育てる養育者は，見通しをもって世話をすることができず，

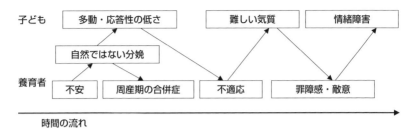

図 11-2　情緒障害発現にいたる母・子のかかわり

Sameroff, A.J. (1975)[4] より

養育者自身の生活リズムも安定しないことが予想される。

　子どもと養育者の相互作用について，情緒障害発現に至る養育者と子どものかかわりを示すモデル（図11-2）[4] をもとに考えることができる。図の上部が子どもの状態，下部が養育者の状態で，いずれも時間の経過とともに状態が変化している。図11-2では，出産前から育児に強い不安をもっていた女性が自然分娩ではない方法で出産し，心理的負担感が大きい状態にあったことが示されている。子どもは生まれて間もなくから動きが多く，応答性に乏しい状態で，養育者は気の休まる暇がない。子どもの不機嫌の表し方が激しいため，養育者はより一層育児ストレスが高まり，情緒も不安定になる。不安定な養育者に世話をしてもらう子どもの状態も，「扱いにくい」気質がより顕著になる。

　また，この場合，子どもと養育者の間に良好な関係が築かれることなく，否定的な状況が互いに影響を与え合い，時間の経過とともにより一層悪い方向に変化する。サメロフ（Sameroff, A.J.）は，この過程を発達の悪循環とよんだ[4]。

3. 性格をとらえる理論

(1) 類型論と特性論

　私たちは，自分の周りにいる人たちについて，いくつかのタイプに分けてみることがある。ある基準で人をタイプ（類型）に分けてその人を把握する方法を性格の**類型論**とよぶ。ある個人を「○○タイプ」ととらえて，その性格を理解しようとする理論である。

　この考え方においては，ある個人がもっている多様な面を適切に表すことに

困難が生じる。そこで考案されたのが複数の特性からある個人をとらえ，各特性にどの程度当てはまっているかでその個人の性格を表す考え方である。これは，「特性論」とよばれる。次の項で代表的な理論を説明していきたい。

(2) 代表的な類型論
1) クレッチマーの気質類型論

ドイツの精神医学者クレッチマー（Kretchmer, E）[5]は，臨床上のデータから，気質や病的な性質が，特定の体格や体質と関連することを明らかにした。この理論は，妥当性を疑問視する意見も出されているが，代表的な古典的理論として紹介したい。彼の理論の中心をなすのは，もともと人の健常な気質として，「循環気質」と「分裂気質」の2つの気質があると提起した点である。気質と体格の関係を表11-1に示した。前者の特徴は周りの人とうまく協調していく協調性である。一方，後者の特徴は，内側に閉じこもることを表す内閉な性質である。どの人にもこれらの2つの性質が備わっており，個人によってその割合が異なるということが提唱されている。この2つの気質が極端な方向に変化していく場合には，分裂気質と躁うつ気質とよばれる。

同一の類型の中に相反する性質ももち合わせている，すなわち同一人物の中に対照的な気質が混在するという考え方が示されている。

2) ユングの理論

スイスの精神医学者，心理学者であるユング（Jung, C.G.）は，彼の功績をまとめたホール＆ノードバイ（Hall, C.S & Nordby, V.J）[6]の著作によれば，人の心のエネルギーの向かう方向を外向，内向の2つに分け，その方向を基準として性格の類型を提唱した。外向型は，関心を自分以外の外界の事実や他人に向け，自己と外界との関係の中で行動するタイプである。

表11-1 クレッチマーの体格と気質に関する説

類型と体格	基本的な特徴
循環気質 （肥満型体格）	社交的，親切，温厚，他者と共感しやすい傾向がある
分裂気質 （細長型体格）	非社交的，静か，控えめ，真面目，変わり者で人と距離を置く傾向がある

これに対して，内向型では，関心や興味が自分自身の内面に向けられる。ある出来事について判断しなければならないときに，外向型は世間の常識や他人の意見を参考にし，内向型は自分の考えに従うのである。内向型の人は，外向的な関心が意識の下に抑圧されているとされ，その逆に，外向型の人においては，自分自身への関心が意識の下に抑圧されていると考えられている。ユングの考え方で重要であるのは，人はそもそも内向的な面も外向的な面も両方もっているという点である。

(3) 代表的な特性論
1) 特性を選び出す
　私たちは，身の周りの人について，同じ人の中に多様な面があるととらえている。特性論はその多様性をうまく表すことを可能にするために，複数の特性から性格を記述しようとして提起された理論である。ここで，いくつの特性によって個人の性格が表されるかということが問題になる。近年，特性を5つとする理論が提起され，広く支持されている[7]。その理論は，ビッグ・ファイブ説とよばれる。次項では，この理論を詳しく取り上げる。

2) ビッグ・ファイブ説
　この理論においては，相反する性質を対にしたものが1つの因子とよばれる特性として位置づけられ，あわせて5つの対の因子が提起されている。因子の各々の特徴を表にまとめたのが図11-3である。第Ⅰ因子は，外向性-内向性である。先述のユングの類型論を起源とする性質である。外向性は積極的で活動的な面を指し，内向性は控えめで刺激を求めず，いわゆるもの静かな面である。第Ⅱ因子は，愛着性-分離性である。対人関係で周囲に同調しやすいか，依存せず独立的であるかという性質である。第Ⅲ因子は，統制性-自然性である。明確な目的や意志をもって物事を計画的に達成しようとするのか，あるいは自然に任せるのかを表す性質である。第Ⅳ因子は，情動性-非情動性である。これは，危機への感受性を表している。情動性が強い場合，ストレスにさらされると不安や緊張など情動的な反応が生じやすい。第Ⅴ因子は，遊戯性-現実性である。イメージや考えが豊かであるかどうかを表す。各々の因子に示された特性にどの程度当てはまるかということが，その人の性格を表している。

図 11-3　ビッグ・ファイブの各々の特徴
辻ら（1998）[7] をもとに作成

4. 性格を測定する方法

(1) 一般的な性格検査

　ここでは，人の性格を客観的に測定するためにどのような方法があるのかについて述べていきたい。

　性格を測定する主な方法には，質問紙法，作業検査法，投影法といった複数の種類がある。この順番に検査の結果についての，解釈の自由度が高くなる。質問紙法は，一定の複数の質問に被検者が自分で答え，回答に基づいて，評価が行われる。代表的な質問紙法に，矢田部・ギルフォード性格検査（YGテスト）や先に述べたビッグ・ファイブ説に基づく5因子性格検査などがある。作業検査法の代表的な検査として，内田クレペリン法があげられる。投影法は，一定の指示に対する表現を求めたり，図版やことばに対する反応を引き出したりする。その表現や反応を一定の基準に基づいて評価する方法である。代表的な投影法としてロール・シャッハ法があげられる。これは，インクの染みによる左右対称の無意味な刺激図版を被験者に見せて何に見えるかを問う検査である。欲求不満が生じる場面が描かれた絵を見てその反応を評価するP-Fスタディとよばれる検査もある。性格を測定する際，1つの検査だけではなく，複数の検査を組み合わせて性格を総合的に査定するのが一般的である。

(2) 子どもの性格理解
1) 観察法
　子どもの性格をどのように理解するかということは，一人ひとりの個性を育み，成長・発達を支えるために重要である。もしも，何らかの困難な状態が生じた場合，日常的な子どもの観察が基盤となる。観察法は，目で見える子どもの行動を観察する方法である。自由遊びの場面で，誰一人として同じ行動をしている子どもはいないであろう。ある子どもの行動を客観的に観察するためには，観察の観点が決められている必要がある。観点として，他の子どもとのかかわりの程度や活動への集中の持続性などが考えられる。観察は記録することで資料となる。収集された資料に基づいて，性格の分析，解釈が可能になる。

2) 検査法
　子どもの性格を測定するというときに，その後変化の可能性があることを念頭に置かねばならない。子どもを対象とした投影法の検査では，信頼性，妥当性が確認され，結果の解釈についての精緻な報告[8]がなされているものがある。バウム・テスト（樹木テスト）がそれに当たる。

　バウム・テストは，原則として「実のなる木を１本描いてください。」という教示を行い，被検者に木を描いてもらう検査である。成人にも用いられるが，子どもに対しても適用可能である。子どもが描いた樹木の例を図11-4に示す。樹木を構成する幹，枝，実などがどのように描かれるか，用紙のどの位置に描かれるかなどによって，子どもの対人関係の特徴，心のエネルギーの方向などが解釈される。「実」は達成目標や結果を示すとされる[9]。子どもの造形表現は，そのときの子どもの内面

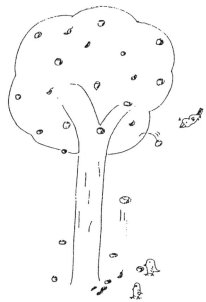

図11-4　子どもが描いたバウム

が表されている。表現の変化の過程に注意が払われるべきである。

5. 子どもの気質・性格の発達と保育

　子どもの性格は周囲の影響を受けながら変化し，形成される。したがって，保育者も子どもの性格形成に多大な影響を与える立場にある。保育所では子どもと生活時間の多くをともにする。保育者は子どもにとってかけがえのない重要な存在である。

　保育場面では，子どもと保育者との間にも相互に影響を与え合う相互作用の過程が成立する。「扱いにくい」タイプの子どもである場合，子どもと保育者の間に，保育場面における「発達の悪循環」に陥る可能性のあることをふまえておくことが基本となる。職場内の他の保育者や外部からの専門家に助言を求め，客観的に子どもとの関係をとらえる努力が望まれる。多様な気質や性格をもつ子どもの全体を理解し，子どもの特性に合わせた保育実践が求められているといえよう。

　また，保育場面で子どもをとらえるときに，本章で類型論として示した「○○タイプ」という考え方に縛られて，それ以外の性質を正確にみようとしないのであれば，適切な保育実践を行うことは難しくなる。発達早期から症状が現れる発達障害のある子どもの場合，特別な発達支援ニーズがある子どもというとらえ方をすることにより，子どもの適切な理解と保育の具体的な方針が決まり，子どもの特性に応じた保育実践が展開される。

　近年，子どもへの虐待の問題が拡大，深刻化している。親の虐待は，将来にわたって子どもの性格形成に多大な影響を与えることになる。緊急介入の必要がなく，保育所や幼稚園に通うことができている場合，保育者は，子どもにとって信頼できる他者，安全基地の役割を果たす。信頼できる大人との交流は，将来における心理的なダメージからの回復を容易にすると言われている。虐待を受けた子どもの保育は困難を極めるが，保育者としての専門性を高め，適切なかかわりができる力を身に付けたいものである。

　子どもと相互に良い影響を与え合いながら，子どもの性格形成に寄与できるような保育者であることが求められる。

■引用文献

1) 宮城音弥 (1960) 性格, pp.1-8, 岩波書店
2) 山崎晃資 (1993) 臨床児童青年精神医学入門, pp.30-38, 安田生命社会事業団
3) Thomas, A. & Chess, S. (1970) The origin of personality. Scientific American,223, pp.102-109
4) Sameroff, A.J. (1975) Transactional models in early social relations. Human Development, 18, pp.65-79
5) Kretchmer, E., 相場均訳 (1960) 体格と性格—体質の問題および気質の学説によせる研究, pp.310-312, 文光堂
6) Hall, C.S & Nordby,V.J., 岸田秀訳 (1974) ユング心理学入門, pp.142-166, 清水弘文堂
7) 辻平治郎・藤島寛・辻斉・夏野良司・向山泰代・山田尚子・森田義宏・秦一士 (1998) パーソナリティの特性論と5因子モデル—特性の概念, 構造, および測定. 心理学評論, 40 (2), pp.239-259
8) 津田浩一 (1992) 日本のバウムテスト—幼児・児童期を中心に—, 日本文化科学社
9) Koch, C., 林勝造・国吉政一・一谷彊訳 (1970) バウム・テスト—樹木画による人格診断法—, pp.107-108, 日本文化科学社

第Ⅱ部 保育実践編 Ⅱ-Ⅰ 子どもの理解と支援

第12章
子どもの発達理解の方法

1. アセスメント

　子どもの発達を理解し，支援を行っていく上で不可欠なのがアセスメント（assessment）である。アセスメントとは「評価」「査定」と訳されることが多いが，アセスメントには「ものや人を単に測定するだけでなく，それによって何かを予測し，判断する」という意味合いが含まれている[1]。そして，とりわけ人の発達を理解し，予測し，判断するために行われるアセスメントは「発達アセスメント」とよばれる。

　発達アセスメントの方法として一般的なものは発達検査や知能検査などであろう。しかしながら，アセスメントを通して子どもを理解する場合には，単に発達検査や知能検査を実施するだけでなく，様々な手段を用いて集められた情報を統合して解釈することが重要となる。すなわち，子どもに対して直接行われる心理検査だけでなく行動観察や保護者からの聞き取りなども重要な手段となるのである。ここでは，アセスメントの手段である発達検査・知能検査及び行動観察の進め方，さらにアセスメントによって得られた情報に基づいた発達理解について述べることとする。

2. 発達検査・知能検査

　子どもの発達状態をとらえるために用いられるのが発達検査・知能検査である。発達検査・知能検査では，ある限られた場面で検査者が子どもに一定の課題を提示し，それに対する子どもの反応を観察する「直接検査」が主に用いら

れるが，発達検査の中には養育者の日常観察に基づいて質問紙に記入したり検査者が聴取したりして子どもについての情報を得る「**間接検査**」もある。子どもの発達のアセスメントにおいては直接検査によってアセスメント情報を収集することを基本とするが，直接検査を実施することが難しいような場合には間接検査を用いて情報を収集する。

また，発達検査・知能検査では**発達指数**（DQ：developmental quotient）や**知能指数**（IQ：intelligence quotient）が得られる。一般的な発達指数や知能指数は，検査を通して得られる子どもの発達や知能の水準である**発達年齢**（DA：developmental age）や**精神年齢**（MA：mental age）と子どもの検査時の月齢である**生活年齢**（CA：chronological age）を用いて算出される。以下の式は知能指数を求める式である。発達指数の場合も同様の式を用いて求められる。

$$知能指数(IQ) = 精神年齢(MA) \div 生活年齢(CA) \times 100$$

例えば，5歳（60か月）の子どもの知能の水準が5歳であった場合，この子どもの知能指数は60（精神年齢）÷60（生活年齢）×100＝100になる。5歳の子どもの知能の水準が4歳（48か月）の場合には，この子どもの知能指数は48（精神年齢）÷60（生活年齢）×100＝80になる。このように，この式から算出される発達指数や知能指数は平均を100としたときのその子どもの発達の水準を数値で表したものである。一方，最近では**偏差知能指数**を用いて知能をとらえようとする考え方もある。偏差知能指数は，同年齢集団内の平均的な知能指数を100としたときに，その子どもがどれくらいの位置にいるのかを表すものである。

子どもの発達のアセスメントに用いられる発達検査・知能検査を表12-1に示す。発達検査・知能検査はそれぞれ特徴をもっているため，各検査から得られる情報には重なる部分もあるが異なる部分もある。そのためこれらの検査を実施する際には，何のために，どのような情報が必要なのかを明確にし，検査の目的や必要な情報に応じて検査を選択することが重要である。

以下では発達アセスメントにおいて比較的多く用いられる検査について紹介する。

表12-1 主な発達検査・知能検査

検査名	適用年齢
発達検査	
遠城寺式・乳幼児分析的発達検査法	0歳1か月～4歳8か月
乳幼児精神発達診断法（津守・稲毛式）（津守・磯部式）	0歳～7歳
KIDS（乳幼児発達スケール）	0歳1か月～6歳11か月
新版K式発達検査2001	0歳0か月～成人
知能検査	
WPPSI知能診断検査	3歳10か月～7歳1か月
WISC-Ⅳ知能検査	5歳0か月～16歳11か月
日本版KABC-Ⅱ	2歳6か月～18歳11か月
田中ビネー知能検査Ⅴ	2歳～成人
DN-CAS認知評価システム	5歳0か月～17歳11か月

(1) 発達検査
1) 遠城寺式・乳幼児分析的発達検査法

　この検査は，子どもの発達を〈移動運動〉〈手の運動〉〈基本的習慣〉〈対人関係〉〈発語〉〈言語理解〉の6つの領域に分けて理解することができるように構成されている。各領域の項目は発達の順序に並んでおり，子どもが各行動を行うことができるかどうかを実際の観察や保護者からの聞き取りでチェックすることができるようになっている。検査結果は，領域ごとの発達指数と各領域の発達の程度を線で結ぶことで得られるプロフィールによって示される。

　具体的な項目としては，例えば〈発語〉には「二数詞の復唱（2/3）」「二語文の復唱（2/3）」など復唱の項目が含まれている。それらの項目では，検査者がある数やことばを言い終わった後で子どもに検査者とまったく同じように数やことばを言うよう求め，一度にいくつの事柄を記憶できるかを確認する。(2/3)とは，3問中2問正解すればこの項目は通過したとみなすということを意味する。また，〈言語理解〉には「数の概念がわかる（3まで）」という項目がある。数の理解には，①数が唱えられる，②ものと対応づけて数えられる，②数えたものが全部でいくつあるかわかるという3つの水準があると言われて

いる。この項目では、これらの3つの水準と照らし合わせて、数の概念についてどれくらい理解しているかを確認しておくとよいだろう。さらに〈言語理解〉の「用途による物の指示（5/5）」では、「書くものはどれですか？」と聞いたときに鉛筆を指さすことができるかなど、物の用途からその物を指さすことができるかを確認する。

しかしながら、この検査の項目の中には「ブランコに立ちのりしてこぐ〈運動〉（4：0～4：4）」「入浴時、ある程度自分で体を洗う〈基本的習慣〉（3：8～4：0）」など保育所・幼稚園では確認することが難しい項目が含まれている。また、現代の生活習慣とは合わなくなっているような項目も含まれている。例えば、〈基本的習慣〉の項目である「コップから飲む」が0歳6か月～0歳7か月の項目であるのに対して、「ストローで飲む」が1歳6か月～1歳9か月の項目になっている。しかしながら、ストローの付いた乳児用マグカップの普及などにより、現在はコップで飲むようになる時期よりもストローで飲みはじめる時期のほうがより早くなっている。このような項目が含まれていることを考慮した上で検査結果を理解することが必要である。

2）乳幼児精神発達診断法（津守・稲毛式）（津守・磯部式）

この検査には、①1か月～11か月用、②1歳～3歳用、③3歳～7歳用の3種類の質問紙がある。対象年齢によって領域は若干異なるが、例えば3歳～7歳用の質問紙は〈運動〉〈探索〉〈社会〉〈生活習慣〉〈言語〉の5領域に分けて子どもの発達を理解するように構成されている。この検査も遠城寺式・乳幼児分析的発達検査法と同様に各領域の項目が発達の順序に並んでおり、養育者が子どもの行動についてチェックできるようになっている。検査結果は、発達年齢及びプロフィールによって示される。

3）新版K式発達検査2001

この検査では、子どもの発達を〈姿勢・運動（P-M）〉〈認知・適応（C-A）〉〈言語・社会（L-S）〉という3つの領域に分けてとらえ、領域間の得意・不得意を理解することができる。また、課題をどの程度解くことができたかによって各領域及び全領域の発達年齢が得られるため、その子どもの発達水準が何歳程度なのかを明らかにすることができる。さらに、発達指数から、その子どもの年齢と比較したときの発達の速さもとらえることができる。

(2) 知能検査

1) WISC-Ⅳ知能検査 (Wechsler Intelligence Scale for Children-Fourth Edition)

　この検査はWISC-Ⅲの改訂版であり，全体的な知能の水準を示す**全検査IQ**に加えて，「言語理解指標」「知覚推理指標」「ワーキングメモリー指標」「処理速度指標」という4種類の指標得点が得られる。それらの比較を通して，個人内での得意・不得意を明らかにすることができる。さらに，一部の下位検査について「プロセス得点」も得られるようになっており，個人の特徴をより詳細に明らかにすることができる。

2) 日本版 KABC-Ⅱ (Kaufman Assessment Battery for Children Second Edition)

　この検査はK-ABCの改訂版であり，知能を，脳の処理機能としての認知能力（認知尺度）と，これまでの学習の成果である習得度（習得尺度）とに分けて測定する。また，認知尺度は「継次尺度」「同時尺度」「計画尺度」「学習尺度」に，習得尺度は「語彙尺度」「読み尺度」「書き尺度」「算数尺度」にそれぞれ分かれており，それらの比較から，個人内での得意・不得意を明らかにすることができる。

3) 田中ビネー知能検査Ⅴ

　この検査はWISC-Ⅲとは異なり，一般知能を包括的に測定しようとするものである。そのため，年齢ごとに多様な課題が設定されており，各年齢級には6～7割の子どもが解くことのできる課題が並んでいる。それらの課題をどの程度解くことができたかによって精神年齢が得られ，知能指数を算出できるようになっている。さらに，「行動観察の記録」として，「落ち着いているか」「終始熱心に取り組んでいるか」など検査を行った際の子どもの様子や，「話をよく聞くか」「自信をもって答えているか」など問題に対する態度などを記録する項目が用意されている。

3. 行動観察の進め方

　子どものアセスメントを行う際には，非日常場面において行われる発達検査や知能検査を通して得られる情報からだけでなく，日常の生活場面における子どもの行動からも，子どもについて理解することが重要となる。

　人の行動を観察し，その行動の特徴や行動の法則性を明らかにする方法は**観察法**とよばれる[3]。図12-1に示すように，観察法は対象となる行動を自然な状況の中でありのままに観察する**自然観察法**と，状況に何らかの統制を加えてその状況の中での行動を観察する**実験的観察法**という大きく2つの方法に分類される。保育・教育場面においては，子どもの行動を自然な状況の中で観察する自然観察法がとられることが多いと考えられる。日常生活の自然な状況下での観察によって得られる子どもについての情報も非常に重要ではあるが，日常場面の中で子どもの様子をただ見ているだけでは得られる情報は限られたものになってしまう。したがって，その子どものどのような行動を観察しようとしているのか，その行動は状況や場面によって変化するのかなど子どもを観察するための枠組みを定め，その行動を観察するのに適した場面設定を行った上での行動観察も併せて行うことで，その子どもをよりよく理解することができるだろう。

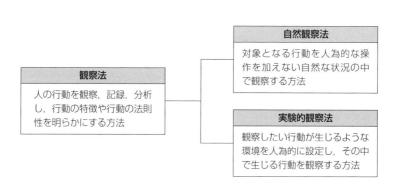

図12-1　行動観察の方法

例えば本郷は，対人的トラブルが多い，感情や行動のコントロールが難しいなどの特徴をもつ「気になる」子どもの行動観察を行う際に，①朝のお集まり場面，②ルール遊び場面，③コーナー遊び場面という3つの場面において子どもの行動を観察するとしている[4]。「気になる」子どもの中には，集団でのルール遊びには積極的に参加して楽しむことができるにもかかわらず，自由遊びになると何をするわけでもなく延々とふらふら歩きまわり，遊びを楽しむことが難しい子どももいる。このように，子どもは場面や状況によって異なる行動を示すことがある。そのような子どもについて理解を深めるためにも，様々な場面の中で子どもの行動を観察することが重要となる。

4．発達検査の結果に基づいた発達理解

ここまでは，発達アセスメントの方法として発達検査・知能検査及び行動観察の進め方について説明したが，検査や行動観察を実施すればアセスメントは終了するわけではない。発達アセスメントにおいては，それらの方法を用いて得られた情報から子どもの発達状態を理解することが必要となる。ここでは遠城寺式・乳幼児分析的発達検査法を例として，発達検査の結果に基づいた子どもの発達理解について述べる。

(1) 検査結果からの読みとり

4歳8か月のA児（男児）について保育者が遠城寺式・乳幼児分析的発達検査法を用いてA児の発達のチェックを行ったとする。その結果，A児は〈移動運動〉〈手の運動〉〈基本的習慣〉には大きな問題がみられなかったことから，ここではA児の〈対人関係〉〈発語〉〈言語理解〉の結果の一部を表12-2に示す。表12-2にはA児が通過した（できた）項目と不通過の（できなかった）項目のうち代表的なものを示している。なお，ここでは発達指数やプロフィールではなく，具体的な項目に着目してA児の発達状態をみていくことにする。

まず，〈対人関係〉では3歳4か月〜3歳8か月の項目である「友だちと順番にものを使う（ブランコなど）」や4歳4か月〜4歳8か月の項目である「砂場で2人以上で協力して1つの山を作る」が不通過であることから，A児に

表12-2 A児(4歳8か月)の遠城寺式・乳幼児分析的発達検査法の結果

領域	通過した代表的な項目	通過年齢	不通過の代表的な項目	通過年齢
対人関係	「こうしていい？」と許可を求める	3:0～3:4	友だちと順番にものを使う（ブランコなど）	3:4～3:8
	ジャンケンで勝負を決める	4:0～4:4	砂場で2人以上で協力して1つの山を作る	4:4～4:8
発語	二数詞の復唱（2/3）例　5-8	2:9～3:0	文章の復唱（2/3）例　きれいな花が咲いています	3:4～3:8
	同年齢の子どもと会話ができる	3:0～3:4	四数詞の復唱（2/3）例　5-2-4-9	4:0～4:4
	両親の姓名，住所を言う	3:8～4:0	文章の復唱（2/3）例　子どもが2人ブランコに乗っています	4:4～4:8
言語理解	数の概念がわかる（3まで）	3:4～3:8	用途による物の指示（5/5）例　本	3:8～4:0
	左右がわかる	4:4～4:8	数の概念がわかる（5まで）	4:0～4:4

は他児との間で協力したり調整したりすることの難しさがあることが読み取れる。

次に，〈発語〉では2歳9か月～3歳0か月の項目である「二数詞の復唱(2/3)」を通過しているのに対して，3歳4か月～3歳8か月の項目である「文章の復唱（2/3）」や4歳0か月～4歳4か月の項目である「四数詞の復唱（2/3）」が不通過であることがわかる。このことから，A児には一度に多くのことを記憶することの難しさ（記憶範囲の狭さ）があると考えられる。

さらに，〈言語理解〉では3歳8か月～4歳0か月の項目である「用途による物の指示（5/5）」や4歳0か月～4歳4か月の項目である「数の概念がわかる（5まで）」が不通過であることから，A児は数や物の概念の理解に不十分な部分があると思われる。

(2) 発達検査の結果と行動観察の結果に基づいた発達理解

このA児について行動観察を行い，表12-3のような行動特徴がみられた

表12-3 A児(4歳8か月)の行動観察の結果

行動特徴
① 保育者の指示に従うことが難しく,衝動的な行動が多い
② ルール遊びではルール違反が多く,他児とトラブルになりやすい

場合,A児をどのように理解したらよいだろうか。

　まず,①の保育者の指示に従うことの難しさと衝動的な行動の多さには,〈発語〉の遅れからわかるような記憶範囲の狭さが関連していると考えられる。衝動的な行動が多い子どもの場合,衝動性が高いととらえられがちである。しかし,A児の場合は一度に記憶できるものの数が少ないため,保育者の「椅子を片づけて,帽子をかぶって,ホールへ移動します」というような長い指示をすべて覚えていられない可能性がある。そのため,指示の最後の「ホールへ移動します」という部分にのみ反応してすぐにホールへ行ってしまうというような行動をとり,結果として衝動的な行動が多いととらえられていると推測される。

　次に,②のルール違反と他児とのトラブルの多さには,〈言語理解〉にみられる認識面の不十分さと〈対人関係〉にみられる他児との調整の難しさが関連していると考えられる。年齢の上昇に伴い,ルール遊びで導入される遊びも複雑になり,知的な要素を含む遊びが設定される機会も増えてくると予想される。A児は認識面の理解が不十分なところがあるため,ルールが十分に理解できずにルール違反が多くなっていると推測される。また,A児は他児と協力するなど他児との調整も難しいため,ルール違反の多さも相まって対人的トラブルに発展していると考えられる。

5. 様々な観点からの子どもの理解

　これまで述べてきたように,子どもの発達をアセスメントする方法には発達検査や知能検査などの心理検査と,子どもの生活場面における行動観察という大きく2つの方法がある。それぞれの方法から得られる情報は完全なものではない。そのため,得られた様々な情報を統合して解釈することを通して,子ど

もについて理解を深めることが重要となる。

また，アセスメント情報には一致する部分もあれば矛盾する部分もある。集団場面では逸脱もなく，日常生活の中では大きな問題を抱えていないような子どもでも，心理検査を実施してみると発達の遅れや偏りがみられる場合もある。その一方で，心理検査では発達の遅れや偏りなどがみられないにもかかわらず，日常生活場面では集団活動にまったく参加できないなどの行動特徴を示す子どももいる。このようにアセスメント情報が矛盾するような場合には，その矛盾の原因は何かを考察することでよりよく子どもを理解することができるだろう。

■引用文献
1) 本郷一夫（2008）発達アセスメントと支援．本郷一夫編：子どもの理解と支援のための発達アセスメント，pp.1-19，有斐閣
2) 大六一志（2006）認知特性と包括的アセスメント．本郷一夫・長崎勤編著：別冊発達 28 特別支援教育における臨床発達心理学的アプローチ，pp.23-33，ミネルヴァ書房
3) 中澤潤（1997）人間行動の理解と観察法．中澤潤・大野木裕明・南博文編著：心理学マニュアル観察法，pp.1-12，北大路書房
4) 本郷一夫（2006）「気になる」子どもの保育支援プロジェクト．本郷一夫編著：保育の場における「気になる」子どもの理解と対応―特別支援教育への接続―，pp.41-43，おうふう

第Ⅱ部 保育実践編 Ⅱ-Ⅰ 子どもの理解と支援

第13章
子どもの精神的健康と障害

1. 神経発達障害

(1) DSM-5 の改訂と神経発達障害

　2013年5月，アメリカ精神医学会作成の「精神疾患の診断・統計マニュアル第5版」(DSM-5) が公表された。従来「発達障害」とされていたものは，DSM-5では「神経発達障害」と総称された。乳幼児期に発症し，脳や身体の一部の問題によって，心身の発達や行動，情緒に障害が起きている状態を指す。

　そのうち，乳幼児期の精神的健康と障害に関連する特徴について，以下に整理する。①年代による分類が廃止され，いわゆる発達障害に属する「神経発達障害」の大項目を設立，診断基準の冒頭に置かれた。②従来の「知的障害（精神遅滞）」は「知的能力障害」に呼称変更し，IQ値ではなく具体的な行動と生活での困難さによる重症区分を行うこととなった。③「自閉スペクトラム症／自閉症スペクトラム障害 (ASD)」の概念が創設，一括された。広汎性発達障害，自閉性障害，アスペルガー障害，高機能広汎性発達障害，高機能自閉症の表現をなくし，重症から軽症までスペクトラム（連続体）と捉え，具体的な症状による重症区分を行うこととなった。④「社会的（語用論的）コミュニケーション障害」が新設された。⑤従来「AD/HDと破壊的行動障害」という子どもの問題行動のカテゴリーに含まれていたADHDが，「注意欠如・多動症／注意欠如・多動性障害」に名称を変え，「神経発達障害」のひとつとなり，ASDとADHDの併存が認められた。なお，行為障害は，「破壊的，衝動―制御，行為障害」という別のカテゴリーに分類された。⑥LDが「限局性学習症／限局性学習障害」と呼称変更となった。

原則，"disorder"の訳が「症」と変更され，DSM-Ⅳ-TRで既に普及していた病名は，新たな名の横にスラッシュ（/）で併記されている。

1）知的能力障害（知的発達症/知的発達障害）

知的能力障害は，従来のDSM-Ⅳ-TRでは精神遅滞とよばれ，標準化された知能検査によるIQ値，適応行動の障害，発達期の間の発症という3基準で総合的に判断されてきた。DSM-5では，発達期に発症し，概念的・社会的・実用的な領域における知的機能と適応機能両面の欠陥を含む障害であるとし，以下の3基準を満たすとする。

① 臨床評価および個別化，標準化された知能検査によって確かめられる，論理的思考，問題解決，計画，抽象的思考，判断，学校での学習，および経験からの学習など，知的能力の欠陥。

② 個人の自立や社会的責任において発達的および社会文化的な水準を満たすことができなくなるという適応機能の欠陥。継続的な支援がなければ，適応上の欠陥は，家庭，学校，職場，および地域社会といった多岐にわたる環境において，コミュニケーション，社会参加，および自立した生活といった複数の日常生活活動における機能を限定する。

③ 知的および適応の欠陥は，発達期の間に発症する。

まとめると，全般的機能の欠陥（上記①）と，学校，職場，家庭，または地域社会の中の1つ以上の生活状況において，継続的な支援がなければ適切な行動が難しいという日常の適応機能が障害されていること（上記②），知的および適応の欠陥が，幼少期から青年期に存在すること（上記③）であるといえる。

また，従来の評価基準に存在したIQ値が削除された。知能検査の結果を否定するものではなく，IQ値の誤差も含めた判断の必要性と，実生活上の困難さを含めた総合的判断を重視するためである。DSM-5では，表13-1のように生活適応能力を重視し，言語，算数，記憶などの「概念的領域」，対人コミュニケーション，社会的判断などの「社会的領域」，自己管理などの「実用的領域」のそれぞれの状態に基づき，軽度，中等度，重度，最重度と，重症度を評価する。

知的能力障害の有病率は一般人口の1％程度であり，重症であるほど男児の割合が増加する。軽度が占める割合が8割以上と最も多い。原因は現在も特定

表13−1　知的能力障害（知的発達症）の重症度

重症度	概念的領域	社会的領域	実用的領域
軽度	就学前の子ども達において，明らかな概念的な差はないかもしれない。学齢期の子どもおよび成人においては，読字，書字，算数，時間または金銭などの学習技能を身につけることが困難であり，年齢相応に期待されるものを満たすために，1つ以上の領域で支援を必要とする。成人においては，学習技能（読字，金銭管理など）の機能的な使用と同様に，抽象的思考，実行機能（すなわち計画，戦略，優先順位の設定，および認知的柔軟性），および短期記憶が障害される。同年代と比べて，問題およびその解決法に対して，若干固定化された取り組みがみられる。	定型発達の同年代に比べて，対人的相互反応において未熟である。例えば，仲間の社会的な合図を正確に理解することが難しいかもしれない。コミュニケーション，会話，および言語は年齢相応に期待されるよりも固定化されているか未熟である。年齢に応じた方法で情動や行動を制限することが困難であるかもしれない；この困難は社会的状況において仲間によって気づかれる。社会的な状況における危険性の理解は限られている；社会的な判断は年齢に比して未熟であり，そのため他人に操作される危険性（だまされやすさ）がある。	身のまわりの世話は年齢相応に機能するかもしれない。同年代と比べて，複雑な日常生活上の課題ではいくらかの支援を必要とする。成人期において，支援は通常，食料品の買物，輸送手段，家事および子育ての調整，栄養に富んだ食事の準備，および銀行取引や金銭管理を含む。娯楽技能は同年代の者達と同等であるが，娯楽に関する福利や組織についての判断には支援を要する。成人期は，競争して，概念的な技能に重点をおかない職業に雇用されることがしばしばみられる。一般に，健康管理上の決断や法的な決断を下すこと，および技能を要する仕事をうまくこなせるようになることには支援を必要とする。子育てに一般的に支援が必要である。
中等度	発達期を通してずっと，個人の概念的な能力は同年代の人と比べて明らかに遅れる。学齢期前の子どもにおいては，言語および就学前技能はゆっくり発達する。学齢期の子ども達において，読字，書字，算数，および時間や金銭の理解の発達は学齢期を通してゆっくりであり，同年代の発達と比べると明らかに制限される。成人において，学習技能の発達は通常，初等教育の水準であり，仕事や私生活における学習技能の応用のすべてに支援が必要である。1日の単位で，継続的に援助することが毎日の生活の概念的な課題を達成するために必要であり，他の人がその責任を完全に引き受けてしまうかもしれない。	社会的行動およびコミュニケーション行動において，発達期を通して同年代と明らかな違いを示す。話し言葉は社会的コミュニケーションにおいて通常，第1の手段であるが，仲間達と比べてはるかに単純である。人間関係の能力は家族や友人との関係において明らかとなり，生涯を通してよい友人関係をもつかもしれないし，時には成人期に恋愛関係をもつこともある。しかし，社会的な合図を正確に理解，あるいは解釈できないかもしれない。社会的な判断能力および意思決定能力は限られており，人生の決断をするのを支援者が手伝わなければならない。定型発達の仲間との友情はしばしばコミュニケーションまたは社会的な制限によって影響を受ける。職場でうまくやっていくためには，社会的およびコミュニケーションにおけるかなりの支援が必要である。	成人として食事，身支度，排泄，および衛生といった身のまわりのことを行うことが可能であるが，これらの領域で自立するには，長期間の指導と時間が必要であり，何度も注意喚起が必要となるかもしれない。同様に，すべての家事への参加が成人期までに達成されるかもしれないが，長期間の指導が必要であり，成人レベルのできばえを得るには継続的な支援が通常必要となるであろう。概念的およびコミュニケーション技能の必要性が限定的な仕事には自立して就労できるだろうが，社会的な期待，仕事の複雑さ，および計画，輸送手段，健康上の利益，金銭管理などのそれに付随した責任を果たすためには，同僚，監督者およびその他の人によるかなりの支援が必要である。さまざまな娯楽に関する技能は発達しうる。通常，これらの能力は長期にわたるさらなる支援や学習機会を必要とする。不適応行動がごく少数に現れ，社会的な問題を引き起こす。

(つづく)

表 13-1　知的能力障害（知的発達症）の重症度（つづき）

重症度	概念的領域	社会的領域	実用的領域
重度	概念的な能力の獲得は限られている。通常、書かれた言葉、または数、量、時間、および金銭などの概念をほとんど理解できない。世話する人は、生涯を通して問題解決にあたって広範囲に及ぶ支援を提供する。	話し言葉は語彙および文法に関してはかなり限られる。会話は単語あるいは句であることもあれば、増補的な手段で付け足されるかもしれない。会話およびコミュニケーションは毎日の出来事のうち、今この場に焦点が当てられる。言語は解説よりも社会的コミュニケーションのために用いられる。単純な会話と身振りによるコミュニケーションを理解している。家族や親しい人との関係は楽しみや支援の源泉である。	食事、身支度、入浴、および排泄を含むすべての日常生活上の行動に援助を必要とする。常に監督が必要である。自分自身あるいは他人の福利に関して責任ある決定をできない。成人期において、家庭での課題、娯楽、および仕事への参加には、継続的な支援および手助けを必要とする。すべての領域における技能の習得には、長期の教育と継続的な支援を要する。自傷行為を含む不適応行動は、少数ではあるが意味のある数として存在する。
最重度	概念的な技能は通常、記号処理よりもむしろ物理的世界に関するものである。自己管理、仕事、および娯楽において、目標指向的な方法で物を使用するかもしれない。物理的特徴に基づいた照合や分類など、視空間技能が習得されるかもしれない。しかし、運動と感覚の障害が併発していると、物の機能的な使用を妨げるかもしれない。	会話や身振りにおける記号的コミュニケーションの理解は非常に限られている。いくつかの単純な指示や身振りを理解するかもしれない。自分の欲求や感情の大部分を非言語的および非記号的コミュニケーションを通して表現する。よく知っている家族、世話する人、および親しい人との関係を楽しみ、身振りおよび感情による合図を通して、対人的相互反応を開始し、反応する。身体および感覚の障害が併発していると、多くの社会的な活動が妨げられるかもしれない。	日常的な身体の世話、健康、および安全のすべての面において他者に依存するが、これらの活動の一部にかかわることが可能なことがあるかもしれない。重度の身体的障害がなければ、食事をテーブルに運ぶといった家庭での日常業務のいくつかを手伝うこともある。物を使った単純な行動は、いくらかの職業活動参加への基盤となるかもしれないが、それは高水準の継続的な支援を伴った場合である。娯楽的な活動は、音楽鑑賞、映画観賞、散歩、あるいは水遊びへの参加などもありうるが、すべてで他者の支援を必要とする。身体および感覚の障害を併発するとしばしば家庭的、娯楽的、および職業的な活動へ参加すること（見ているだけでない）の障壁となる。不適応行動が、少数ではあるが意味のある数として存在する。

「DSM-5 精神疾患の分類と診断の手引き」[1] pp.19-22 より転載

できないものがあるが、発症時期により分類すると図13-1になる。①出生前要因、②周産期要因、③出生後要因など多岐にわたり、約8割は出生前の要因である。知的能力障害の症状は、原因や程度で様々である。発達上の特徴としては、一般的に知能・言語・運動といった各領域でアンバランスが認められる。身体領域では、発達が遅れる場合が多い。心理的・行動的特徴では、常同行動や自傷行動がみられる。

乳幼児では，検診の際に言葉の遅れや語彙数の少なさ，理解力の低さより疑われ，てんかんなどの合併症が先に気づかれた後に疑われることもある。しかし，幼少期では重症度に関する妥当な評価ができない，あるいは標準的な検査を受ける年齢に達していないといった問題があり，将来的に軽度の知的能力障害とされる子どもが，保育現場では育ちがゆっくりである程度に判断され，見過ごされることも多い。知的機能における妥当な評価ができない場合には，全般的発達遅延とし，経過観察の後，改めて評価をする場合がある。

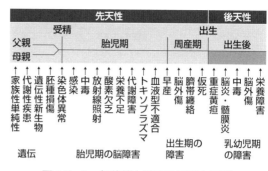

図13-1　知的能力障害の原因と時期

菅野ほか（2003）[2]

2）自閉スペクトラム症/自閉症スペクトラム障害（ASD）

従来，広汎性発達障害（PDD）とよばれた，自閉性障害，レット障害，小児期崩壊性障害，アスペルガー障害，非定型自閉症の5つのうち，レット障害を除いた4つは，自閉スペクトラム症/自閉症スペクトラム障害（ASD）として包括された。また，非定型自閉症の一部は，後述の「社会的（語用論的）コミュニケーション障害」となった。DSM-Ⅳ-TRでは，ウィングの三つ組み（①社会的相互交渉における質的障害，②意思伝達の質的障害，③想像力の障害とそれに基づく行動障害）を主症状としていたが，DSM-5では，①社会的コミュニケーションおよび相互関係における持続的障害，②限定された反復する様式の行動，興味，活動，の2つを診断基準とし，さらに②では，常同行動，反響言語，同一性への固執，儀式的行動様式，興味の限局，感覚過敏および感覚鈍麻などがあげられている。また，生涯にわたる支援を念頭に置き，ASDの重症度評価を設け，「社会的コミュニケーション」「限局された反復的な行動」から3段階に区分し，要する支援の目安としている（表13-2）。ASDは，幼児期を過ぎて初めて見出される場合もあることに留意したい。

表13-2 自閉スペクトラム症の重症度水準

重症度水準	社会的コミュニケーション	限局された反復的な行動
レベル3「非常に十分な支援を要する」	言語的および非言語的社会的コミュニケーション技能の重篤な欠陥が，重篤な機能障害，対人的相互反応の開始の非常な制限，および他者からの対人的申し出に対する最小限の反応などを引き起こしている。例えば，意味をなす会話の言葉がわずかしかなくて相互反応をほとんど起こさなかったり，相互反応を起こす場合でも，必要があるときのみに異常な近づき方をしたり，非常に直接的な近づき方のみに反応したりするような人	行動の柔軟性のなさ，変化に対処することへの極度の困難さ，またはあらゆる分野において機能することを著しく妨げるような他の限局された反復的な行動，焦点または活動を変えることへの強い苦痛や困難さ
レベル2「十分な支援を要する」	言語的および非言語的社会的コミュニケーション技能の著しい欠陥で，支援がなされている場面でも社会的機能障害が明らかであったり，対人的相互反応を開始することが制限されていたり，他者からの対人的申し出に対する反応が少ないか異常であったりする。例えば，単文しか話さず，相互反応が狭い特定の興味に限られ，著しく奇妙な非言語的なコミュニケーションを行うような人	行動の柔軟性のなさ，変化に対処することへの困難さ，または他の限局された反復的な行動，事情を知らない人にも明らかなほど高頻度に認められ，さまざまな状況で機能することを妨げられている。焦点または活動を変えることへの苦痛や困難さ
レベル1「支援を要する」	適切な支援がないと，社会的コミュニケーションの欠陥が目立った機能障害を引き起こす。対人的相互反応を起こすことが困難であるし，他者からの対人的申し出に対して非定型的なまたはうまくいかない反応をするような事例がいくつもはっきりとある。対人的相互反応への興味が低下しているように見えることもある。例えば，完全な文章で話しコミュニケーションに参加することができるのに，他者との会話のやりとりに失敗したり，友人を作ろうとする試みが奇妙でたいていうまくいかないような人	行動の柔軟性のなさが，1つ以上の状況で機能することに著しい妨げとなっている。いろいろな活動相互で切り替えをすることの困難さ，組織化や計画の立案をすることでの問題（自立を妨げている）

「DSM-5　精神疾患の分類と診断の手引き」[1] p.29より転載

乳幼児期におけるASDの症状の例を以下にまとめる。

〈症　状〉
視線を合わせることを避ける／分離不安がない／後追いしない／抱っこを拒む／名前を呼んでも振り向かない／人への関心が低い／クレーン現象／おうむ返し／字句通りの言葉の理解／会話が成立しにくい／話し方の抑揚に乏しい／独特な言い回し／相手が指差した方向や注視した方向を見ない／相手の表情から感情を理解することが困難／場の雰囲気などの周囲の状況を複合的に理解することが困難／ごっこ遊び・見立て遊びが難しい／物を規則的に並べるなどパタン的な遊びを好む／他児との遊びに加わらない／スケジュールや物の配置の変更を嫌う／換気扇などくるくる動くものを見続けることに熱中する／自己刺激行動（手をひらひらさせる）／髪に触れられるのを嫌う，偏食が激しい，夏でも長袖を好むなどの感覚の異常（敏感性と鈍感性）

3）注意欠如・多動症/注意欠如・多動性障害（ADHD）

注意欠如・多動症/注意欠如・多動性障害（ADHD）は，発達水準に不相当な「不注意」「多動性・衝動性」の一方もしくは両方が，12歳より前に学校や家庭など複数の場面で少なくとも6か月以上認められる病態である。DSM-5では神経発達障害とされ，下位分類は「混合発現型」「不注意優勢型」「多動性・衝動性優勢型」である。具体的な重症度分類（軽度，中等度，重度）が導入され，ASDとの併存を認めた。

中枢神経系の異常や機能不全が病態基盤とされ，遺伝的要素の可能性も指摘される。決して，しつけ，生育環境，保護者の愛情不足，保育の問題，本人の努力不足が原因ではない。目に見える多動性は収まるが，不注意によるミスや実行機能の障害によるトラブルがあるなど，症状は発達に伴い変化し，約7割が成人期まで中核症状と機能障害が継続するとされる。

主症状があるために，幼少期から，失敗体験，周囲からの孤立，生活上のトラブルが積み重なり，親や保育者が叱る機会が増加する結果，劣等感から自己否定が強く，二次的障害を引き起こしがちである。肯定的な自己認識を育てられるよう，行動の修正ばかりにとらわれず，行動面でのトラブルへの理解，望ましい行動を増やす支援が不可欠である。

以下は，乳幼児期におけるADHDの症状である。

〈症　状〉
①**不注意**：細部を見過ごす，作業が不正確／会話に集中し続けることが難しい／話しかけても聞いていないように見える／指示に従えず，すぐに脱線する／課題や活動を順序立てて行うことが難しい／忘れ物やなくし物が多い／外からの刺激で，すぐに気が逸れてしまう
②**多動性および衝動性**：静かにしなければならないときに手足をそわそわ動かす／しばしば席を離れる／不適切な場所で制止を振り切り走り回る／会話で，質問が終わる前に答え始める／自分の順番を待つことが困難である／友だちの許可を得ずに玩具を奪い，使い始める／友だちの邪魔をする

4）その他の神経発達障害

神経発達障害には，他にも，コミュニケーション障害，限局性学習症/限局性学習障害（LD），運動障害がある。

コミュニケーション障害の中に，社会的（語用論的）コミュニケーション症/社会的（語用論的）コミュニケーション障害が新設された。これまで非定型自閉症あるいは非定型広汎性発達障害と診断されていた者のうち，社会的コミュニケーションの能力が弱いが，明確なこだわりや感覚異常が認められず，ASDの診断基準を満たさない例が該当する。ASDにおける語用論的障害と，社会的（語用論的）コミュニケーション症における語用論的障害の異同については，今後も議論が続くと思われる。社会的（語用論的）コミュニケーション症のある人は，幼児期に言語発達の遅れがみられることが多く，社会的なかかわり合いを避ける傾向がある。ADHD，行動上の問題，LDを併存することが多い。コミュニケーション障害の診断が4歳未満に下されることは稀である。

　DSM-Ⅳ-TRでの，読字障害，算数障害，書字表出障害，特定不能の学習障害は，DSM-5では限局性学習症/限局性学習障害にまとめられた。運動障害では，発達性強調運動症/発達性強調運動障害などが含められた。

(2) 併存の問題

　DSM-5において，ASDとADHDの併存が認められることとなった。この併存率は50％を超えるとも言われており，併存を認めたことによる臨床的な問題について留意する必要がある。

(3) 保育現場における子どもの理解と援助

　近年，保育現場でも，障害のある子どもに対する支援計画を個別に作成することが求められ，子どもの障害の様相，原因や問題を「個」として捉える傾向が少なくない。しかし，障害名や障害特性からマニュアル的な理解や援助をすることは望ましいことではない。

　保育現場では，障害の有無にかかわらず，保育者としての専門性をいかした子ども理解と援助が求められる。日々の観察，連続性，他児や家庭，保育者との関係性，クラス集団の発達，環境調整，そして省察といった日々の保育の営みを大切に，ひとりの子どもが複数の症状を併せ持つことがあること，関係性，状況性，生涯発達を意識した支援が望まれる。

2. 心的外傷（トラウマ）およびストレス因子関連障害

(1) DSM-5 の改訂
　「トラウマとストレス因子関連障害」に関する項目が創設され，反応性愛着障害，脱抑制型対人交流障害，PTSD，適応障害が含まれるようになった。

(2) 虐待と神経発達障害
　最近では神経発達障害のある子どもの育てにくさが，虐待を含む不適切な養育の一因になる場合も多いとされる。また，虐待を受けた子どもに神経発達障害様の症状がみられることが多いとも言われる。虐待によって愛着形成がうまくいかず，人への不信感，精神的発達が妨げられた結果，多動，攻撃性，無表情などの症状が現れ，ADHDの主症状と似ている部分がみられるという。しかし，神経発達障害と虐待との因果関係は証明されておらず，神経発達障害の子どもの多くが虐待されているという事実もない。いずれにせよ，安易に虐待に結びつけるのは早計である。

(3) 虐待とPTSD（心的外傷後ストレス障害）
　PTSD（心的外傷後ストレス障害）は，DSM-5の改訂により，6歳を超える場合と6歳以下の場合で診断項目が分かれた。6歳以下では，子ども自身が心的外傷的出来事を直接体験するのみならず，養育者に起こった出来事をじかに目撃する，養育者に起こった心的外傷的出来事を耳にするといった形も含まれる。PTSDは，事件や事故の体験がトラウマになり，身体面・心理面・社会生活面で支障をきたしている状態を指す。不安や恐怖などの一過性の感情とは異なり，事件や事故から1か月以上経過しても生活に支障がある場合に診断される。原因は，脳の扁桃体の過剰活性，前頭前野の機能不全とされる。
　以前は，幼い子どもは現実認識ができないため，PTSDの発症は少ないと考えられていたが，幼い子どもほど言語化しにくく抱え込みやすいことが想像され，最近では虐待との関連で子どものトラウマが問題視されている。虐待による問題は，被害自体が周囲から見えにくく，支援も遅れがちである。また，被

害が一方的かつ長期にわたるため，大人とは異なる症状を示す。子どもにみられるPTSDの症状は，非常に大人びた言動（敬語や丁寧な言い回し），多動性・攻撃性（落ち着かない，人をたたく，暴れる），発達の遅れ（身体が年齢相応に育っていない），愛着の問題（人を極端に信頼し，少しでも裏切られたと感じると一転して嫌悪する），現実からの解離（自分はつらくないと思い込む），再体験（おもちゃや道具で被害を再現する）などである。子どもの場合，治療よりも被害の原因から遠ざけ，身を守ることが先決である。回復には時間がかかるが，周囲の大人は子どもが安全と安心を自覚できるように配慮し，本人の主体性と自己を肯定できる力を信じ，支えていくことが望まれる。

（4）虐待と愛着障害

近年，特定の養育者との間に形成されるべき愛着のみにとどまらず，虐待の体験，見捨てられ体験といった点からも愛着障害を捉えることが多い。虐待を受けた子どもには，愛着による対人関係の問題が認められる。

愛着障害の原因を時期で分けると以下の2つになる。

①出生前の影響によるもの
　・胎児期での脳形成に関する異常（アルコール，薬物，喫煙，放射能被曝）

②出生後の状況によるもの
　・乳児側の問題（未熟児や病気による長期入院，知的・身体的障害）
　・母親側の問題（難産，病気，うつ状態などの不安定な精神状態）
　・愛着対象の不在の問題（母親の長期入院，離婚，失踪，死）
　・養育の問題（不特定な世話人による養育，ネグレクトをはじめとする虐待）

すなわち，愛着障害とは，出生前後の要因により，子どもと養育者との間で愛着がうまく形成されなかった結果，脳の未発達によって対人関係において種々の問題行動を示す障害であるといえる。生後の大人のかかわりのみに着目しがちだが，胎児期より生後の愛着形成の基盤が作られていることに留意したい。

①反応性アタッチメント障害/反応性愛着障害
　少なくとも9か月以上の発達年齢，5歳未満に始まる対人関係の障害。ASDの診断基準を満たさず，12か月以上その障害が存続している。周囲に警戒を示し，同年輩の子どもとの社会的相互交渉が見られない。優しくされているのに怒る，恐がるなど，矛盾した感情をもつ。

②脱抑制型対人交流障害/反応性愛着障害・脱抑制型
　少なくとも9か月以上の発達年齢で生じる対人関係の障害。12か月以上その障害が存続している。誰かれかまわずべたべたしがみつく対象無選択の愛着行動を示す。同年輩の仲間との信頼関係，友愛関係を形成することは非常に困難である。

乳幼児期における愛着障害の症状を以下にまとめる。

〈症　状〉
孤独感，疎外感をもつ／イライラを抑制できない／気分がむらである／未来に絶望している／パニックを起こしやすい／見捨てられ不安から，極度に親にしがみつく分離不安を示す，もしくは分離不安を全く示さない／攻撃的・挑発的／破壊行動／衝動や欲求不満を自制できない／多動／自傷行為／他虐的で自分よりも弱いものに残酷／自己否定，他者否定／他者不信／見ず知らずの人に愛嬌を振りまき，まとわりつく／相手の目を見ない／他者の感情を把握できない／不衛生／自分に不注意で自虐的であり，けがをしやすい／痛みに忍耐強い／触れられるのを激しく嫌がる／排泄の問題が多い／年齢相応な身体発達が未熟で小柄な子が多い

■引用文献
1) 日本精神神経学会監修（2014）DSM-5 精神疾患の分類と診断の手引き，pp.19-22，p.29，医学書院
2) 菅野敦ほか（2003）新版　障害者の発達と教育・支援―特別支援教育/生涯発達支援への対応とシステム構築―，p.112，p.117，山海堂

第Ⅱ部 保育実践編 Ⅱ-Ⅰ 子どもの理解と支援

第14章
園内研修を通した子どもの発達理解

　子どもの発達理解を進める上で，保育者の子どもの育ちを見る目を養うことは重要である。特に園内の教職員が相互に理解を進めながら行われる園内研修は保育者の育ちにとって最も重要だ。

　そこで，この章では子どもの発達理解に役立つ園内研修のあり方について考えていきたい。

1. 保育検討会

(1) 保育検討会

　子どもの育ちの様子を保育者同士が確認することを目的に行われる打ち合わせに保育検討会がある。この保育検討会では，月案や週案の具体的な修正を行ったり，行事の進め方を確認し合うこともある。また，個別の子どもに対する配慮についても具体的に検討される。新任保育者はこれらを通して，行事に対する園の方針や園の文化を学ぶことにもなる。

　保育検討会の中には，具体的な保育の事例（子どもの育ちや保護者への援助）について検討する場合もある。これは，「事例検討会」や「保育カンファレンス」とよばれる。保育カンファレンスとは，医学や臨床心理学の考え方や手法を保育に導入したものであり，参加者が対等な立場で意見を交換し，具体的に保育検討を行うものである。話し合いの過程では参加者一人ひとりが自分の見方や考え方を再構成することを目的としている[1]。

　保育カンファレンスを進める上での留意点として，次の点があげられる。

　①早急に共通理解を求めないこと，②本音で話し合うこと，③経験豊かな人や役職者が若い人を導くことがないようにすること，④相手を批判したり，論

争したりしないこと，⑤記録をもとに検討すること，⑥参加者一人ひとりの成長を支え合い，育ち合うこと[2]。

　事例検討会や保育カンファレンスには，地域の保育者養成校の教員等に依頼し，実際に保育場面を参観してもらったり，事例検討に加わって助言を受けたりすることもある。特に，「気になる」子どもの保育は，特別支援の担当者が地域のリソースを活用して行われることが望ましい。

〈実践例１〉宮守地区幼稚園保育所（岩手県遠野市）

　宮守地区幼稚園保育所では，筆者と共同で保育環境のあり方について園内研修を行っている。この園内研修では，毎月１回の事例検討会を行い，定期的に子どもの遊びの変化をとらえながら，保育室の遊びのコーナーのレイアウトを変更したり，園庭の遊具も子どもの遊びや育ちの様子から環境の再構成を心がけている[3]。図14-1は，９月の運動会後とその後の遊びの様子に合わせてレイアウトを変更した４歳児の保育室である。

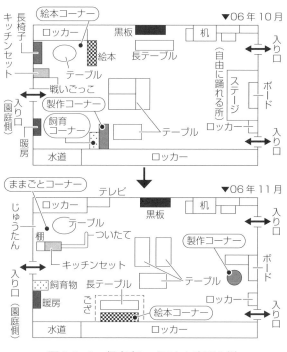

図14-1　保育室レイアウト変更の例
（2007年７月２日岩手日報夕刊記事より）

(2) 場面検討会

　写真を使った園内研修会も保育力を高めるためには有効である。筆者らはデジタルカメラで自由遊びの場面を撮影し，場面検討会ではその写真を研修に活用している。

　次の写真はどんな場面であろうか。図14-2は3人の男児が電線ドラムを持ち上げた場面である。図14-3はドラムの下に隠れていたミミズや小さな虫を捕まえようとしている場面である。この2枚の写真を元に，遊びの場面への援助について考えていく。担任保育者は子どもたちの人間関係についてもよく理解できているし，遊びの内容についてもほぼ理解している。しかし，「この遊びのおもしろさはどこにあるのか？」，「このあと，具体的にどんな援助をすれば，さらに遊びが充実，発展するのか？」を，他の保育者の意見も参考にしながら検討していく。この作業は担任保育者が直接かかわっていない場面を使用することで，担任保育者がどれだけ子どもを理解しているかが問われるため，研修としての価値も高い。写真撮影はできるだけフリーの保育者が行い，研修としての素材となりそうな場面を撮影することが望ましい。

　また，自園以外のもの（保育雑誌等の写真）を利用しても高い研修成果が期待できる。子どもの遊びの様子を保育者同士で意見交換しながら，①その遊びの背景を想像し，②遊びのおもしろさを予想し，③子ども同士の関係や遊びの中で発していることばを具体的に考えたり，④自分がその場にいたらどのような援助を行うか，を考えていくことは，子ども理解や保育援助の広がりにつな

図14-2

図14-3

がる．

　これらの活動をあらかじめ用意した研修用のシートを用い，直接書き込んだり，保育者同士で相談することで研修の成果が高まる．

2. 情報共有ツールを使って

　日常的な保育場面で子ども理解を深めるためには「付箋紙（ポストイット等）」の利用が効果的である．ここでは付箋紙を活用した保育者間の情報の共有について実践例を2つ紹介する．

〈実践例2〉仙石原幼児学園（神奈川県箱根町）

　自然に恵まれた環境を保育者間で共有するために，散歩に出る地域の地図を作成している（図14-4）．子どもたちと自然を探しに出た保育者が，発見した四季折々の自然の様子を付箋紙に書き込み，地図に貼ることができるようにしている．そのため，園外への散歩に出る保育者は，「どこで，どんな花が咲いているのか」「どんな虫が鳴いているのか」等の情報を共有することができる．季節ごとに付箋紙の色を変えることで，活動を振り返ったり，次年度への計画の作成にも利用することができるように工夫されている．

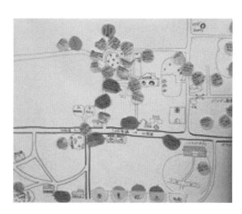

図14-4

〈実践例3〉東二番丁幼稚園（宮城県仙台市）

　自由な遊びを中心としたこの幼稚園では，好きな遊びの時間にクラスや学年を超えた子どもたちの遊びが，園庭，遊戯室，保育室の至るところで繰り広げられている．保育者は，ティーム保育を心がけ，全園の子どもの様子を共有しながら保育にあたっていた．

　子どもの様子は保育中や降園後に情報交換していたが，付箋紙を利用し効率化を図った．保育者全員が色違いの付箋紙を持ち，保育中に気づいた子どもたちの

育ちの様子を付箋紙に書き込み，職員室の壁に貼ることにした。職員室の壁はクラスごとに区分けをした。付箋紙の色を変えておくことで，書き手がわかり，付箋紙をきっかけに具体的な援助の仕方を検討することもできた。子どもの育ちを職員間で共有するのに多いに役立っている[4]。

3．対話を通して（ワールド・カフェのすすめ）

(1) ワールド・カフェとは

ワールド・カフェは，参加する全員の意見や知識を集めることのできる会議手法の1つである。「知識や知恵は，機能的な会議室の中で生まれるのではなく，人々がオープンに会話を行い，自由にネットワークを築くことのできる『カフェ』のような空間でこそ創発される」[5] という考えに基づき，本物のカフェのようにリラックスした雰囲気の中で，テーマに集中した対話を行う。

(2) ワールド・カフェの進め方[6]

① はじめに
- 人　数：4～5人を1グループとしてテーブルに座る。
- 準備物：テーブルクロスに見立てた模造紙，10色程度の水性ペン，トーキング・オブジェクト（話をする人が持つ小物）
   その他，飲み物，菓子，テーブルフラワー，落ち着いたBGMなどを用いてカフェの雰囲気を盛り上げる。

② カフェトーク・ラウンド
- ファシリテーターが進行役（カフェ・ホスト）となり，1ラウンドおおよそ20～30分，3ラウンド行う。
- 問い（テーマ）に沿ってカフェ的にリラックスした会話を楽しむ。
- 対話を通して出されたアイディアやキーワードをことばや絵にして自由に模造紙に書く。
- 第1ラウンド終了時に1人（テーブル・ホスト）を残し，それ以外の参加者は別のテーブルへ移動する。
- 新しい4人組では，テーブル・ホストが中心になって，それぞれのテーブ

第14章　園内研修を通した子どもの発達理解

（左の写真のテーブルの模造紙）

図14-5　ワールド・カフェの様子

ルで話された内容を共有し合う*。

*参加者がテーブルを移動することによってアイディアという花粉が他の花に受粉するように広がっていく。

・第2ラウンドの問い（テーマ）に沿って対話を行う。
・第3ラウンドは最初のテーブルに戻り，他のテーブルでの気づきや理解を紹介し合い，第3ラウンドの問いについて対話をする。
・その後，カフェ・ホストが全体でのセッションを行う。参加者が各テーブルを回って模造紙の内容を共有したり，全体で対話をしたりする。

③ カフェ・エチケット

ワールド・カフェでは，カフェ・エチケット（表14-1）を元に対話を行う。トーキング・オブジェクトを利用することにより話し手と聞き手が役割をもっ

表14-1　カフェ・エチケット

① 問いに意識を集中して話し合いましょう。
② あなたの考えを積極的に話しましょう。
③ 話は短く，簡潔に。
④ 相手の話に耳を傾けましょう。
⑤ アイディアをつなぎ合わせてみましょう。
⑥ ともに耳を傾けて，深い洞察や問いを探しましょう。
⑦ 遊び心で，いたずら書きをしたり，絵を描いたりしましょう。

香取・大川（2009）[7]　より

て参加できる。自分の意見と他の保育者の意見が融合したり，積み重なったりするため，アイディアが浮かびやすかったり，知恵が生み出されやすい。これらの相乗効果は，参加者の主体性や共創に由来するものであり，これまでの思考の枠組みを変える学習機会となる[8]。

(3) ワールド・カフェの具体例

ここでは，年度末に行われた保育研究大会の実践例[8]を紹介する。園内研修でも同様に活用することが可能である。

① ねらい：参加者の実践を振り返り，次年度へ向けての気づきを得る。
② 研修会のテーマ：「園生活を通して子ども同士の豊かな人間関係を育む保育を目指して」
③ 「問い」について：ワールド・カフェの標準的なプロセス（表14-2）に沿って3ラウンドを行った。

〈問1〉今年度の保育の中で，子どもたちの人間関係が一番育ったと思われる印象的な場面はどんな場面でしょう？

〈問2〉それらのなかで共通するポイントはどんなことでしょう？

〈問3〉そのポイントを園のすべての教職員が共有すれば保育はどう変わるでしょう？

表14-2 ワールド・カフェの標準的なプロセス

第1ラウンド 20～30分	テーマについて探求する	4人ずつテーブルに座って問い（テーマ）について話し合う。
第2ラウンド 20～30分	アイディアを他花受粉する	各テーブルに1人のホストだけを残して他のメンバーは旅人として別のテーブルに移動する。新しい組み合わせになったので，ホストが自分のテーブルでの対話（ダイアログ）について説明する。旅人は，自分のテーブルで出たアイディアを紹介し，つながりを探求する。
第3ラウンド 20～30分	気づきや発見を統合する	旅人が元のテーブルに戻り，旅で得たアイディアを紹介し合いながら対話（ダイアログ）を継続する。
全体セッション 20～30分	集合的な発見を収穫し，共有する	カフェ・ホストがファシリテーターとなって，全体で対話（ダイアログ）する。

香取・大川（2009）[7]より，一部改変

第3ラウンド終了後に，個人への次の問いで研修のまとめとした。
〈問4〉あなたが次の1年で取り組みたいことはどんなことでしょう？
　④　結果（参加者の感想）
　・大人の都合に合わせた保育を廃止したい。
　・子どもたちの笑顔が増えるように自分自身がもっと笑顔になる。
　・クラス便りをうまく利用し，子どもたちの様子を伝えていく。
　・一人ひとりのよいところをなるべく多く見つけていきたい，等。

(4) 問い（テーマ）について

　ワールド・カフェの問いは研修としての成果を大きく左右する。園内研修の場合，話し合いたいテーマについて，その定義，それが必要とされている理由，それを望ましい状態にするための条件，求められる行動のフレームで問いを考えると取り組みやすい。

■例1　「気になる」子どもの保育をテーマとする場合
〈問1〉これまでの保育経験で「気になる」子どもとまわりの子どもたちのかかわりがうまく育ったのはどんなときだったでしょう？
〈問2〉それらに共通するポイントはどんなことでしょう？
〈問3〉そのポイントを保育者が十分に理解できたらクラスはどうかわるでしょう？

■例2　生きる力の基礎を育む保育をテーマとした場合
〈問1〉子どもたちとの生活の中で心が通い合い，ワクワクするのはどんなときでしょう？
〈問2〉何が子どもたちの生きる力を育むのでしょう？
〈問3〉子どもたちの生きる力を育むために，保育者として心がけたいことはどんなことでしょう？

(5) ワールド・カフェで得られる効果

　ワールド・カフェは，①少人数での対話のため発言しやすい。②1人の発言の時間も多く与えられる。③参加者全員の意見が集めやすい。④多くの人との意見や知識の共有ができる。⑤参加者との共通性や共感が生まれやすい。そして，これらの効果により保育現場の知恵が共有され，保育者間の親しみや信頼

をより深めることができる。

　これは、ワールド・カフェのもつ「対話による集合的な知恵を生み出す力」によるものであり、対話を通して保育者自身の振り返りができたこと、他人の意見に耳を傾け、意識を集中させたことにより、保育者にとっての価値ある暗黙知や実践知が共創され、共有されたのである。

　ワールド・カフェは全体を通して2時間程度が望ましい。しかし、実際には園内研修に対して長時間を確保することは難しい。そこで、日にちを変えながら実施することも可能である。その場合、1日1ラウンドとし、書き込んだ模造紙を職員室に貼り出すなどして、保育者が研修のテーマを意識しやすくしたり、新しいアイディアを付箋紙に書いて貼ったりすることで、理解を深めながら研修を進めることができる。

4. 園内文化の伝承と今求められている保育者研修

　園内研修は保育者の保育力を高め、子どもの発達を理解することであると同時に、その園が大切にしている保育理念を継承していく場でもある。

　保育所保育指針の改定や幼稚園教育要領の改訂、少子化への対応等で、保育にかかわる環境は大きく動いている。特に、保育所保育指針では、研修の位置づけがより明確になった。保育所保育指針の中では、「職員は、子どもの保育及び保護者に対する保育に関する指導が適切に行われるように、自己評価に基づく課題等を踏まえ、保育所内外の研修等を通じて、必要な知識及び技術の修得、維持及び向上に努めなければならない」と職員の専門性を高める研修を位置づけている。

　そこで園内研修でも、保育の自己評価はもとより「保育士の研修体系」などを活用し、保育の専門性を高めていく努力が求められる。子どもの発達に即した、本来求められている保育とは何かをしっかりと見据え、保育の不易の部分を大切にしていく必要がある。

　園内研修では保育理念の共通理解や園独自の保育文化を継承し、極端な早期教育や子どもの発達を無視した保育に偏ることのない文化を、教職員全体で作り上げていくことが求められる。

■引用文献

1) 井上孝之（2006）気になる幼児やハンディのある幼児への対応．小田豊ほか編著：保育と道徳—道徳性の芽生えをいかにはぐくむか—，保育出版社
2) 森上史郎（1996）カンファレンスによって保育をひらく．発達，No.68，Vol.17，ミネルヴァ書房
3) 宮守地区幼稚園保育所研究協議会研究紀要（2006）よく感じ，よく考える子どもを育むために—環境構成の工夫を通して—
4) 仙台市立東二番丁幼稚園（2007）生きる力をはぐくむ教育課程
5) ワールド・カフェ—HUMAN VALUE，http://www.humanvalue.co.jp/service/wcafe
6) Broun, J. ほか，香取一昭ほか訳（2007）ワールド・カフェ—カフェ的会話が未来を創る—，ヒューマンバリュー
7) 香取一昭・大川恒（2009）ワールド・カフェをやろう！，日本経済新聞出版社
8) 井上孝之・上村裕樹・河合規仁・和田明人・音山若穂・安藤節子・三浦主博（2010）"ワールド・カフェ"による保育現場の学び支援－現任保育者研修への適用—．全国保育士養成協議会研究論文集

第Ⅱ部 保育実践編　Ⅱ-Ⅰ 子どもの理解と支援

第15章
他機関との連携を通した子どもへの支援

1.「連携」の必要性

(1)「気になる」子どもへの支援

　近年，保育所・幼稚園では「気になる」子ども（図15-1）への取り組みが大きな課題となっている。その姿を具体的に示すと，一対一では落ち着いて過ごすことができるが，集団に入るとクラス集団を「混乱させる」ことや「身勝手」と思えるような言動，極端な「感情の起伏」や周囲がまったく目に入っていないかのような「突発的な行動」などがみられる。また，知的な遅れが顕著

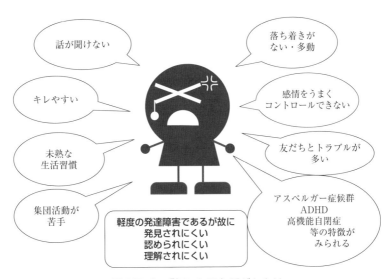

図15-1　「気になる」子どもとは

にはみられず，むしろ巧みな言葉遣いや特定の分野に対して大人顔負けの知識がある場合もあり，保育所・幼稚園ではその理解や対応に苦慮することが多い。加えて，他機関での相談・診断場面（児童相談所，発達支援センター，保健センターなど）では一対一での対応が多いことから，安定した様子・落ち着いている姿をみせるため，問題がなかなか顕在化しない。同様に保護者も問題視していないことが多く，集団での姿に近い行動が多少みられても「まだ小さいから」「子どもはこんなもの」という認識になりやすい。そのため集団場面で対応することの多い保育者と，家族や他機関が共通認識をもつことが難しくなることも，「気になる」子どもの抱える問題の1つといえる。

この「気になる」子どもは，小学校へ入学すると，その姿から「学級崩壊」や「小1プロブレム」などの要因の1つになってしまうことが少なくない。「気になる」子どもの行動や発言は前述のようにクラス集団の混乱を招くことにつながりやすく，それと「小1プロブレム」による不安や戸惑いが相まって，「学級崩壊」に向かってしまうことが考えられるためである。

しかし，「学級崩壊」や「小1プロブレム」は「気になる」子どもばかりが要因とはいえない。「小1プロブレム」は，一人ひとりの子どもが環境の変化により抱える「不安」や「戸惑い」が要因の1つと言われており，また，「学級崩壊」も様々な要因によるものであることが多数の調査・研究によって報告されている。

(2)「家庭の子育て」と「子どもの育ち」

文部科学省「子どもを取り巻く環境の変化を踏まえた今後の幼児教育の在り方について」（答申）第1章第4節[1]では「近年の幼児の育ちについては，基本的な生活習慣や態度が身に付いていない，他者とのかかわりが苦手である，自制心や耐性，規範意識が十分に育っていない，運動能力が低下しているなどの課題が指摘されている。また，小学校1年生などの教室において，学習に集中できない，教員の話が聞けずに授業が成立しないなど学級がうまく機能しない状況が見られる。」と，「気になる」子ども以外の「子どもの育ち」の問題を表している。

また，「子どもの育ち」の問題の要因の1つとして，文部科学省「子どもを

図15-2 母親が置かれている状況, 抱えているもの

取り巻く環境の変化を踏まえた今後の幼児教育の在り方について」(中間報告)[2]では「家庭」や「地域」の「教育力の低下」をあげており, それと同時に支援の必要性にも言及している。同様に2008 (平成20) 年, ともに改訂 (改定) された保育所保育指針や幼稚園教育要領の改訂 (改定) の背景でも, 家庭の育児力・教育力の変化・低下から保育士・幼稚園教諭による家庭・地域の子育て支援への取り組みの必要性について述べている。

「地域子育て支援センター」を利用している母親から寄せられた相談や, 日々の会話をイメージ化 (図15-2) したものをみると, 「家庭の育児力・教育力」にかかわる問題が具体的にわかるであろう。

このような「家庭の子育て」や「子どもの育ち」, また「地域の子育て」に対し, 保育所・幼稚園として具体的にどのような取り組みが必要なのだろうか。また, 取り組むためにどのような手段が考えられるのだろうか。

2.「連携」を通した「支援」

(1)「支援」とは

支援をする上で気をつけなければならないのは, ニーズの見極めである。見

極めが不適切だと，支援が「押しつけ」になったり「的外れ」になったりという危険があり，それがもとで保護者や子どもとの関係に問題が生じる場合も考えられる。適切なアセスメントのもとに考えていくことがニーズの見極めにつながっていく。

家庭の子育ての現状を知らないままの支援は，ともするとニーズではなく保育者の「価値観」や「思い」の押しつけになってしまい，うまくいかなかったり，保護者や子どもに拒絶されることにもなりかねない。うまくいかなければ保育者も「あの保護者はわかっていない」「あの子がいるとクラスがまとまらない」などという批判をしてしまう可能性があり，支援に取り組む前よりも悪い状況になってしまうことも考えられる。

このように，支援を考える上で適切なニーズの見極めや客観性の保持などの観点から，アセスメントは欠くことのできない手順の1つなのである。

(2)「子育て支援」に携わる機関

家庭の子育てや地域の子育て，そして変化してきている子ども，「気になる」子どもの支援を考えるにはアセスメントが必要であるが，保育所・幼稚園にはその手立てが少ない。少ない情報をもとに取り組んだとしても十分な支援ができないことは容易に予想できる。それではどうすればよいのか。

子どもや家庭にかかわる施設・機関は保育所・幼稚園だけではない。前出の**地域子育て支援センター**や**児童館**，**市町村保健センター**（**保健所**），**児童相談所**などかかわる機関は様々あり，専門分野やかかわる時期，寄り添い感など担っている部分も様々である。これらの施設・機関が連携していくことで，格段に家庭や地域の子育て支援に向かいやすくなり，「子どもの育ち」の変化にも対応しやすくなっていくと思われる。

(3)「連携」とは

「連携」を辞書で調べると「互いに連絡をとり，協力し合って物事を行うこと」とある[3]。保育所・幼稚園では，対応が難しく専門性が必要な（と思われる）問題があると，他機関（主に**児童相談所**や**発達支援センター**，保健師など）に連絡をとる場合がある。しかし，これは連携ではなく「困ったから専門機関に

連絡した」だけの一方通行の関係である。他機関との連携とはどのようなものかを具体的に考えていかなければ，今後も単なる相談で終わってしまいかねないと思われる。

(4)「連携」の前に

　他機関と連携をとるためには，他機関の担う分野や機能などを知る必要がある。そして，保育者自身や保育所・幼稚園が担う分野・機能も認識し，互いに補完関係がとれることが大切である。図15-3は，連携することで，家庭や地域の子育てや変化している子ども，「気になる」子どもなどへよりよい支援ができると思われる関係機関と，その機関が担う「子育て支援」にかかわる分野である。この図を参照しながら，保育所・幼稚園と他機関との連携を考えていく。

(5) 市町村保健センター（保健所）との「連携」

　子どもが生まれ，最初にかかわる専門機関は，市町村保健センター（保健所）

保健センター（保健師）	地域子育て支援センター	福祉事務所
・新生児期からの状況把握 ・乳幼児発達検査の状況把握 ・保護者の育児力などの情報（訪問などによる） ・専門的な立場からの支援	・育児サロンなどによる母子関係や子ども・保護者の状況把握 ・育児相談やサロンでの相談などによる保護者の抱える悩みなどの把握，支援	（福祉6法・3法にかかわる） ・保育所入所に関すること ・保育所利用に関すること 　　　　　　　　　　など

児童相談所 発達支援センター	保育所・幼稚園	児童デイサービス （母子・親子通園事業）
・専門的な立場からの支援 ・発達相談，支援 ・療育の場，レスパイトなど子育て資源の提供 ・虐待，養育代替（児相）	・集団の中での子どもの様子の把握，支援 ・子どもの発達状況の把握（乳幼児期から就学期まで） ・子どもの身体，情緒の状況把握 ・保護者の育児観，育児態度の把握	・療育の場の提供 ・発達に心配のある乳幼児の子育て支援 ・保護者の相互援助の場の提供

児童館・児童センター	小学校	児童発達支援センター
・利用している母子の状況把握 ・学区内の小学校の情報	・児童の教育に関すること ・特別支援教育に関すること	・療育の場の提供 ・レスパイト，ショートステイなど育児代替資源の提供

図15-3　連携の際の各機関の役割・もっている情報
（二重枠は保育者が勤務する可能性のある事業・施設）

の保健師である。新生児訪問，乳幼児健診など生後間もなくかかわる場面があり，育児に対し不安を抱えている母親にとって（産科医など医療機関を除けば）初めに支援を受ける機関となる。一人ひとりの母親と丁寧にかかわり，どのような不安を抱えているか，子どもの発達理解がどの程度かなど，支援の必要度を初めに把握する専門機関ともいえる。

　この時期に保育者が保健師とともに家庭とかかわるメリットは，保護者にとって「気軽さ」が加わることになる。保健師に対して母親は「こんなこと聞いたらだめな親って思われる」という気持ちをもつことが，地域子育て支援センターに来る母親との会話の中でも確認されている。「専門家として頼りにできる」と感じているからこそ「気安く聞けない」という敷居の高さがある。これに対して保育者へは「何でも聞ける」「遊びや絵本とか簡単なことにも答えてくれる」という気軽なイメージをもっているようで，保健師がその敷居の高さから得にくかった母親の些細な悩みも，保育者が同席することで得られる可能性が上がると思われる。このことから保健師と保育者が協働して訪問や乳幼児を抱える母親の支援にあたることが，家庭の子育て支援のきっかけとなるとも考えられる。また，地域の子育てに悩む人にとって保育所・幼稚園へ気軽に相談できることを知らせる意味も含まれ，保育者の子育て支援の足がかりとなる。

(6) 小学校との「連携」

　就学期の移行支援を考えると，小学校とは一番太いパイプでつながっていることが必要である。しかし，このことは誰しもがわかっていることだが，なかなか実現していないのが現状である。

　就学が近づいてくると「幼保小連絡会」などが開かれ，保育所・幼稚園から卒園していく子どもについて小学校と話をする場が設けられる。しかし，個人情報保護のこともあり伝えきれないことが多いため，「小1プロブレム」が親子ともに大きな課題となってしまったり，就学後に保護者が保育所・幼稚園に学校のことで相談に訪れたりということがある。

　日常的に保育者と教職員が互いに行き来して，それぞれの子どもの様子やクラス状況，学校の取り組みなどを理解し合い，子どもにも実際にかかわりをもつことで，「小1プロブレム」の緩衝になることや，移行支援に取り組みやす

くなることが考えられる。個人情報保護についても，互いに現場を行き来することで，伝達による情報の歪みや観察者の主観や意見が入らずに直視できることから，問題を回避できるというメリットも大きい。

(7) その他の機関

　その他の機関としては，発達に心配のある乳幼児が利用する児童デイサービス（母子・親子通園事業）があげられる。児童デイサービスは自治体によっては設置されていない場合もあるため，児童相談所（発達支援センター）の初期療育の場が代替となっていたり，保健センターに同様の場が設定されていることもある。児童デイサービスを利用している保護者は，保育所・幼稚園のいわゆる「健常児集団」から受ける刺激に期待している場合があり，受け入れ後に「保育」か「療育」かで，ズレが生じる場合がある。児童デイサービスと保育所・幼稚園で，その対応範囲やデイプログラム，支援方法などを確認することや保護者による見学，子どもの交流など，直接的な連携が必要となってくる。前出の個人情報保護に関しても直接的な連携を組むことによって同様に問題回避となり得る。

　また，就学に関して考えれば児童館との連携も必要と思われる。就学後の状況を知ることで，在園児とその家庭に対してよりよい支援ができることはもちろん，就学に際し児童館の情報を得ていることは保護者の「小1プロブレム」の低減や回避に役立つことが多い。児童館にとっても乳幼児への対応で保育所・幼稚園の対応を知ることや，就学児の情報を得ることは大きなメリットであり，就学後の対応がスムーズとなっていくことが予想される。

　児童相談所とは家族の抱える問題によっては迅速な連携が求められる。特に虐待を疑われる場合には，すみやかに各機関からの情報を取りまとめ連絡することが必要である（「児童虐待の防止等に関する法律」第6条）。

　地域子育て支援センターが保育所に併設されている場合は，連携に際し特に障害となる要素はない。しかし，自治体によっては設置地域が異なる場合や広域事業として位置づけられている場合もあり，定期的な連絡会などでの情報交換や共催イベントなどで実際に交流することも行う必要があると思われる。保育所・幼稚園で地域の子育てを支援するためには，各施設での宣伝活動のほか

支援センターによる宣伝効果も大きい。地域子育て支援センターでも，保育所・幼稚園とのつながりを示すことで，利用者の安心感につながったり，相談へ対応できる幅の広がりにつながることも大きなメリットである。

(8)「連携」の考え方
　このようなことからわかるように連携は相互補完関係が基本となり，共通した「困りごと」や「目的」が必要となる。一方が困っていても，もう一方が問題を感じていないと共感が難しく，単なる相談や連絡になってしまう。関係機関との連携は，単発ではなく継続した形で，かつ特別ではなく日常的でなければ目指すべき連携とはなり得ないのではないだろうか。

3. 特別（保育）支援コーディネーター

(1)「連携」することによる弊害
　「他機関との連携」を考えたとき，これまで保育所・幼稚園では主に施設長（園長・所長など）や主任がその役割を担ってきた。施設としてこれは当然のことといえる。しかし現在，保育所の場合は待機児童の問題から定員を超えた受け入れを行っていることや，「気になる」子どもや障害児の受け入れも増えてきていること，「気になる」保護者への対応や支援も多くなり，多様な取り組みを考えていくことが求められてきている。これは幼稚園でも同様である。
　一方で幼稚園でも少子化による入園数の低下から「気になる」子どもや障害児の受け入れを行う必要が出てきている。しかし，人員の確保や専門知識・経験の蓄えが少ないことが問題として考えられ，施設長や主任が「他機関との連携」の必要性を感じていても，多岐にわたる業務のほかにこれ以上のことに携わるのは難しい場合もあると思われる。

(2) 保育コーディネーターによる「支援」
　このように他機関との連携を強化し恒常化するには，既存の業務体系の中で施設長や主任が対応することに無理が生じてくる。が，他の誰もが代替できる業務ではなく，一定水準の知識と保護者対応などの経験のほか，様々な研修を

受けた人材であることが必要である。

　先んじて学校では「特別支援教育コーディネーター」の育成が行われ配置されてきており，幼稚園にも配置が拡大されてきている。仙台市のように保育所へ「特別（保育）支援コーディネーター（保育コーディネーター）」を導入・配置している自治体や民間保育所はまだ少ないが，今後拡大していくことが必要となってくると思われる。

　「特別支援教育コーディネーター」や「特別（保育）支援コーディネーター」という名称からわかるように，その業務は「特別支援」と「コーディネーション」に特化している。「特別支援」とは障害のみならず，「気になる」保護者など通常の支援では及ばないものであり，「コーディネーター（コーディネーション）」は施設内・外を問わずかかわる人・場・機関等との調整を図ることを示す。保育所・幼稚園内で何らかの支援を要する事態が起きた場合，状況の分析を施設長・主任とともに行い，その後の方向性が示されてからはコーディネーターが主にその業務にあたることとなる（図15-4）。

　コーディネーターの配置により，施設長・主任は運営面や通常支援，職員の指導・監督等に専念できるようになる。他の職員も保育コーディネーターによる問題の分析やカンファレンスなど問題解決の場の調整，他機関との連携による視野の広がり，日常的に子どもや保護者への「指導」ではなく「支援」の視

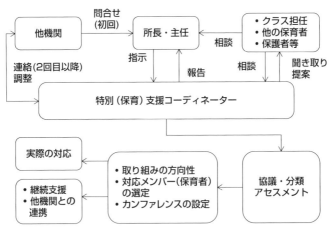

図15-4　特別（保育）支援コーディネーターの動き（イメージ）

点がもてるようになっていくというメリットが具体的にあげられる。もちろん外部の関係機関との連携をとるためには自己の評価・分析も明確にする必要があるため，保育者の資質向上も期待できる。

　本来支援に「特別」も「通常」も区別はなく，必要な人に必要な支援をするだけのことだが，連携が叫ばれながらもなかなか実現に至っていない現状を考え，まずは一人ひとりの役割を明確にし，他機関と共通認識できるところから取り組んでいくことが必要と思われる。

(3) 保育者のコンピテンシー

　これまで保育者は，支援の必要性を感じながらもその機会が得られなかったり方法がわからなかったり，他機関に「つなげること」ばかりにベクトルを向けていることが多かった。しかし，今後は保育コーディネーターや同様の役割を担う保育者を核として，日常的に必要な機関と必要な連携をとり，家庭や地域の子ども・保護者への支援へ取り組んでいくことが求められていくと思われる。保育者がクラス運営だけを考え，保育者全員が同じ仕事を「公平に」「平均的に」する時代から（アベレージパフォーマー），保育者一人ひとりが自分の特化した能力を発揮し（ハイパフォーマー），施設として総合的な支援にあたる時代へ，「保育者集団の総合力による支援」へと変わっていくことが必要とされる時代となってきている。子育て支援に限らず，一人ひとりの保育者がそれぞれの得意分野で「ハイパフォーマー」となり施設を牽引していくことが，結果的に施設全体の総合力の向上につながっていくのである。

■引用文献

1) 文部科学省（2005）子どもを取り巻く環境の変化を踏まえた今後の幼児教育の在り方について（答申）第1章第4節　子どもの育ちの現状，http://www.mext.go.jp/b_menu/shingi/chukyo/chukyo0/toushin/05013102/002.htm
2) 文部科学省（2004）子どもを取り巻く環境の変化を踏まえた今後の幼児教育の在り方について（中間報告）のイメージ図，http://www.mext.go.jp/b_menu/shingi/chukyo/chukyo0/toushin/04102701.htm，http://www.mext.go.jp/b_menu/shingi/chukyo/chukyo0/toushin/04102701/pdf/001.pdf
3) 新村出編（2008）広辞苑第6版，岩波書店

第Ⅱ部 保育実践編 Ⅱ-Ⅱ 保育の場における支援の実際

第16章
親子関係の発達と支援の実際

　保育所保育指針や幼稚園教育要領が明記しているように，保育を通して子どもの発達を支援する上で，家庭との連携は極めて重要な課題となる。また，家庭との連携を円滑に行うには，家庭での親子の関係を理解し，必要に応じて適切な支援を行うことが求められる。本章では，親子関係の発達について乳幼児期を中心に解説し，保護者に対する支援事例を紹介することを目的とする（紹介する事例は，いずれも実際ものではなく，一部脚色したモデルとなる事例である）。

1．親子関係の発達

(1) 親子関係のはじまり

　親子関係のはじまりとなる社会的相互交渉は，子どもの出生後，極めて早い段階から観察することができる。例えば，そのひとつが，原初模倣（共鳴動作）である。これは，生後数日の新生児が，相手の口の開け閉めや，舌を突き出す行動を模倣する行動をいう（図16－1参照）[1]。

　原初模倣は，新生児が意図的に自らの表情をつくっているわけではないことから，真の意味での社会的相互交渉ではない。しかし，日常の育児場面で，原初模倣に近い現象が起きたならば，親は，新生児が何らかのかかわりを求めて，そのような表情をしていると知覚するであろう（例えば，「目を見開くような表情は好奇心の表れ」と知覚する）。このような親の知覚は，新生児の微笑に対する彼らの反応にも表れる。新生児は，生理的状態に対する反応として微笑したり，親と目が合ったときに反射的に微笑することがある。親は，その微笑を新生児の快の感情，親しみの感情の表れと知覚し，笑顔や優しい声で反応す

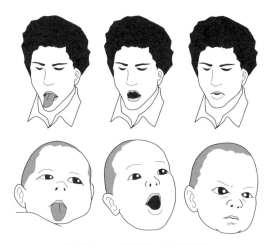

図16-1　新生児の原初模倣
Meltzoff & Moore（1977）[1] を参考に作成

るのである。

このような新生児と親のかかわりは，親子間の社会的相互交渉の原型であり，情緒の共有化の原型でもある。ニューソン（Newson, J.）が，「人間の赤ん坊は，既に人であるかのように扱われることによって，人となる」[2] と言っているように，乳児は，この原初的な社会的相互交渉を出発点としながら，親子関係の基礎を築いていく。

（2）愛着の発達

上述のように，新生児期からはじまる乳児と親の社会的相互交渉は，月齢が進むにつれ，ますます活発なものになる。例えば，生後3か月頃になると，乳児は，親の顔を見つめて微笑んだり（社会的微笑），喃語で話しかけたりする。また，親も，乳児の行動に笑顔で応じ，話しかけたり抱き上げたりする。このような過

図16-2　ストレンジ・シチュエーションの実験場面
Ainsworth, et al.（1978）[4]，McIlveen & Gross（1998）[5] を参考に作成

表16-1 ストレンジ・シチュエーションの8つのエピソード

エピソード	登場人物	時間	状況の概要
1	母・子ども・実験者	30秒	実験者が母子を実験室に導き退出する。
2	母・子ども	3分	子どもが探索行動をしている間、母親は働きかけない。必要ならば、2分経過後、遊びが促される。
3	ストレンジャー（初対面の女性）・母・子ども	3分	ストレンジャーが入室する。最初の1分は黙っている。2分目、母親と会話する。3分目、子どもに働きかける。3分経過後、母親はそっと退出する。
4	ストレンジャー・子ども	3分あるいはそれ以下＊	1回目の分離エピソード。ストレンジャーは、子どもに合わせて行動する。
5	母・子ども	3分あるいはそれ以上＊＊	1回目の母との再会エピソード。母親は子どもを歓迎し、安心させて、再び遊べるように励ます。そして、母親はバイバイと言いながら退出する。
6	子ども	3分あるいはそれ以下	2回目の分離エピソード
7	ストレンジャー・子ども	3分あるいはそれ以下	ストレンジャーが入室し、子どもに合わせて行動する。
8	母・子ども	3分	2回目の母との再会エピソード。母親は、子どもを歓迎し、抱き上げる。ストレンジャーはそっと退出する。

＊子どもがひどく泣く場合は短くする。
＊＊子どもが遊びはじめるまでに時間がかかる場合は、延長する。

Ainsworth, et al. (1978)[4] より

程を通して、乳児と親は、互いに親密で継続的な情緒的絆、すなわち、**愛着**（attachment）を形成していく[3]。

この親子間の愛着の質を、客観的に測定しようとしたのが、エインズワース（Ainsworth, M.D.S.）ら[4]である。彼女らが開発した方法は、ストレンジ・シチュエーション（strange situation）とよばれるもので、その実験室場面を図16-2に示す。また、その実験手続きを表16-1に示す。

この実験で、被験者となるのは、1歳前後の子どもとその母親であるが、母親との分離、再会時の子どもの行動に基づき、愛着の質は、次の3つに分類さ

れる。
① Aタイプ（不安-回避）：母親の存在に，ほとんど無関心である。母親が部屋を出て行ったことでの混乱はほとんどなく，戻ってきても母親を回避しようとする。
② Bタイプ（安定-愛着）：母親がいる間は，見知らぬ実験者がいるかどうかにかかわらず楽しく遊んでいる。しかし，母親がいなくなると活動は低下し，ぐずったり泣いたりする。母親が戻ると，母親を求め，気持ちを落ち着かせる。そして，遊びを再開する。
③ Cタイプ（不安-抵抗）：母親が部屋を出て行くと，強い不安を示す。母親が戻ってくると，母親を求める一方で，怒りを表したり，抵抗したりする。

このエインズワースの愛着の測定法を用いたいくつかの研究は，1歳～1歳6か月頃に測定された愛着の質が，幼児期の社会適応の良否を予測することを明らかにしている。例えば，1歳の時に安定した愛着を形成していた子どもは，5歳の年齢において，課題を与えられると自信をもって熱心に取り組み，友だち関係においては共感的で社交的であること[6]，また攻撃行動などの問題行動が少ないこと[7]などが報告されている。

これらの結果は，乳児期に形成される安定した愛着が，その後の心理社会的発達に重要な役割を果たすことを主張したボウルビィ（Bowlby, J.）の理論を裏付けるものである。

(3) 親子関係の発達に影響を与える要因

上述の愛着の形成に限らず，親子関係の発達には，子どもの要因，親の要因，そして親子を取り巻く社会文化的要因など，多様な要因が関与している。本項では，これらの要因において，まず保育者が把握すべき基本的な要因について解説する。

まず，子どもの要因として，親の育児行動に影響を及ぼし，幼児期以降の子どもの社会適応にも影響を与えるのが，**気質**である。気質とは，情動，運動，注意などの領域で観察される反応性や自己調整の個人差として定義され[8]，活動水準，規則性，接近・回避傾向，順応性，敏感性，反応の強さ，気分の質な

どのカテゴリーにより類型化される[9]。例えば，反応が強く，不規則で，慣れにくく，しり込みし，不機嫌な子どもは，気質的に「扱いが難しいこと子ども」と類型化されるが，これらの子どもの母親は，育児ストレスが高く，抑うつ傾向を示すことが知られている。また，最近は，子どもの気質と父親の抑うつ傾向との関連を示唆する研究も散見される[10]。さらに，気質的に「扱いが難しい子ども」に対して，親が，叱責，無視，過干渉などの対応を継続的に行った場合，幼児期以降，攻撃行動や不従順などのより扱いにくい行動が顕在化することが示されている[11]。

一方，親の要因として，親子関係への影響が危惧されるのがうつ状態であり，頻度が高いのが産後に出現するうつである。その症状は，いらだち，自信の喪失，罪悪感，集中力の低下，混乱，性に関する興味の喪失に特徴づけられ[12]，8%〜25%の母親で観察されると言われている[13]。このようなうつ状態は，親にとって苦痛なだけでなく，育児や家庭生活に悪影響を及ぼし，長期化する場合には，子どもの発達にも影響する[14]。また，この時期は，うつ病の好発時期でもあることから[15]，早期にアセスメントすることが重要である。また，最近では，父親のうつもこの時期の発症率が著しく高いことが報告されており（ポールソンら）[16]，産後のうつは，母親だけの問題ではない（ポールソンらの調査では，産後の母親のうつは14%，父親のうつは10%）。

また，これらの親のうつは，夫婦関係の不調和と関係していることが少なくない[17]。初めての子どもの誕生は，夫婦に，親としての新しい役割と責任を課すことになるが，夫婦がそれらの役割を民主的に調整できない場合，夫婦の間に葛藤が生じ，産後，精神的に脆弱な母親は，うつ状態に陥りやすい。このような状態が長期化した場合の子どもへの影響は，上述のとおりである。また，親がうつ状態でない場合でも，夫婦の不和は，育児における協力関係を阻害することから，子どもの発達に影響を与える場合がある。したがって，夫婦の不和は，子どもにとって大きなリスク要因となる。

その他，親子関係に影響を与える要因として，子どもの年齢，出生順位，性別，子どもがもつ発達上の問題，あるいは親の被養育経験などがある[18]。これらの要因が親子関係へ与える具体的な影響については，次節の事例の中で触れることとする。

2. 保育現場の支援事例

(1) 子どもの自我の芽生えに戸惑う親

> 近くのスーパーに2歳になる息子と歩いていたところ，その途中にあるコンビニの前で，突然，子どもが「アイス，アイス」と叫んで歩かなくなりました。確かに，以前，そのコンビニでアイスクリームを買って食べさせたことがありましたが，今までは何もなく，このコンビニの前を通り過ぎていました。とても聞き分けのよい，おとなしい子どもだったのですが，今日の変貌ぶりに驚きました。今後，どうしたらよいのでしょうか。

この相談は，保育所の子育て支援センターを利用している保護者からの相談の一例である。2歳前後の子どもの保護者から寄せられる典型的な相談であり，初めてともいえる子どもの反抗に戸惑う親の心理がよく表わされている。

この戸惑いの背景にある主たる要因は，親に依存した状態から，個としての自立に向けて自己主張を始めた第1次反抗期の子どもの姿である。子どもの自立は，幼児期の第1次反抗期にはじまり，児童期の子どもの社会的世界の拡大，思春期の第2次反抗期，青年期の就職，その後の経済的自立と結婚など，何回もの転換期をもち，その都度，新しい親子関係の在り方が問われることとなる[18]。子どもだけでなく，親もまた，これらの事態に適応できるよう，親としての発達が求められているのである。

また，この事例のような相談の背景には，現在のわが国の少子化の進行と，育児の密室化などの社会文化的要因がある。すでに少子化の中で育った若い親世代は，家庭や地域の中で子育ての過程を学ぶ機会を失い，社会的に孤立した中で育児を強いられている。

したがって，保育者として，この事例に対応するためには，単なる育児知識の提供だけでなく，保育所や幼稚園という子育て支援の場に，親子の居場所を提供し，地域のソーシャルサポートの資源として継続的なかかわりをもつ必要がある。また，親がうつ状態にあるときには，関係機関（例えば，保健センターなど）と連携し，時には出前型の育児支援のように，家庭に出向く積極性も求

められる。

(2) 入園後の子どもの姿に戸惑う親

> この春に3年保育の幼稚園に入園した娘に関する相談です。幼稚園に入園して1か月が経ちましたが，最近，「～ちゃんにいじわるされた」，「～くんに叩かれた」と訴えることが多くなりました。登園を嫌がるといった様子はみられませんが，心配で仕方がありません。このまま様子をみていたらよろしいのでしょうか？

　このような相談は，新入園児の親からよくある相談である。入園後，1か月が経過し，子ども同士のかかわりが深まる中で互いの思いが伝わらず，ちょっとしたトラブルが増えた結果と考えられる。保育者としては，この女児と他の園児の間に一方的な人間関係がないか，あるいはこの女児の気質的特徴などを確認した上で，親に対して，この時期の子どもたちの遊びや仲間関係の発達について説明し（本書の第17章，第18章を参照のこと），園での生活がむしろ順調であることを伝え，安心させる必要がある。

　この事例にみるように，子どもたちは，ほぼ毎日，園での生活の様子を親に伝えている[19]。そこで交わされる会話の主な内容は，園での仲間関係や遊びの様子についてである。また，その様子は，幼児期の自己中心性という特徴から，やや誇張した内容で親にと伝わる場合がある（例えば，「…ちゃんに，いつもいじわるされる」，「…ちゃんに，百回も叩かれた」など）。

　第2子，第3子の親であれば，子どものことばを冷静に受け止め，仲間との遊びについて適切にアドバイスを行うこともできるであろう。しかし，第1子の親の場合，子どものことばに振り回され，過剰に心配をしたり，過剰に干渉をしたりすることも少なくない（例えば，毎日のように，「きょうはうまく遊べた？」，「お友だちはできた？」などと子どもに尋ねる）。

　したがって，年度当初のクラス懇談会の際などに，子どもの園生活にある程度見通しがもてるよう，親に対して，この時期の子どもの発達について丁寧に説明しておくことが望まれる。また，親の不安を軽減するには，お便り帳や送迎の時間などを利用して，子どもの園生活の広がりやその成長の様子を，エピソードとしてわかりやすく紹介することも効果的である。

(3) 子どもが発達障害と言われたことに戸惑う親

> 4歳の息子に関する相談です。夏休み前に行われた個別面談で，担任から，「お子さんはかなり多動で，4月以降，他のお子さんにけがをさせるような場面も多々ありました。発達に心配なところがありますので，夏休み中に，専門機関を受診していただけないでしょうか」と言われました。家庭では，それほど多動な様子はみられず，男の子は腕白なものだと心配していませんでした。担任のことばは大変ショックであり，今後，親としてどうしたらよいのかわからなくなりました。

　保育者が，一番気になるタイプの子どもが，この事例にみられるような，多動で他児とのトラブルが絶えない子どもである。衝動性が高く，すぐ手が出たり，物を投げたりするために，他児がけがをすることも少なくない。そうすると，保育者も焦りはじめ，親に子どもの園での姿（どちらかというとネガティブな側面）を伝え，親の気づきを促そうとする。しかし，親と保育者の間で，十分な信頼関係が築かれていない場合，親は保育者の声に耳をかさず，逆に，保育者に対して不信感を抱いてしまう場合がある。

　このような事例で，保育者がまず理解すべきことは，発達障害のような行動は，集団の中で顕在化してくるケースが多く，家庭では気づかれないまま入園に至ることも少なくないことである。したがって，親に対して，専門機関への受診を安易に勧めることには慎重でなくてはならない。むしろ，保育者として誠実に対応することを通して親との間に信頼関係を築き，その上で，子どもの園の姿について徐々に理解してもらうことが必要である。

　通常，親は，保育参観や運動会などの行事に参加する中で，わが子の行動と周囲の子どもの行動の違いに気づき，ショックを受けたり不安を抱いたりする。そのような機会をとらえ，親の思いに共感し，今後どのように対応すべきかについて，親と一緒に考える雰囲気づくりを行うことが重要である。また，「気になる」子どもの発達は十人十色であり，集団の生活を通して気になる行動が徐々に改善するケースもあれば，その持ち味への対処が一層困難になるケースもある。このような「気になる」子どもへの対応は，決して焦らず，園全体として対応し，時には専門家のスーパーバイズを求めることも必要である。

(4) 自分自身の育児に戸惑う親

> 　私の育児について相談です。今，5歳の息子と2歳の娘が保育所でお世話になっていますが，上の息子に対して，ときどき自分でも抑えきれない怒りを感じ，すごい形相で感情的に叱ってしまいます。娘の方が，手のかかる時期ですが，娘に対しては，そのような怒りは感じません。このことを夫に相談しているうちに，自分自身の育てられ方に問題があったのではと思うようになりました。私には，2歳上の兄がいましたが，勉強もできる兄で，両親もとても期待していました。兄には家庭教師を付け，そして兄は有名大学に入りました。それに比べると，私は勉強もそれほど得意ではなく，親から期待されることも，ほめられることもほとんどありませんでした。そのような兄を，子どもながらに嫉妬し憎んでいました。そのような私の育ちが，今，息子への怒りにつながっているのではないでしょうか。

　第1子に特異的に向けられる怒りの原因が，すべて母親の解釈どおりではないにしても，母親の育てられ方，すなわち**被養育経験**が，その親子関係に影響している可能性は否定できない。このような現象について，ボウルビィ[3]と彼に続く愛着の理論家たちは[20)21)]，以下のように説明している。すなわち，子どもは，初期の親子関係，とくに抑うつ的な情動を味わった際の親子関係を通して，「自分を愛してくれる親」，「自分は愛されるに足る存在」という表象（**内的ワーキングモデル**）を形成する。この表象は，その後の人間関係，ひいては自分が親になった際の子どもとの関係にも影響を及ぼすと説明するのである。
　したがって，愛着の理論によれば，この事例の母親の内的ワーキングモデル（「親は兄と比較して私を愛していない」，「自分は兄に比較して愛される存在ではない」）が，息子との間の関係に機能不全をもたらしていると仮定される。しかし，この事例において救われる点は，母親自身がその内的ワーキングモデルに気づいていること，夫が妻の話をしっかり受け止めていることである。保育者の支援としてできることは，夫と同様に母親の話をしっかり受け止めること（例えば，「お母さんの思い過ごしですよ」と言って，母親の話を早々に否定しない），保育所の送迎の際，母親が第1子に示す温かみのある言動をほめることである。ただし，母親が第1子を叱りつける様子が保育所でもしばしば観察され，第1子が情動的に不安定で母親の顔色をうかがうような姿を見せる

場合には，専門機関との連携が必要になると考えられる。

(5) 虐待が疑われる親への対応について（保育者からの相談）

> 保育所に入所している4歳児と10か月児の親に関する相談です。両親とも20代前半と若く，母親は離婚歴があり，第1子は離婚した夫，第2子は現在の夫との間の子どもです。保育所への送迎は，主に母親が担当していますが，いつも第1子の男児を，母親が怒鳴りつけているのが気になります。また，第2子の女児への接し方には温かみを感じますが，その育児の仕方には心配なところがあります（夜遅くスーパーに連れて行く，不適切な離乳食など）。保育所として，今後，どのように支援をしたらよいでしょうか。

　この事例は，保育所のスーパーバイザーに寄せられた保育者からの相談である。このような事例の場合，まず，家庭の状況を確認する必要がある。家庭での育児の状況，親の就労，経済状況，祖父母などの支援の有無，近隣との関係などである。また，この事例は，育児の不適切さが目立つことから，育児の適切さについてアセスメントを行う必要がある。アセスメントの項目を表16-2に示す。

　この家族は，母親の母方の自営業を営む実家の近くに住んでおり，母親は日中，実家の仕事を手伝い，父親は建設業の仕事に就いている。経済的には困った様子はみられず，夫婦仲もよく，休日にはよく家族で出かけているようである。したがって，家族を取り巻く環境は，比較的良好といえる。しかし，表16-2に沿って親の育児行動をチェックすると，不適切さが目立つ。例えば，「子どもの身体的ニーズに応えることができているか？」を判断する具体的な育児行動には，「子どもの体調の変化を理解し，場合によっては休息を取ったり，小児科を受診したりする」，「天候にあわせた服装をする」，「就寝時刻が遅くならないように配慮する」，「朝食を抜くことはない」などが考えられるが，これらの項目は，いずれも「いいえ」と回答せざるを得ない状況である（「夜遅くまで親の都合で子どもを連れまわす」，「第1子の服装は，梅雨時の肌寒い日でもTシャツ1枚」，「両親ともに朝食をあまり食べない習慣らしく，子どもも欠食している時もあるようだ」）。したがって，ネグレクトに近い状況である。

　この事例の場合，母方の祖父母が近所に住んでいるため，祖父母の協力を得

表16-2 育児の適切さのアセスメント項目

- □ 子どもの身体的ニーズに応えることができているか？
- □ 子どもの情緒的ニーズに応えることができているか？
- □ 子どもの情緒的ケアには温かみがあるか？
- □ 危険なことから，子どもをどのように守っているか？
- □ 安定して落ち着いた環境を，子どもに提供しているか？
- □ 親子の間にはどのようなレベルの愛着が形成されているか？
- □ 子どもの難しい行動にどのように対応しているか？
- □ 子どもを効果的にほめたり，しかったりしているか？
- □ 育児に必要な基本的な知識やスキルを有しているか？
- □ 子どもの前で，子どもを嫌うような言動をするか？
- □ 無難に育児をするだけの心身のエネルギーがあるか？
- □ 育児に影響を与えるような夫婦関係の問題があるか？

Fowler（2003）[22]より引用，一部改変

ることができると考えられる。また，母親は，若い保育者のことは嫌っているようだが，ベテランの保育者は母親のように信頼しており，素直にアドバイスを受ける場面もみられる。したがって，保育所での第1子の様子を注意深く観察しながら，保育所内外のキーパーソンを通して，乳幼児期の適切な育児について少しずつ学んでもらうことをねらいとして支援計画を立てることが望ましいと考えられる。しかし，子どもに身体的虐待の兆候がみられたり，事例（4）でも記したように，子どもが母親の顔色をうかがったり，情動的に不安定となっている場合は，専門機関との連携が必要である。

● 演 習 課 題 ●

1. 男児と女児，あるいは第1子と第2子では，親の育児の仕方にどのような違いがあるでしょうか。
2. わが国の離婚件数は，近年どのように変化しているでしょうか。また，親の離婚が，子どもの発達にどのような影響を与えると考えられますか。
3. 表16-2の「子どもの情緒的ニーズに応えることができているか？」について，具体的にはどのような行動が考えられるでしょうか。

■引用文献

1) Meltzoff, A.N. & Moore, M.K. (1977) Imitation of facial and manual gestures by human neonates. Science, 198, pp.75-78
2) Newson, J. (1979) Intentional behaviour in the young infant. In Schaffer, D. & Dunn, J. (Eds)：The first year of life, Chichester, Wiley
3) Bowlby, J. (1969) Attachment and loss, vol.1：Attachment. London, Hogarth.（Bowlby, J. 黒田実郎ほか訳（1976）母子関係の理論―愛着行動，岩崎学術出版社
4) Ainsworth, M.D.S., Blehar, M.C., Waters, E. & Wall, S. (1978) Patterns of attachment：A psychological study of the strange situation. Hillsdale, NJ, Erlbaum
5) Mcllveen, R. &Gross, R. (1998) Developmental Psychology. London, Hodder & Stoughton
6) Sroufe, L.A., Fox, N.E. & Pancake, V.R. (1983) Attachment and dependency in developmental perspective. Child Development, 54, pp.1615-1627
7) Lyons-Ruth, K., Alpern, L. & Repacholi, B. (1993) Disorganized infant attachment classification and maternal psychosocial problems as predictors of hostile-aggressive behavior in the preschool classroom. Child Development, 64, pp.572-585
8) Rothbart, M.K., Ellis, L.K. & Posner, M.I. (2004) Temperament and self-regulation. In Baumeister, R.F. & Vohs, K.D. (Eds.), Handbook of self-regulation：Research theory and applications , pp.283-300, New York, Guilford Press
9) Thomas, A., Chess, S., Birch, H., Hertzig, H., Korn, S. (1963) Behavioral individuality in early childhood, New York, University Press
10) Shreya, D., Irwin, N., Lorraine, S., & Rob, S. (2005) The association of paternal mood and infant temperament：A pilot study. British Journal of Developmental Psychology, 23, pp.609-621
11) Hanington, L., Ramchandani, P., & Stein, A. (2010) Parental depression and child temperament：Assessing child to parent effects in a longitudinal population study. Infant Behavior & Development, 3, pp.88-95
12) 平島奈津子（2006）健康なうつと治療が必要なうつ．こころの科学（宮岡編：うつに気づく）125，pp.16-23
13) O'Hara, M.W. & Swain, A.M. (1996) Rates and risk of postpartum depression：a meta-analysis. International Review of Psychiatry, 8, pp.37-54

14) Lovejoy, M.C. et al. (2000) Maternal depression and parenting behavior : a meta-analytic review. Clinical Psychology Review, 37, pp.1134-1141
15) Cooper, P.J. & Murray, L (1995) Course and recurrence of postnatal depression : Evidence for the specificity of the diagnostic concept. British Journal of Psychiatry, 166, pp.191-195
16) Paulson, J.F. et al. (2006) Individual and combined effects of postpartum depression in mothers and fathers on parenting behavior. Pediatrics, 118, pp.659-668
17) Linville, D., et al. (2010) A longitudinal analysis of parenting practices, couple satisfaction, and child behavior problems. Journal of Marital and Family Therapy, 36, pp.244-255
18) 小嶋秀夫（1996）親となる家庭の理解．武谷雄二・前原澄子編集：母性の心理・社会学，pp.88-125，医学書院
19) 小松孝至（2000）幼稚園での経験に関する母子の会話に対する母親の意義付けと働きかけの認知．教育心理学研究，48，pp.481-490
20) Slade, A., Cohen, LJ. (1995) The process of parenting and the remembrance of things past. Infant Mental Health Journal, 17, pp.217-238
21) van IJzendoorn, M.H., Juffer, F., Duyvesteyn, M.G.C. (1995) Breaking the intergenerational cycle of insecure attachment : A review of the effects of attachment-based interventions on maternal sensitivity and infant security. Journal of Child Psychology and Psychiatry, 36, pp.225-248
22) Fowler, J. (2003) A practitioner's tool for child protection and the assessment of parents. London, Jessica Kingsley Publishers

第Ⅱ部 保育実践編 Ⅱ-Ⅱ 保育の場における支援の実際

第17章
仲間関係の発達と支援の実際

1. 仲間関係とは

(1) 保育所保育指針と幼稚園教育要領からとらえる仲間関係

　2008 (平成20) 年に保育所保育指針及び幼稚園教育要領が改訂 (改定) された。とりわけ保育所保育指針は告示化され，今までのようなガイドラインではなく，「規範性を有する基準」としての性格をもつこととなった。改訂 (改定) 後の保育所保育指針及び幼稚園教育要領では，これまで以上に質の高い保育が求められている。それは，子どもの発達過程を十分理解した上で，計画的に見通しをもって保育をするということである。そして子どもの発達の過程には，他者との関係がなくてはならない。特に保育所や幼稚園であれば，仲間との関係がとても重要になってくる。本章では，幼児期の仲間関係を保育所や幼稚園という場からとらえる。また仲間とのかかわりに焦点をあてた支援のあり方についても考えてみたい。

(2) 仲間関係の成り立ち

　仲間 (peer) とは，同じ興味・関心によって，共通の行動をとる同世代の他人のことをいう。私たちは仲間との関係を通して様々なことを学ぶ。とりわけ子ども時代の仲間関係は，子どもたちの発達に多大な影響を及ぼし，また後の仲間関係及び広く対人関係の基礎になるとも考えられている。

　乳幼児の仲間関係に関する初期の研究の起源は1930年代に求めることができる。この時期の研究では，子どもたちの初期の行動は玩具の取り合いといった否定的な行動であって，年齢があがるにつれて社会的な行動をするようにな

るという考えのもとに研究が進められていた。その後1970年代になると「子ども同士の肯定的な相互作用」に着目するようになった[1]。また，母子関係と仲間関係の関連についても検討され，母子関係が仲間関係に影響を及ぼすという一方向的な考えから，それぞれが別の機能をもち，互いに影響し合っているという考えに変化していったのである。

今日では，特別な支援を必要とする子どもや，知的な遅れはないが他児とのトラブルが多い，集団活動ができないといった，いわゆる「気になる」子どもへの支援の必要性が高まり，様々なアプローチが行われている。

2．仲間関係の発達

(1) 乳児期及び幼児期前期の仲間関係

子どもはかなり早い時期から他児に興味を示すようになる。まず生後2か月頃になれば他児を見るという行為がはじまる。3，4か月頃には他児に向かって手を伸ばす，他児に触ろうとする等の行為が出現する。生後6か月くらいではかなりの社会的な能力をもっており，相手のおもちゃを取るといった行動もみられるようになる。さらに9か月を過ぎる頃には，他者の注意に視線を合わせる共同注意ができるようになり，他者の意図と自分の意図を共有するようになる。しかしながら2歳ぐらいまでは子どもだけの集団というよりも，大人が仲介しながらの仲間関係が優位であり，またおもちゃのようなモノの存在により逆に人とのやりとりが不可能になる場合も多くみられる。

(2) 幼児期後期の仲間関係
1) 社会へ参加する手段としての遊び

幼児期に入ると，保育所や幼稚園で過ごす子どもたちが多くなる。日本の5歳児の就学前教育（保育）の普及率は90％以上である。そのため，ほとんどの子どもたちが小学校に就学する前に同年齢の集団生活を経験しているといってよいであろう。また図17-1をみてもわかるように，親と過ごす時間が徐々に減少し，かわりに仲間と過ごす時間が徐々に増加していく時期でもある[2]。

そして幼児期の子どもたちは遊びを通して仲間との関係を深めていくのであ

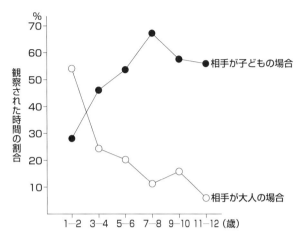

図 17-1　遊び相手が大人の場合と子どもの場合の発達的変化
Ellis, S., Rogoff, B., & Cromer, C.C. (1981)[2], p.403 より作成

表 17-1　パーテンの社会的参加方略

形	内容
何もしていない行動	遊んではいないが興味のあることを見る，また興味のあるものがなければ，自分の身体を触ったり，椅子に座ったり，椅子から降りたり，周囲を回ったりする。
傍観遊び	ほとんどの時間，遊んでいる他児を見ていて，時々その他児に質問をするが遊びには入らない。特定の子どもの遊びに注意を向けている点で，「何もしていない行動」とは区別される。
一人（独り）遊び	一人で近くのおもちゃを使用し遊ぶ。自分の遊びに熱中し，近くにいる子どもと一緒に何かをしようとはしない。
並行（平行）遊び	独立し遊ぶが，活動は周囲の他児によってもたらされ，周りの他児が使っている遊具で遊ぶが自分の思った通りに使用し，他児と活動を共有しようとはしない。そばで遊んでいるのがどのような子どもでも気にしない。
連合遊び	他の子どもと一緒に遊ぶ。集団内の興味や関心によって活動が行われ，全員で一緒の遊びが展開される。他の子どもと活動に関する会話をする。役割分担などはみられない。
協同遊び	最も高度な組織化された遊びであり，協力して何かをつくるといった遊びや，役割や目標をもった遊びが展開される。

Parten, B.M. (1932)[3] をもとに筆者が作成

るが，パーテン（Parten, M.）は仲間との遊び形態の発達的変化に着目し，幼児期における社会的参加方略の発達的変化を述べた。パーテンによると，まず興味のあることを見たり，自分の周囲をぶらぶらしたりする「何もしていない行動（unoccupied behavior）」が出現する。その後は「傍観遊び（onlooker activity）」，「一人（独り）遊び（solitary play）」，「並行（平行）遊び（parallel play）」が出現する。さらに，集団内の興味や関心によって活動が行われ，全員で一緒の遊びが展開される「連合遊び（associate play）」，そして最も高度な組織化された遊びであり，役割や目標をもった「協同遊び（cooperative play）」といった遊びが展開される（表17-1）[3]。また協同遊びがみられるようになると，幼児は他の方略も同時に使用しながら集団への参加を工夫するようになる。このようにして子どもは仲間と遊ぶことを通して社会の一員となっていくのである。

子どもにとっての「遊び」は「学び」である。子どもたちは遊びを通して，仲間との関係を深め，社会の一員となることを学ぶのである。

2）いざこざ

いざこざは否定的な行動（叩く，蹴る，壊す等）を伴うことが多く，一見すると困ったこととしてとらえられることが多い。しかし，子どもたちは仲間とのいざこざを通しても多くのことを学ぶのである。

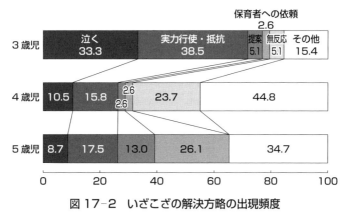

図17-2　いざこざの解決方略の出現頻度

荒木（2009）[5]をもとに筆者が作成

斉藤らによれば，幼児期のいざこざの原因は，①物や場所等の占有に関するもの，②非難や拒絶といった不快な働きかけによるもの，③他児の行動や自己と他者の意図・意見のずれに関するものに大きく分けられる[4]。またいざこざの解決方略をみてみると，3歳児では「泣く」「実力行使」といった方略が多く，5歳児になると「保育者へ依頼」「提案」といった方略が多くみられるようになる[5]。年齢が高くなるにつれ，一方的な解決方略から，第三者の介入を求めたり，意見を出したりといった相互交渉的行動が増加し，いざこざに対して否定的行動で対応するだけではなく，いざこざを何とか解決しようとする姿がみられるようになる。子どもたちにとってのいざこざは，単なるもめごとではなく，課題解決の場や，対人的相互交渉の場といった学びの場になるのである。

(3) 保育の場における仲間関係の役割

斉藤らは幼児期の子どもたちが仲間との遊びやいざこざを通して以下のようなことを学ぶと述べている。表17-2は仲間関係の役割を表にまとめたものである。まず他者の意図や情緒といったことに気づく①他者理解・共感を学ぶ。次に年齢や性別，性格特性，社会的地位に関するカテゴリーなどの②社会的カテゴリーの理解を与えてくれる。そして仲間との相互交渉の中で集団生活を行うための規則を理解するといった③社会的規則の理解。また仲間との交渉は大人との交渉に比べより多くのスキルや知識が求められるため，④コミュニケーション能力が高まる。最後に自分の思ったことをそのまま行動に移すのではなく，いったん抑えて客観的に外からとらえ直す⑤自己統制能力を学ぶ[4]。

乳幼児期の仲間関係は，それ以降の仲間関係や社会性の基礎を培うために，とても重要な役割を担う。少子化が指摘されている現代では，きょうだいをもたない子ども，いわゆるひとりっ子の家庭も多くみられる。ひとりっ子は，家庭の中で子ども同士の関係を経験することができないため，大人とはうまく付き合うことができても，同年齢の子どもとはうまく付き合えないと考えられてしまう。また家庭で多様な人間関係を経験できないため，ひとりっ子は保育所や幼稚園といった集団活動の場面で協調性がないとも考えられてしまう[6]。仲間関係ときょうだい関係との関連についてはあまり明確ではないものの[7]，少子化や家庭での子育て力の低下等が指摘されていることや，日本の子どもたち

表 17 − 2　仲間関係の役割

役割	内容
他者理解・共感	他者の外的行動だけを見るのではなく，その背景にある他者の意図や情緒といった内的特性に気づき，正しく推論し判断する。他者の喜びや悲しみを共有するといった情緒的に共感する。
社会的カテゴリーの理解	年齢や性別といったカテゴリー，または「あの子は優しい子だ」といった性格特性のカテゴリーや「グループ内の問題を解決してくれる子だ」といった社会的地位に関するカテゴリーなどの多くのカテゴリーを理解する。
社会的規則の理解	規則は上から与えられるものではなく，自分たちの関係をよりよくするため互いに協同し，自分たちの責任で維持するものとみなす。仲間との相互交渉の中で，集団生活を円滑に行うための様々な規則を理解する。
コミュニケーション能力	仲間との交渉は対大人との交渉に比べより多くのスキルや知識が求められる。そのため，会話の調整に各児が積極的役割を取らなければならないようになり，様々な地位，立場に適切な表現方法を学ぶ。
自己統制能力	自分の思ったことをそのまま行動に移すのではなく，いったん抑えて客観的に外からとらえ直すようになる。こうすることではじめて自他を正当に比較し，他者の立場を正しく推論する余裕が生まれる。

斉藤ら（1986）[4] をもとに筆者が作成

のほとんどが小学校就学前に保育所や幼稚園といった集団活動を経験していることを考えると，保育所や幼稚園といった場は，家庭では経験することのできない対人関係経験を保障する重要な環境といえるのではないだろうか。

(4) 仲間関係を支える保育者

　幼児期の仲間関係を支える役割を担う者として保育者を忘れてはならない。乳幼児期の社会的行動の発達にはエージェントの存在が必要不可欠となる。エージェントとは子どもの社会的行動の発達のプロセスに影響を与える人々の集まりや制度のことをいう[1]。保育所や幼稚園においては，保育者が子どもたちの仲間関係をはじめとする社会的な活動に影響を与える重要なエージェントになるであろう。ただし，それはあくまでも子どもたちの自発的な思いを引き出す役割であるということを忘れてはならない。「先生がお友だちと遊びなさいと言ったから」「お友だちと仲良くすると先生にほめられるから」といった

ことでは本当の仲間関係は育っていかないであろう。トマセロ（Tomasello, M.）は，乳児であっても外的な要因（賞賛や褒美等）によって，他者への愛他的な行動は増加しないということを明らかにしている[8]。子どもたちが自発的に「他児とかかわりたい」「他児と楽しみたい」と思えるように，保育者は意図的に環境を調整し，働きかけることが重要である。

3. 保育所における支援の実際

(1) 3歳児クラスの保育支援
1) 3歳児クラスのA男

　以下では3歳児クラス（15名）の保育支援の様子をA男の事例をもとに考えてみたい。A男は0歳から保育所に入所している。月齢があがるにつれ，気になる行動が顕著になってきた。A男は遊びになかなか集中することができず注意がそれやすい。また活動の切り替え時にトラブルを起こすことが多い。注意がそれたときや，活動と活動の間になると，落ち着きがなくなり，保育室を駆け回るなどし，結果的に他児の遊びを邪魔することとなり，トラブルが発生する。自分の気持ちや思いをなかなか表現できないこともトラブルの原因となっている。健診等では特に問題にはなってはいない。

　担任の保育者は，A男への支援として，保育者や友だちと遊びを一緒に楽しみ，遊びの中で自分の思いをまずは保育者が介入しながらことばで他児に伝えることができるようになって欲しいと考えていた。

2) 新聞紙を使用した遊び（7月）

　A男のクラスでは，紙を折ったりテープで貼ったりすることを楽しむようになっていた。担任保育者は紙に対する興味を利用し，「新聞紙プールにみんなで入ろう」という集団での活動を設定した。

　まず各児で新聞紙を細長く切る作業をした。子どもたちは新聞紙を楽しそうに裂いていた。そして子どもたちが一度に2～3人程度入ることのできるダンボールをいくつか用意し，ダンボールをプールにみたて，その中にそれぞれが裂いた新聞紙を入れ，自分たちもその中に入り，潜ったり泳いだりした。

　3歳児では，大きな集団での遊びはまだ難しい。そこで少人数のグループが

できるように，あえて数人が入るダンボールをいくつか用意した。子どもたちはダンボールの中でプールでの経験を話し合ったり，さらには海のイメージなどを他児と伝え合ったりしながら楽しく過ごした。A男は少し興奮していた様子もみられたが，他児と楽しく身体を使って表現し合うということをしていた。ただし片づけになると，気持ちを切り替えることがなかなかできずに，いつまでも遊んでいる様子がみられ，片づけたい他児とトラブルにもなった。活動間の切り替えは，A男自身の課題であると同時に保育者の支援の課題ともなった。

3) 色水遊び（9月）

なかなか活動に集中できないA男に対して，ひとつの遊びを数日にわたり継続するということを試みた。ちょうど夏の暑い盛りに，花びらを水で搾って色水遊びをしている子どもたちがいたので，クラス全体の活動に取り入れた。色水遊びでは，個々で集中して遊ぶことに加え，他児の様子を見ながら自分も工夫するといった活動を取り入れることができた。A男も最初は「できない」「わからない」と言っていたが，何回か繰り返すことにより，自分なりに工夫し，「これはいい色が出るよ」と言って，他児と見せ合うといった様子もみられるようになった。しかしながら，遊びに集中できるようになった反面，周囲が見えなくなることもあり，色水遊びでは他児の使用していたバケツを無断で使用してしまいトラブルになるという場面もみられた。

4) 運動会を終えて（10月）

3歳児クラスの様子として，全体が自立してきた。特に運動会を経験し，それぞれに自信がついたようである。A男はだいぶ遊びに集中できるようになってきていた。しかしながら，自分の思いをことばではなく行動で表現してしまうことが多く，結果叩く，ひっかくというトラブルになることがまだまだみられていた。特に朝の集まり前の自由遊びでのトラブルが多く，保育者の支援が必要になることが多かった。

3歳児であれば，まだ子どもたちだけで集団活動をするということは難しいかもしれない。しかしながら，3歳児クラスの後半にもなれば，保育環境によっては，小集団であれば保育者の介入がなくても遊びに集中できるようになる。A男のクラスも担任保育者の保育環境への配慮が子どもたちの集団活動を導

いていた。また幼児期の仲間関係は，あまり持続性がないと言われている。しかし，3歳児であっても特定の相手と持続的にかかわっていることが観察により明らにされている[9]ことから，後の4歳児・5歳児を見通した上で，3歳児でできることを伸ばしていきたい。

5) 4歳児クラスへ進級（8月）

次年度を迎え，A男も4歳児クラス（16名）へ進級した。担任保育者も変わり新しい生活がスタートした。4歳児クラスがスタートして5か月が過ぎた8月頃になると，生活の流れもわかり，クラス全体がだいぶ落ち着いて生活できるようになってきた。

A男は，もともともっている落ち着きのなさからくる他児とのトラブルはまだみられるものの，仲間と一緒に活動することがだいぶできるようになってきた。トラブルになっても，保育者がタイミングよく声がけをすることによって，大きなトラブルにまで至らず，「話し合う」という形で解決することもあった。製作なども，活動を数日に渡り繰り返すことで，前回失敗した箇所を今回また挑戦するといったように，持続的に集中できるようになってきた。またA男を含めた子どもたち同士の会話もより深く考察するような会話に発展した。

今後は5歳児（年長）への移行を考えて，保育者の介入を必要最小限にとどめ，A男を含めた子どものみの集団で活動することができるクラスづくりを担任保育者は課題としてあげた。また年長になるにつれて，他児がA男をどのように受け止めているのかに注意を払う必要もでてきた。特にトラブルの多さやトラブルによる保育者のA男に対する注意の多さなどから，他児がA男を否定的に評価してしまい，よけいに仲間から孤立してしまうことも考えられる。保育者はA男への支援と同時に他児への配慮も考えなければならない。

（2）保育者間の連携

幼児を支援する際には，子どもたちへの支援と同時に保育者への支援についても考えることが必要になる。保育所及び幼稚園の業務は年々増加している。また，複数担任から単独担任になった途端に体調を崩してしまうといった保育者も多いと聞く。このような状況においては，保育者間の連携が必要不可欠と

なる。例えば、クラスの保育運営は担任保育者が中心となって展開されなければならない。しかしながら、それはすべての責任を担任保育者が負うということでは決してない。担任の保育者がすべてをひとりで抱え込むことで、孤立してしまう可能性もある。所長（園長）、主任そして担任保育者の保育所・幼稚園内での役割はそれぞれ異なったものである。その異なった役割によって担任の保育者をフォローできるような組織的な連携をとることがとても重要である。時に複数担任である場合は、いろいろな要因があり難しい場合もあるが、あまり担任だとか副担任だとか加配保育者だといったことにとらわれず、臨機応変に役割分担をすることも支援を行う上で効果的であると考える。

またクラス間においては、「他のクラスのことはよくわからない」ということがあってはならない。職場内研修やカンファレンス等を通して、自分の働いている職場が何を求められていて、何を実施しているのかをきちんと把握しておかなければ、目の前の子どもを支援することにはならないのである。

4. 保育の場における仲間関係の支援とは

保育所や幼稚園は家庭では経験することのできないことを経験できる大切な場である。特に仲間との関係は保育所や幼稚園でなければ学ぶことができないであろう。保育所や幼稚園は一人ひとり異なった背景をもつ多くの子どもたちが通っているが、それぞれの子どもたちが安心して健康で楽しく過ごせる時間と場を保障しなければならない。それが保障されてこそ、仲間と遊び込むことができ、時にトラブルが生じてもそれを乗り越えようとする力が育つのである。そのためには保育者の役割がとても重要なものとなる。現代社会の流れが速くなればなるほど、保育所や幼稚園では、子ども同士で子どもらしい生活を送ることができるように支援をしなければならないのではないだろうか。

● 演習課題 ●

1. 自分の思いを友だちにことばで伝えられず,手が出てしまい,仲間外れになってしまう男児(3歳児クラス)への支援を,具体的な集団活動やルール遊びを通して考えてみよう。
2. 友だちとトラブルが絶えず,時には相手にけがを負わせてしまうようなこともある男児(5歳児クラス)に対して,どのような支援が可能か,対象児と他児との両面から考えてみよう。
3. クラスの友だちから離れて,一人でいることの多い女児(5歳児クラス)への支援として,対象児の思いを推測しながら支援の方法を考えてみよう。

■引用文献

1) 本郷一夫(2006)社会的行動の発達的変化.海保博之・楠見孝監修:心理学総合事典,第20章,pp.471-482,朝倉書店
2) Ellis, S., Rogoff, B. and Cromer, C.C. (1981) Age segregation in social interactions. Developmental Psychology, 17, pp.399-407
3) Parten, B.M. (1932) Social participation among pre-school children. Journal of Abnormal and Social Psychology, 27, pp.243-269
4) 斉藤こずゑ・木下芳子・朝生あけみ(1986)仲間関係.無藤隆・内田伸子・斉藤こずゑ編著:子ども時代を豊かに—新しい保育心理学,pp.59-111,学文社
5) 荒木愛(2009)3・4・5歳児におけるいざこざいのプロセスと保育者の介入についての考察.平成20年度鳥取大学地域学部卒業論文
6) 本郷一夫(1997)ひとりっ子の友だち関係.児童心理4月号,No675,pp.105-109
7) Dunn, J. (2004) Siblings and friends.Children's Friendships The Beginnings of Intimacy, pp.142-154, Blackwell publishing
8) Tomasello, M. (2009) 1. Born (and Bred) to Help. WHY WE COOPERATE, pp.1-48, The MIT Press
9) 高橋千枝(2003)3歳児クラスの新入園期における仲間関係.東北教育心理学研究,第9巻,pp.29-36

第Ⅱ部 保育実践編　Ⅱ-Ⅱ 保育の場における支援の実際

第18章
遊びの発達と支援の実際

1. 遊びの発達と支援

(1) 遊びの発達とは

　遊びの発達とは，遊びの変化の中に子どもの発達がみられることを意味する。子どもの発達との関連で遊びの変化をみる視点には，次の3つがあげられる。1つは，遊びの種類の変化である。ごっこ遊びが出現するためには象徴機能の発達が必要であるように，新しい種類の遊びの出現にはそれを可能にする諸機能の発達が基礎となっている。2つ目に，同じ種類の遊びの中での変化がある。例えば，周りの世界についての認識の広がりが，ごっこ遊びの内容の変化をもたらす。3つ目に，それぞれの遊びの盛衰がある。それは子どもが何をおもしろいと感じるかの変化であるともいえる。象徴機能は児童期以降も発達し続けるが，ごっこ遊びが最も盛んなのは幼児期である。遊びと子どもの発達との関連は直線的なものではなく，ある発達の時期にある遊びがおもしろくなるという関係がみられるのである。

　次に，発達の時期ごとに楽しまれる遊びをあげてみる。まず，0歳前半では大人との情動的な交流を喜ぶあやし遊びや視覚，聴覚，触覚などを働かせた感覚遊びがみられる。0歳後半には物をいじって遊ぶもて遊びが盛んになる。1，2歳時期には，水や砂，土などでの感触遊びやみたて・つもり遊びがみられる。みたて・つもり遊びは，ある物を別の物にみたてる，誰かのつもりになるなどして「…のふりをする」遊びである。3歳から6歳の時期には，ブロックや積木などで形を作って遊ぶ構成遊びやごっこ遊び，ルール遊び，探検遊びなどがみられる。その他，乳幼児期全般にわたってみられるものとして，全身を使っ

た運動遊びがある。

(2) 遊びの支援

　保育者は，遊ぶ子どもの姿からこれまでの発達と今発達しつつあるものを理解し，遊びを支援することによって発達を援助する。遊びの支援において重視したいことの1つは，子どもの主体性を尊重することである。遊びは本来自発的な活動であり，遊びをはじめるのも続けるのも終わりにするのも遊ぶ主体の意思による。保育者が遊びを提案する場合も，それを受け入れるかどうかを決めるのは子どもである。保育においては，安全や生活の流れの面から時間的・空間的制限はあるが，子どもが主体的に遊びを展開し，それを通して心身の諸機能の発達が促され，生活の主体として育つことが期待されている。

　2つ目に，遊びのおもしろさに視点をおくことがあげられる。城丸は「あそびの重大な特質は，何といっても，面白さを追求するということにある」[1]と述べる。子どもが主体的に遊びを展開するのはおもしろいからであり，子どもの主体性の発揮と遊びのおもしろさとは密接に結びついている。遊びの支援においては，子どもが何におもしろさを感じているかを読み取ったり，どのような遊びをおもしろいと感じるのかを予想したりすることが不可欠である。

　3つ目に，仲間関係を視野に入れることがあげられる。保育者は一人ひとりの子どもが自分の好きな遊びをみつけられるよう援助するが，子どもが求める遊びは一人で展開されるものとは限らない。親しい友だちとお家ごっこをすることが楽しみな子どももいれば，仲間を募って氷オニをすることが楽しい子どももいる。子どもの遊びへの要求は，「○○遊びがしたい」というだけでなく，「☆ちゃんと遊びたい」であったり，「☆ちゃんと○○遊びがしたい」であったりする。保育者はそれらがかなえられるよう仲間関係を支援すると同時に，遊びを支援することによって仲間関係を育てていく。

　以下では，ごっこ遊びとルール遊びを中心に，遊びの発達と支援についてさらに検討していくことにする。

2. ごっこ遊びの発達と支援

(1) ごっこ遊びとは

　ごっこ遊びにおいては，人や物や場所に実際とは異なる意味づけがなされる。例えば，子どもであるAちゃんがお母さんになり，園庭の一角をお家として，砂を使ってご飯を作る。ごっこ遊びはこうした象徴的行動からなる遊びといえるが，さらに次のような特徴をもつ。加用によれば，幼児にとってのごっこ遊びの世界とは，「遊び行動を規定している事物や人間の実際の意味と仮の意味とを，心のなかで分化して対立させる（たとえば，『これは〈ホントは〉積木なのだけれども今は〈ウソッコで〉自動車にしているんだ』と意識する）ことなく，二つの意味が心理的に融合しあった状態」[2]である。積木という実際の意味と自動車という仮の意味を絶えず対立させて意識しているのでは，ごっこ遊びは楽しめないであろう。2つの意味が融け合う状態があるところにごっこ遊びのおもしろさがあり，特徴があると考えられる。

(2) ごっこ遊びの発達

　ごっこ遊びの発達的な変化は，1つには生活の中での子どもの経験と認識の広がりによってもたらされる。ここには絵本の読み聞かせなどで知ったお話の世界も含まれる。なってみたいものやしてみたいことが広がることで，遊びのテーマや内容が変化すると考えられる。

　2つ目に，仲間関係の面での変化があげられる。仲間関係の面から子どもの遊びをみると，一人で遊ぶだけでなく，仲間の近くで同じようなことをして遊ぶようになり，さらに，仲間とやりとりしながら協同で遊ぶようになる。

　3つ目に，役割分担や状況の設定，ストーリーの展開などについて，子ども同士が相談をするようになることがあげられる。協同でごっこ遊びを展開するためには，イメージの共有化が重要になる。そのために，予め計画をして遊びをはじめるとともに，途中でも必要に応じて話し合い，調整しながら遊びを進行するようになる。

(3) ごっこ遊びの支援の実際

　ごっこ遊びといっても，テーマ，内容とも多様である。ここではお店屋さんごっこを取り上げて支援の実際をみていく。お店屋さんごっこのおもしろさはどこにあるのか，お店屋さんごっこを楽しめるような支援のポイントは何かを4歳児クラスでの実践を通して考えてみたい。

　以下に，実践記録[3]と保育者への聴き取りを資料に，実践を紹介する。

　2月，年長組への進級を前に，これから一番大きいクラスになる自分たちがお店屋さんをやって小さい子どもたち（2歳児クラスの子ども）を招待するという共通の目的の下にお店屋さんごっこが取り組まれる。お店屋さんの日としてお店を開いた当日及びその日に向けての活動の流れと遊びの様子は下記の通りである。【　】内は実践記録からの抜粋である。

「お店屋さんごっこ」の流れと遊びの様子

① どんなお店があるかを全体で話し合った後，グループごとに相談して何屋さんにするかを決める。
　【みどりグループのRくんはクレープ屋さんをしたいという意見を聞いて，「クレープハワカラナイ」と言えたことでグループのみんなも考え直してRくんも知っているドーナツ屋さんに決めた。】

② どのように品物を作るかを相談する。
　【オレンジグループではK男くんがアイスのコーンをイメージして「折り紙デ作ッテミヨウ」とみんなでやってみたが難しいとわかり悩んでいたので「紙コップもあるよ」と担任が知らせた。Y子「ダブルニシヨウ」とイメージがどんどん膨らむ。】

③ 品物を作る。
　【オレンジグループでは，「○○アイスッテカコウ」とAが提案。みんなも「イイヨカコウ」と賛成。Y子は字が書けないK男の分も書いてあげた。相談以上にイメージが広がり発展していくおもしろさもあった。】

④ お店屋さんになって品物を売る。
　【「イラッシャイマセ」と大きな声を出したり，青，オレンジグループでは自

分たちが作った物も買ってもらえて嬉しい気持ちや，やりとりが楽しいという気持ちがいっぱいで，テーブルがどんどん前に動くほどだった。Hちゃんは「大安売リダヨー，アト1個ダヨー」とお店屋さんになりきっていた。自分たちでやっているというイキイキした表情でいっぱいだった。小さい子が来ると照れていたが，自分たちが作った物を喜んで買ってくれる嬉しさに「イラッシャイマセー」の声はどんどん大きくなっており，小さい子の姿にも気付いてあげていた。】

〈遊びのおもしろさ〉

①のグループごとに相談をして何屋さんにするのかを決める場面では，グループのメンバーが共通にイメージできるものを選んでいる。②の品物を作る相談の場面では，アイディアを出し合い，試行錯誤しながらイメージを膨らませていく様子がみられる。③の品物を作る過程でもさらにイメージが広がっていく。④のお店屋さんの日には，積極的にお客を呼び，作った物を買ってもらうことを喜び，やりとりを楽しむ様子がみられる。このお店屋さんごっこのおもしろさは，自分たちで考えをめぐらせ，工夫をして品物を作っていく過程とそれが出来上がった喜び，それを喜んで買ってもらえる嬉しさ，そして，売り手として積極的にふるまいながら客とやりとりする楽しさにあったようである。

〈支援のポイント〉

保育者は，一人ひとりが主人公になれるように（気持ちが言えるように），グループごとの取り組みにし，みんながわかって取り組めるように話し合いも密にしたという。協同で展開するごっこ遊びを楽しむことができるためには，イメージの共有化がポイントになる。保育者の働きかけはそれを支えるものになっていたといえる。しかも，そのイメージは固定したものではなく，話し合いの中で発展していく。みんなで考え合い，行動するおもしろさが，子どもたちを遊びの全過程に積極的に向かわせたのではないかと考えられる。

4歳児クラスの子どもたちが「お店屋さん」になって楽しむことができたのは，2歳児クラスの子どもたちがお客さんとして来てくれたからである。2歳児クラスの子どもたちは，④にみられるように喜んで品物を買っていたようで

ある。お店で買い物をすることが楽しい子どもたちがいることがお店屋さんごっこを活気あるものとして成り立たせているのである。そうしてみると，2歳児クラスの子どもたちを招待する形にしたことが遊びのおもしろさに大きくかかわっていることがわかる。クラスを超えた保育者間の連携も，この遊びの支援におけるポイントになっているといえる。

3．ルール遊びの発達と支援

(1) ルール遊びとは

　ルール遊びは「一定のルールに基づいて行動し，その結果として勝敗がついたり，役割を交替したりする遊び」[4]である。この遊びのおもしろさはどこにあるのであろうか。河﨑は「ルールのあるあそびの基本的なおもしろさは"対立すること"にあります。対立の中に身をおき，そこで精いっぱい自我を発揮し，試しあい，競い合うことにこそこのあそびの喜びの根源があるのです。」[5]と述べる。この見解に基づくと，ルール遊びとは，ルールに基づいて行動しながら対立を楽しむ遊びといえる。

(2) ルール遊びの発達

　幼児期のルール遊びの発達の方向性として次の3点が考えられる。
　1つは，対立する関係を楽しめるようになっていくことである。2つのチームに分かれてリレーをしたとしよう。公平に勝ち負けを競うのであれば，各チームの人数を同数にし，決められたコース（楕円形の外側など）を走ることをお互いに求め合うことになろう。しかし，人数がアンバランスでも，相手チームの子どもが線の内側を走っていても，誰も問題にすることなく，楽しそうに遊んでいることがある。バトンを持って走ることやバトンを受け取ったり渡したりすることに喜びを感じている様子である。遊びに区切りがなく，同じ子どもが何度も走っていたりする。こうした状況は，ルール遊びとしてのリレーとはいい難い。チーム同士で競い合うおもしろさを知っていくことにより，ルール遊びとしてのリレーが成立するようになると考えられる。
　2つ目に，集団対集団の対立を楽しめるようになることがあげられる。かけっ

ことリレーを比べてみよう。かけっこにおいては，一人ひとりがゴールを目指して走った結果として順位がつく。リレーでは，自分一人の走りだけではなく，チームのメンバーの走りをつなげて速さを競い合う。そのことが認識できてはじめて，ルール遊びとしてのリレーを楽しむことができるようになる。また，自分が一生懸命走るだけではチームは勝てないので，他のメンバーを応援したり，どうしたら勝てるかをチームで相談したりと，協同し合う関係も生まれる。

　3つ目に，子どもたちだけで遊びを楽しめるようになっていくことがあげられる。幼児期のルール遊びは，大人によって遊び方が伝えられることが多い。大人は，遊びの導入にあたってルールを説明するだけでなく，遊びの展開にそって，ルールに基づく行動を促し，役割交替や勝ち負けを確認する。一定期間，大人が一緒に遊び，ルールを習得したようにみえても，大人が抜けると遊びが終わってしまうことがある。大人が遊びの参加者として行動していることにより，遊びのルールや対立関係が明確になっている場合があるからである。こうした支えを必要としなくなっていくことで，子どもたちはいつでもどこでもルール遊びを楽しめるようになっていく。

(3) ルール遊びの支援の実際

　幼児期のルール遊びを代表するものの1つにオニごっこがある。ここでは5歳児クラスでの助けオニの実践[6]を取り上げて支援の実際をみていく。助けオニのおもしろさはどこにあるのか，助けオニを楽しめるような支援のポイントは何かを実践を通して考えてみたい。

　以下に実践記録より概略を紹介する。なお，実践記録では「鬼」と書かれているところを，ここでは「オニ」に変えて表記する。

「助けオニ」の実践の概略

① 4月，保育者が導入し，10名程度で遊ぶ。ルールの理解も早く，はさみうちの作戦まで考え合っている子どももいる。その日から卒園まで途絶えることなく自由遊びで行われる。ほとんどが子どもからの呼びかけではじめられる。

② 9月，初めて混じってきた子どもは友だちにルールを説明してもらう。1,

2度，タッチされたりで怒ったりもしたが，ルールだから仕方ないよ，と少しそっとしておくと，気持ちを立て直して参加してくる。
③ 運動会も終わった頃，初めて設定活動で行うと，1時間半以上，ひとりも抜けることなく続いた。
④ 子どもたちだけでできるようになるには，「みんながルールをきちんと守ろうとすること」「みんながオニ決めやオニの交代の方法がわかること」「あいまいなルールは，みんなで話し合って決めていいこと」などがわかっていることが大切と思い，「先生，すぐタイムっていう」というようなときは，みんなで話し合ってルールを決めていく。逆に，「タッチされてもこない」「オニなのに途中でやめた」ときにはルールをきちんと守らないと楽しくないという話をしていく。
⑤ 冬になると，保育者が守り番を抜けてもさっと子どもが代わったり，オニ決めもほとんど子どもたちで行うようになっていた。保育者が必死に守っても一瞬のスキをついて助け出されてしまうようになる。

〈遊びのおもしろさ〉

　①②から，この5歳児クラスの子どもたちは，助けオニの基本的ルールを容易に理解し，子ども同士でも教え合えることがわかる。保育者が教示するにせよ，子ども同士で教え合うにせよ，参加者同士で基本的ルールを共有できることが，遊びを楽しむための前提であると考えられる。

　しかし，ルールが理解できたからといって，ルール遊びを楽しめるとは限らない。②のタッチをされて怒った後に気持ちを立て直している子どもは，ルールがわかっていなかったわけではなさそうである。オニとコは互いに対立する目標を追求し合うのであるから，一方にとっての目標の達成は相手にとっては挫折を意味する。その場合，多少とも不快な情動が生じるであろう。それをコントロールすることで子どもはルール遊びに参加し続けることができる。こうした場面で，子どもが気持ちを立て直して遊びを継続することを選ぶのは，②のような保育者の支援もあるが，遊びがおもしろいためと考えられる。

　では，ほとんどの場合が子どもの呼びかけではじめられ年間にわたって続けられた助けオニのおもしろさはどこにあるのであろうか。①でオニははさみう

ちの作戦を立て，コをつかまえようとしている。また，⑤で守り番をさっと交代する姿にみられるように，つかまえたコを逃がすまいとしている。一方，コはオニの一瞬のスキをついて仲間を助けようとしている。オニとコのそれぞれが対立関係にある目標を達成しようと，仲間と協同し合い，心身の諸機能をいっぱいに働かせている様子が伝わってくる。このように，心身の諸機能を発揮し，集団内で作戦を立てたり助け合ったりしながら，集団対集団の対立を楽しむところにこの遊びのおもしろさがあると考えられる。

〈支援のポイント〉

　まず，ルール遊びの導入にあたっては，ルールが子どもたちにとってわかりやすいものであるかに留意する必要がある。基本的ルールを理解できることで遊びに参加することができ，楽しむことができるからである。子ども同士でも教え合えるようなルールであれば，途中での仲間入りもしやすくなる。

　次に，遊びの展開においては，子どもの情動のコントロールを支援することが課題になる。対立関係のあるルール遊びを楽しめるようになることは，情動のコントロールの発達を意味しているといえる。②の「ルールだから仕方ないよ，と少しそっとしておく」という保育者の働きかけは，その子どもがルールを受け入れ，気持ちを立て直して遊びに戻ってくるだろうという予想のもとになされていると思われる。一人ひとりの子どもの自己コントロールの発達をおさえながら，遊びを続けられるように援助していくことが大切であるといえる。

　④で，保育者は子どもたちだけで遊びを展開できるようになることを方向性としてもちながら，基本的なルールを守るように働きかけるとともに，あいまいなルールは話し合って決めることができることを伝えようとしている。ルールを共有し合ってこそ，楽しく遊ぶことができるということとともに，ルールを共有し合うための方法を伝えることが支援のポイントになっている。遊びのルールは参加者の合意によって決められる。したがって，不都合が出てきたら話し合って変えることもできる。ルール遊びの支援においては，ルールは楽しく遊ぶためにあることに留意する必要がある。

4．子どもの発達と遊びの支援

これまで，4歳児クラスと5歳児クラスの実践例をみてきたが，より年少の時期を対象としながら，子どもの発達と遊びの支援について考えてみたい。

(1) みたて・つもり遊び

子どもは，自分が「お母さん」になることや「お家ごっこ」をすることをことばにする以前から，自分や大人の行動を「…のふりをする行動」として行う。
榎本[7]は次のような1歳児クラスの実践を紹介している。

床が汚れたらぞうきんで拭くが，それを保育士がさっとやってしまうのではなく，子どもの目の前でていねいに行う。関心をもって寄ってきた子どもに，保育士が「手伝ってくれる？」と言うとやりはじめる。次々に子どもがやってきて大そうじ大会になる。そして，この共通体験が遊びに出てくるようになる。

ここでは，「豊かな生活体験」という視点で行っていることが遊びにつながっている。榎本は，1歳児のみたて・つもり遊びについて，楽しい生活を送りながら，子どもから遊びが出てくるのを待つ，保育士はみたてやすい素材をさりげなく置いておくけれど保育士が先頭にたって遊び出すのではないという。

1歳児に限らず，子どもが「…のふりをする行動」を自ら楽しむようになるための支援の基本は，生活体験を豊かにすることと，みたてやつもりを支える事物を整えることにある。それとともに，大人が子どものみたてやつもりを共感的に受けとめることや，一緒に活動することも子どもにとっては嬉しいことである。ただし，遊びの主体は子どもであることを忘れてはならない。例えば，延々と「ごはんを作っている」姿をみて，遊びを発展させようと，誰かにごちそうすることを提案したとする。子どもはこの提案をおもしろそうだと思えば受け入れるし，そう感じなければ元の通りの遊びを続ける。遊びの支援においては，子どもの理解や要求に合わない働きかけは子どもから受け入れられないという認識をもっておくことも必要である。

(2) ルール遊びの初歩

「あぶくたった」の遊びをオニがコをつかまえたら役割を交替しながら遊び続けるオニごっこと比べてみよう。オニごっこでは，オニにつかまった時点で，あるいはコをつかまえた時点で，自分一人で役割を切り替えて遊び続けることが求められる。一方，「あぶくたった」では，誰かがつかまった時点で一旦遊びが区切られ，全体の中で次のオニが確認される。それによって役割交替が支えられているといえる。また，オニごっこは「敵対関係による大きな緊張感を伴う遊び」[8]であるが，「あぶくたった」では，オニごっこは遊びの一部であるとともに，誰かがつかまれば休止が入ることから，対立する関係を比較的長い時間楽しめるようになる前の段階の子どもたちにも楽しめる遊びといえる。また，「あぶくたった」は，オニごっこに至るまでの過程にも楽しさをみつけることができる遊びである。いろいろな楽しさを感じながら，ルールのある遊びに親しんでいくことができると考えられる。

追い－逃げの関係に入る前のプロセスを楽しむことができる遊びはほかにもある。「むっくりくまさん」もその１つである。この遊びを２歳児クラスと３歳児クラスで実践した経験のある渡辺[9]は，３歳児クラスでは２，３回続けばよい方ですぐにトラブルになっていたのが，２歳児クラスでは延々と続くような盛り上がりをみせたという。そして，その理由として，２歳児クラスでは保育士が本来のルールにこだわろうとしなかったことをあげている。手をつないで輪になることや，「くま」につかまった子どもが次の「くま」になることを求めず，「くま」になりたがる子どもがみんななるような展開にしている。

この実践は，オニごっこを楽しむ上で，オニ交替が大きなポイントになることを示している。つかまってもオニになることを受け入れられない子どもや，つかまらなくともオニになりたがる子どもがいる状況をどうとらえ，どう対応するのかが問われる。この遊びでいえば，つかまった子どもがオニになるというルールを適用するのか，あるいは子どもの要求を聞きながら１回１回オニを決めるやり方にするかである。前者を選択することで遊びが続かなくなるのであれば，そのルールは子どもの要求や発達に見合っていないことが考えられる。初歩的なルール遊びの支援においては，ルール遊びの基本となる勝ち負けや役割交替のルールに関しても，子どもが何をおもしろがっているのかをとらえな

がら，子どもの意欲を高める遊び方を探っていくことが求められる。

● 演習課題 ●
1. 幼児が「買い物ごっこ」を楽しむための支援について考えてみよう。
2. 幼少期に繰り返し遊んだルール遊びを取り上げ，そのおもしろさがどこにあったのかを考えてみよう。

■引用文献
1) 城丸章夫（1981）幼児のあそびと仕事，p.205，草土文化
2) 加用文男（1983）ごっこ遊び．河崎道夫編著：子どものあそびと発達，p.150，ひとなる書房
3) 福岡奈々（2010）仲間との関係を作りながら育つ（4歳児）．仙台保育問題研究会編：みやぎの保育，第十号，pp.27-35
4) 伊藤良子（1983）ルール遊び．河崎道夫編著：子どものあそびと発達，p.262，ひとなる書房
5) 河崎道夫（1994）あそびのひみつ，p.82，ひとなる書房
6) 渡辺玲子（2010）そこに，くぐりたい仲間がいるから．仙台保育問題研究会編：みやぎの保育，第十号，pp.36-42
7) 榎本晴美（2007）一歳児の遊びがわかったぞ―みたて・つもり遊び．全国保育団体連絡会編：ちいさいなかま，第507号，pp.68-73，ちいさいなかま社
8) 神田英雄（1991）追いかけ遊びからオニごっこへ．山崎愛世・心理科学研究会編：遊びの発達心理学，p.39，萌文社
9) 渡辺玲子（1992）「おもしろさ」からはじめよう．仙台保育問題研究会編：みやぎの保育，第二号，pp.9-11

第Ⅱ部 保育実践編　Ⅱ-Ⅱ 保育の場における支援の実際

第19章
自己の発達と支援の実際

1.「自分」という意識の発達過程

(1)「自分」という感覚

　胎内から生まれでた赤ちゃんは，新たな環境に出会うことになる。生まれでた環境は，多くの刺激に満ちあふれている。新生児は，「見ること」，「聞くこと」，「味わうこと」，「においをかぐこと」，「さわること」という五感を使って満ちあふれる刺激を感じている。自分の外部から刺激を感じて，知覚しているのである。

　その一方で，新生児は，じっとしているわけではなく手足や身体を動かしている。また，お腹がすいたり，おむつがぬれたりして自分にとって不快なときには新生児は泣くのである。このことは，新生児自身の身体の内部で起こる様々な感覚を感じていると思われている。この身体の内外の感覚が生じることで，感じている「自分」という主体的作用者としての感覚が芽生えてくると考えられている[1]。

　しかしながら，神経系の発達はまだ未成熟であり，「自分」という意識はもちろん，自分の身体の感覚さえまだ意識できていない。乳児が自分の手や足を口でなめる行動はよく見られるものである。この行動によって乳児は自分の身体に対する意識を形成していると思われる。この時期の乳児は，まだ自分の身体の感覚すら意識されていないので，自分と他人の境界がはっきりしない自他未分化な状態であるとも言われている。

　このようにまだ「自分」という意識を明確にもっていない乳児であるが，私たち大人は一方的に話しかけ，世話をしている。保護者は明確にことばによっ

て表現されない乳児の意図や気持ちを読み取りながら，特徴的な話し方（母親語）で語りかけ，乳児にかかわっている。

例えば，乳児が泣いている場合，「いつおちちをあげたのかな」「そろそろおむつがぬれるころなのかな」などとまず考える。そして，お腹がすいたと考えた場合には「○○ちゃーん，おちち飲むのー」とことばの語尾を延ばしながら，リズムをつけて大げさな表情で話しかけ，授乳をしている。このとき，乳児は泣きやんで抱かれながら母乳を飲み，やさしく抱かれることで身体の外からの心地よい刺激を感じると同時に，空腹が満たされるという感覚を身体の内で感じている。快適な状態におかれている乳児は母親との関係の中で満足している「自分」を感じているのである。

(2) 主体となる自己と対象化された自己

私たちは自分のことを相手に伝えることで人とかかわっている。自己紹介は集団に参加するときに最初に行うものである。私たち大人は，面接試験など大事な場面では緊張しながら自己紹介を行う。うまく自分のことが相手に伝わるかどうか，相手が自分に対してどんな印象をもつのか，時にはこのような不安感をもちながら自分について話すことになる。このとき，自分の頭の中で考えられたり，話されている自分（Me）と自分について考えたり，相手に話している自分（I）がいる。考えられたり，話されたりしている自分は自分によって対象化された自己といえる。

乳幼児期では，自分の欲求に従い行動している自分が中心となっている。しかしながら，私たち大人は，自分自身の意識や行動，長所や短所，社会的な場での立場や役割などを自分自身で意識し，自分を対象化して生きていくことが求められている。履歴書やエントリーシートを書いたり，面接試験で自己PRをしたりするときなど特にこのことが意識されるようになる。しかしながら，乳幼児期では，まだ対象化された自己というものが明確に形成されていないと思われている。

乳幼児期では，これまで「自分」という意識の形成に関して，鏡に映った自分の姿への反応が取り上げられてきた。これは，「鏡実験」とよばれている。図19-1には月齢ごとに5つの課題ができるようになる割合が示されている[2]。

192 第Ⅱ部 保育実践編 Ⅱ-Ⅱ 保育の場における支援の実際

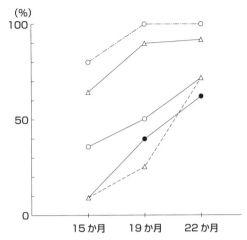

○─‥─○ ①おもちゃ課題：乳児の鏡像の頭の上に人形が映るように乳児の後ろから人形を提示し，乳児が鏡像を見て後ろを向いて取れればよい。
△───△ ②鼻課題：乳児に「鼻はどこ？」と尋ねて自分の鼻を指すことができればよい。
○───○ ③自分がどこにいるかという課題：「○○ちゃんはどこ？」と尋ねて鏡の自己像か自分自身を指さしできればよい。
●───● ④口紅課題：乳児の鼻に口紅をつけ，遊んだ後で，鏡の前に行き，鏡像を見て自分の鼻の口紅にさわればよい。
△---△ ⑤名前課題：乳児の鏡像を指さしながら「これ誰？」と2度質問して自分の名前が言えればよい。

図 19-1　月齢別にみた乳幼児の5つの課題の正反応率

百合本（1981）[2]から作成

　このうち鼻課題は，自分の鼻をさわれるかどうかという課題である。自分の身体への意識が形成されているかどうかをみることになる。身体は他者と切り離された自分だけのものである。手や足は自分でそれぞれの部位をさわることができ，自分の目で見ることもできる。しかし，自分の鼻は自分では直接見ることができない。鏡や写真によってのみ見ることができるのである。したがって，これは，子どもにとって自分の身体の意識が形成されているのかを確認することになるのである。
　また，口紅課題ではあらかじめ鼻に口紅がつけられた乳児が鏡の前に立ったとき，自分の鼻につけられた口紅をさわるかどうかをみている。口紅課題ができるということは，外から見た自分の顔を思い浮かべ，それと鏡に映っている自分の顔との違いがわかっていることを示している。これは少なくとも視覚的

なレベルで自己の認識が成立していることを示している。しかし，対人関係において問題がみられる自閉症児では以上に示した健常児の発達とは異なることも指摘されている[3]。

また，この口紅課題ができた子どもは，赤面や照れ笑いを示し「照れ」のような自分を対象化することによって生じる情動，つまり**自己意識的感情**が認められるようになる。そして，その後は，自分に対して他者からのまなざしを向けることから生じる「恥」や「誇り」という自己にかかわる独自の感情をもつようになる[4]。

このような鏡実験では子どもの行動の変化と同時に鏡の像も変化する。しかし，自分の動作を同時に見ることができないビデオの録画映像を使用した実験ではどうであろうか。子どもの頭部にひそかにシールが貼られ，その様子を撮影したビデオ映像をおよそ3分後に子どもに見せるというものである。映像を見て，自分の頭にシールがついていると気づいて実際に頭部に手を伸ばすことができたのは4歳以降であった。これは，過去の自分の姿と現在の自分の姿を対応させることができるようになったからであると考えられている。つまり，子どもが自分に対して時間的な視点をもてるようになることが関係していると思われる。これは，時間軸上において自己を構成することであり，「**時間的拡張自己**」とよばれ，幼児期の自己の発達において重要な課題とされている[5]。

2．人間関係の中での自己の形成

（1）親子関係の中での自己の形成

乳児は最初，保護者によって受動的に授乳されたり，衣服を着替えさせられたりしていたが，自分の欲求を主張しはじめる。「いやだ」という拒否する行動や「ほしい」という要求する行動は自分を主張する行動である。ところで，乳児が拒否や要求をする行動には相手が必要となる。

それまで保護者によって子どもは受身的に口に食べ物を入れられ，食べさせられていた。しかしながら，今度は子どもが能動的に行動する主体者となる。1歳を過ぎると図19-2のように自分でスプーンをもって食べようとする。保護者との間で行動する主体が変わり，保護者と子どもとの間のかかわり合いの

関係が変わるのである。つまり、子どもの主体的な自己主張が発揮されることになる。しかし、保護者は子どもの自分で食べたいという要求を尊重しつつ、子どもの要求どおりにするわけにはいかない。子どもにとっては食べ物をスプーンですくったり、つぶしたりする行為は、楽しい遊びであるが、保護者にとっては子どもの要求を阻止したり、調整したりすることになる。これは、保護者の**発達期待**に基づく「しつけ」をすることになる。

図 19-2

このように子どもは保護者とかかわる中で自分の欲求が阻止されたり、満足されたりしていくのである。そして、他者の存在と自分の存在をしっかり意識できるようになるのである。

(2) 集団生活の中での自己の形成

仲間集団も子どもの自己の形成に影響している。例えば、保育所や幼稚園において集団生活を送る中では自分の名前は重要である。自分の名前が呼ばれたときにどのような反応をするのか、また、自分の持ち物を友だちが間違って持っていってしまったときにどのような反応をするのかは、その子どもの**自己意識**を示している。最初、ほかの子どもの名前が呼ばれているのに笑ったり、返事をしていたのが、自分の名前を呼ばれたときだけ笑ったり、「ハイ」と返事をしはじめるようになっていく。これは、自分の名前は、自分にとって自分だけのものであることがわかるようになったということである。

また、保育所や幼稚園ではコップやハンカチなどの持ち物にも自分の名前を書き、自分の持ち物と他人の持ち物が明確に区別できるようにしている。1歳半頃から靴や帽子のような自分が身につける持ち物がわかるようになる。そして、その後に、教室の後ろにあるロッカーのように自分の身体から離れたものが自分のものであるとわかるようになる。このように自己の領域が広がってい

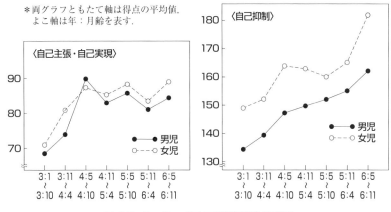

図19-3 2つの自己制御機能の発達

柏木（1988）[6]から作成

くのである。そして、自分のものという所有意識が強くなり、自分の大切なおもちゃを友だちに貸すことに苦痛を感じたり、嫌がったりする子どもの姿もみられるようになる。

集団生活をするようになると、おもちゃの貸し借りなど自分の欲求と他人の欲求がぶつかり合うことになる。お互いの欲求がぶつかり合ったとき、欲求が満たされた自分と満たされない自分が意識される。

幼児期において集団生活をするようになると、自己を制御することが求められる。図19-3に示したように、自分の欲求が満たされるように自分のしたいことや欲しいものを主張できることを「自己主張・自己実現」の側面とよび、他人の欲求を優先し、自分のしたいことを待つことができ、欲しいものを我慢できることを「自己抑制」の側面とよんでいる。この2つの側面を「自己制御」機能と考えている。

この結果は、保育者が子どもの行動を評定した結果である。自己主張・自己実現の側面は男女児とも4歳から5歳頃に一定になるが、自己抑制の側面は3歳から6歳まで一貫して増加する。女児の方が男児よりも高い数値になっている[6]。これは、保育所や幼稚園で集団生活が自己の形成に影響していることを示している。

ところで、子どもは他者との関係でどのように自己認識を深めているのであ

ろうか。子どもが自由に遊んでいる場面での行動観察から，他の子どもの様子をうかがったり，作業をしたり，製作している内容を見るなどの行動（他児への関心）と自分あるいは他の子どものどちらか一方のみについて言及することにより，行為，役割，作品などの対象について間接的に，あるいは暗黙に対比する行動（間接的評価）の割合が高かった。つまり，子どもは他の子どもと比較することによって，その場でどのようにふるまうべきかについて社会的な規範を身につけたり，他の子どもとの親密な関係を形成し，維持しているのである。また，競争的な場面で自分と他の子どもの比較がなされたときには，他の子どもより優れることで満足を得る感情が働いている。これは，自分自身への満足感を高めようとする傾向（自己高揚）や自分の能力を高めようとする傾向（自己向上）の原初的な形態と考えられる[7]。

(2) 自尊心の形成

　幼児期になるとさらに自分のしたいことを言ったり，自分の持ち物や自分ができることを自慢したりするようになる。例えば，「ぼく，○○持ってるよ」とか「わたし，○○できるよ」と子どもは自慢げに話すのである。最初は自分の名前を言ったり，年齢を言うだけであったのが，自分が持っている物を自慢したり，自分が自慢できることを誇らしげに他者に話すようになる。このように自分に対して全体的に自己を肯定的に評価し，満足しているレベルにあることを自尊心，あるいはセルフ・エスティームとよび，自己の側面の1つと考えられている。

　自尊心は，様々な定義がなされているが，例えば，自己価値としても考えられている。これには，自分が重要であると考える領域における有能さ（コンピテンス）の程度と，自分にとって重要な他者から肯定的な評価を受けていると感じる程度が関係している[7]。例えば，幼児期では，特に運動面での

図19-4

成功体験が大きな意味をもっている。子どもは，身体を動かすことが大好きである。身体を使った感覚運動遊びは，「できた」という成功体験を積むことにつながる。例えば，図19-4のように跳び箱をとぶことは，子どもにとって「できた」という感覚を強く身につけさせるものである。運動ができることが重要であると考えている子どもにとって，跳び箱がとべたときに重要な他者である母親にほめられることは子どもの有能感を高めることになる。重要な他者がどんな行動をほめるのかは子どもの自己の発達に影響するのである。

3. 文化における発達期待の影響

　保護者や保育者が子どもにかかわったり，しつけをしたりするときに，子どもに向かって意識的に示すことは必ずしもないが「こうなって欲しい」「これは身につけて欲しい」というように子どもに対する願いや期待をもっている。これは発達期待であり，これには保護者や保育者の個人的見解ではなく，属している社会に含まれる信念や価値が介在している。つまり，その社会において望ましいと思われている人間像をもとに形成されている。この望ましい人間像は，文化によって異なり子どもの自己の形成に影響を与えている[8]。

　例えば，日本の母親は情緒的成熟と従順さへの発達期待が高く，親や仲間と調和した人間関係を形成するために自分を抑えることを期待している。一方，アメリカの母親は言語による自己主張と社会的スキルへの発達期待が高く，他者に対して自己主張を行い，リーダーシップを発揮することを期待している[9]。また，前述の自己制御においてイギリスと日本の子どもを比べると，自己抑制の側面では違いはみられなかったが，自己主張の側面ではイギリスの子どもの方が日本の子どもよりも自己主張が高いことが示されている[10]。これは，保護者や保育者のもつ発達期待が子どもの自己認識に影響していることを示しているのである。

4. 子どもの自己の発達を支援する

　これまでにみてきたように，子どもの自己の発達にとって，有能感や自尊感

情の発達は幼児期の重要な課題となる。子どもは、様々な生活経験をする中で、「できた」という成功体験を積むことでこの課題を達成していくのである。

(1) 水に対する恐怖感を克服する

夏には、プールで水遊びがある。水遊びが好きな子どもは多いが、中には水が顔にかかるだけで嫌がり、水を怖がる子どももいる。

図 19-5

例えば、A 児は普段は活発でクラスでも友だちとよく遊んでいる。しかし、プールのときには水に顔をつけるのが怖くて、図 19-5 のように泣いてしまうのである。保護者の話でもお風呂で髪の毛を洗うとき、顔に水がかかることを極端に怖がっているということであった。

水遊びでは、水に慣れることが大切である。水の中に顔をつけることができないと就学後の水泳能力の獲得に影響を及ぼすことにもなる。子どもによっては、水に対する恐怖感を克服することが必要になる。これは、水に対して感じている恐怖感を克服する自分を育てていくことにつながる。このような場合、保育者は水に対する恐怖感を取り除くような支援が求められる。水に対して恐怖感を感じている子どもに対して、集団の中でどのように支援することが考えられるであろうか。

この場合、遊びの中で恐怖感を取り除くことが必要である。色の付いた板をプールにまいて、顔をつけてプールの底にある色板を手で取ってくるような遊びが考えられる。友だちと遊ぶ中で克服でき、友だちとの比較の中でできたことを実感できることが大切である。

(2) 「気になる」子どもへの支援

幼児期には、例えば多動傾向を示し、集団内で「気になる」子どもがいる。特に、自閉スペクトラム症／自閉症スペクトラム障害（ASD）、注意欠如・多

動症／注意欠如・多動性障害（ADHD）のような発達障害のある子どもにおいては問題となる。

　B児は，入園後から多動傾向を示し，部屋から飛び出すことが多かった。また，一番であることに固執し，公園にクラスごとに遊びに行くときに自分のクラスが一番に出発しないと泣き叫んでパニックになることがみられた。

　このような「気になる」子どもは「わがままだ」と言われ，注意や叱責を受けることが多い。これは，保護者や保育者による発達障害への理解が不足していることから子どもに対して適切でない対応がとられたからである。このような場合，例えば，園全体で事例検討会を行い，保育者の間で一貫した対応を取ることをお互いに了解することが必要である。また，その子どもが落ち着ける場所をつくることや，パニックになったときには，集団から離して落ち着かせることが求められる。また，一番になることに固執していることには，じゃんけんをして勝てば一番に出発するなどというルールを決めていくことなどが考えられる。

　「気になる」子どもへの支援においては，不適切な対応や環境が原因となって，その後の子どもの自己評価や自尊感情の低下につながり，他者との信頼関係の形成に問題が生じることになる。これは「二次的障害」とよばれている[11]。二次的障害は周囲の大人が配慮することで防ぐことができる。周囲の大人の適切な対応がその後の子どもの自己評価と自尊感情の低下を防ぐのである。

● 演 習 課 題 ●

1. なかなか自分に自信がもてなくて引っ込み思案の子どもに対して，保育者が保育場面で行う支援としてどのようなものがあるか考えてみよう。
2. 日本の保育者や保護者は，「早く　ひとりで　できること」を発達期待としてもつことが多いといわれています。では反対に，子どもが最後まですることを保育者や保護者が「待つ」ことによって子どもの自己の形成にどのような影響があるか考えてみよう。

■引用文献

1) 古澤頼雄（2001）乳幼児期における自己の発達．乳幼児精神保健の新しい風，別冊「発達」24，ミネルヴァ書房
2) 百合本仁子（1981）1歳児における鏡像の自己認知の発達．教育心理学研究 29(3)，pp.261-266
3) 別府哲（2001）自閉幼児の他者理解，ナカニシヤ出版
4) 有光興記・菊池章夫（2009）自己意識的感情の心理学，北大路書房
5) 木下孝司（2001）遅延提示された自己映像に関する幼児の理解：自己認知・時間的視点・「心の理論」の関連．発達心理学研究 12(3)，pp.185-194
6) 柏木惠子（1988）幼児期における「自己」の発達．東京大学出版会
7) 高田利武（2004）「日本人らしさ」の発達社会心理学，ナカニシヤ出版
8) 榎本博明（2008）自己心理学2 生涯発達心理学へのアプローチ，金子書房
9) 東洋・柏木惠子・Hess, R.D.（1981）母親の態度・行動と子どもの知的発達，東京大学出版会
10) 佐藤淑子（2001）イギリスのいい子 日本のいい子，中公新書
11) 田中道治・都築学・別府哲・小島道夫（2007）発達障害のある子どもの自己を育てる，ナカニシヤ出版

第Ⅱ部 保育実践編 Ⅱ-Ⅱ 保育の場における支援の実際

第20章
認知発達への支援の実際

1. 保育の場における認知発達の支援

(1) 保育の場における認知発達の支援

　乳幼児は様々な認知発達を通じて外界を認識し，それらに適切に働きかけることができるようになる。さらに乳幼児期に獲得する認知発達はその後の児童期における発達の基盤となる重要な発達である。しかし，中には保育者の話を理解できない，注意を集中することができない，指示を覚えていることができない，数字の理解ができない，文字を理解できないといった認知発達のつまずきが生じる子どもがいる。このようなつまずきが生じると，活動からの逸脱や，他児とのトラブルなど様々な問題が生じることが多い。したがって，保育者は日々の生活の中から子どもの認知発達のつまずきをとらえ，その課題に応じて子どもたちがより充実した保育生活を送れるよう保育を工夫することが重要となる。

(2) 認知発達の問題のタイプ

　認知発達につまずきが生じている状態は様々であるが，大別すると全般的な遅れが認められるタイプとアンバランスが生じているタイプに分けられる。

1) 全般的な遅れが認められるタイプ

　全般的な遅れが認められるタイプはどの側面も同じように実年齢から遅れが生じているといった特徴がみられる。したがって，全般的な遅れが認められるタイプの子どもに対しては，特定の認知発達にのみ支援を行うのではなく全般的な支援が必要となる。

2) アンバランスが生じているタイプ

アンバランスが生じているタイプは，例えば「ことば」については実年齢通りにいろいろなことができるのに対し，「構成」（パズルや折り紙など）はできないことが多いといったように，認知発達の種類によってできることとできないことの差が大きいといった特徴がある。

また，このタイプの子どもの中には，例えば「物の名前」はたくさん覚えることができているのに対し，「ことばの理解」は難しいといったように，同じ「ことば」に関する認知発達においてアンバランスが生じる場合もある。このような場合は同じような認知発達の側面で得意なことと不得意なことの両方を併せもつため，周りからは不得意な点がみえにくいことがある。

全般的な遅れが認められるタイプ，アンバランスが生じているタイプのいずれであっても認知発達の支援の必要性があることは共通している。すなわち，子どもの不得意さがどのような種類のものであるかを整理した上で，子どもの生活を豊かにするために支援を行う。この際，支援は必ずしも不得意なことを伸ばすこととは限らない。子どもの状態によっては現在の発達している力を使って適応できるような配慮や得意なことを伸ばすといったことが生活の豊かさにつながる場合もある。したがって，子どもの状態に応じた支援がなされる必要がある。

2．事例を通じた支援の実際

認知発達の支援は事前に立てられた支援計画に沿って行われる。支援計画の立案は次のような手順で行われる。
　① 日常の保育場面でみられる子どもの姿を整理する（子どもの特徴）
　② 子どもの特徴の背景となる発達状態を整理する（子どもの特徴の背景）
　③ 発達の課題とその発達の可能性を考慮して目標を設定する（目標の設定）
　④ 目標を達成するための具体的な保育計画を考案する（保育計画の考案）

なお，認知発達はその種類や程度によって比較的短期間で変化する特徴と数年間あるいはより長期的スパンの中で変化をとらえた方がよい特徴がある[1]。そのため，目標の設定は長期間での変化を目指す中・長期的目標と短期間での

変化を目指す短期的目標の2つが設定される。当然ながら，短期的目標は中・長期的目標と関連づけられる必要がある。

ここでは架空の事例を通じて認知発達の支援の実践例をあげる。また，支援の方法としては個別の対応と集団での対応の2つの対応の例をあげる。個別の対応とは支援を必要としている子どもへの個別の働きかけや配慮といった支援方法である。これに対し，集団での対応とは支援を必要とする子どもへの配慮も含めながらクラス全体に配慮し，生活の流れの中で行う支援方法である。

（1）事例1：全般的な遅れがみられる3歳児の支援例

事例1の子どもは3歳児クラスに在籍する3歳4か月の女児である。1歳6か月児健診でことばの遅れを，3歳児健診で知的な遅れを指摘された。

1）子どもの特徴

① 保育者からみた子どもの姿
- 声がけには他児の様子を見ながら従えるが，お集まりのときの話や活動の説明は理解が難しい。
- わかりやすく短い単語で話すと理解できる。
- トラブルを仲裁するときに他児がどのようなことが嫌だったのかを伝えても理解できないことが多い。
- 集団活動には参加せず自分の好きな遊びをしている。
- 会話は大人との一対一であれば成立するが子ども同士では成立しない。
- 朝や夕方の自由遊びでは同じクラスの子どもよりも年下のクラスの子どもと遊ぶことが多い。

② 発達検査の結果

表20-1は3歳児健診の後に保護者から提示された新版K式発達検査2001

表20-1 事例1 新版K式発達検査2001の結果（3歳4か月時）

領域	発達年齢	実年齢との差	発達指数
姿勢・運動（P-M）	3歳1か月	−3か月	93
認知・適応（C-A）	2歳7か月	−9か月	78
言語・社会（L-S）	2歳6か月	−10か月	75
全領域	2歳7か月	−9か月	78

の結果である。この検査からは次のことがわかる。
- 実年齢と「姿勢・運動」との差は−3か月と大きな遅れはみられない。
- 実年齢と「認知・適応」との差は−9か月,「言語・社会」との差は−10か月であり認知発達は全般的に遅れている。

2) 子どもの特徴の背景

① ことばの理解が十分に育っていない
- 全体指示のことばでは理解できない。
- 話を合わせてくれる大人との一対一の会話は成立するが同年齢の子どもとの間では成立しない。
- 他児の気持ちを推測し,それをことばで理解することができない。

② 理解の面での発達が遅れている
- 集団活動の内容がわかりにくいため参加しない。
- 同年齢の子どもの遊びでは楽しみを共有できず,発達状態が似ている年齢が下のクラスの子どもと遊ぶことが多くなっている。

3) 目標の設定

　全般的な遅れのある子どもは理解できる範囲が狭いためクラスの他児と同じ事柄に興味や関心を抱くことができないことが多い。そのため,本児のようにクラス集団とは離れ,自分の興味や関心のあることを楽しむようになることがある。しかし,クラス集団の一員として同じことを楽しいと感じることはその子どもの社会性の発達を促す重要な経験である。したがって,この子どもへの支援は認識を促すと同時に他児と興味や楽しみを共有できるような支援がなされる必要がある。そこで,次のような目標が設定される。

① 中・長期的目標
- ことばの全体的な認識を伸ばしていく。
- 同年齢の他児と子どもの力だけでかかわれるようになる。
- 同年齢の他児と楽しみを共有できるようになる。

② 短期的目標
- 物の分類についての理解を促す。
- 活動の内容を理解しクラス活動に参加できるように促す。
- 活動への参加を通じて他児と楽しみを共有できるようにする。

4) 保育計画の考案
① 個別の対応
a. 絵本を通じた理解の促進：ことばの理解を促すためには子どもと個別にかかわる時間を設ける必要がある。例えば，絵本を通じて絵本に描かれている物の名前や，色，形，用途などを確認することで物の分類についての理解を促すことができる。このような個別の対応はクラス全体の保育の中でゆったりと子どもとかかわれる時間をみつけて行う必要がある。

b. 具体的な物を使った説明と座席位置の配慮：全般的に認知発達が遅れている子どもは全体への指示だけでは指示されたことを理解できない。そこで話す内容を絵や実際に使う物を具体的に見せながら話すと理解を促すことができる。このように視覚的な働きかけをする際には，物がよく見える位置にその子どもを座らせるとよい。そのためには図20－1のような座席位置を固定するなどの配慮が必要となる。座席位置を固定し保育者の近くに座らせると，その子どもに個別の声がけをしやすくなるといった利点もある。

② 集団での対応
a. 物の分類の理解を用いたルール遊びを設定する：個別の対応で取り組んだ絵本を通じた物の分類についての理解をルール遊びへと発展させることができる。具体的には，本児が個別の対応を通じて何度も経験している内容でアレンジしたフルーツバスケットがあげられる。フルーツバスケットは「いちご」「みかん」などの名前によって移動する遊びであるが，「赤いもの」「丸いもの」のように物の特徴によって移動するといったルールに変更することも可能である。

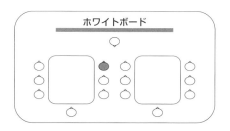

図20－1　座席位置の例

フルーツバスケットのアレンジと実施の工夫

◆ルール
①円になって椅子に座る。
②子どもにはそれぞれ，「いちご」「みかん」「とまと」「にんじん」といった「くだもの」や「やさい」の絵カードを首からぶらさげる。
③「赤いもの」「丸いもの」「くだもの」「やさい」「赤いくだもの」「オレンジのやさい」といった属性に合うカードを持った子どもが移動する。

◆工　夫
・子どもが親しみやすく，単純な属性を設定すると取り組みやすい。
・絵カードを首からさげる，手首に絵カードを取り付けるなどの工夫をすると自分に割り当てられたものを覚えていられる。また，色や形などの属性を確認することもできる。
・子どもの発達に応じて料理名によって，その料理で使われる材料が移動する（例えば，「カレー」で「じゃがいも」「たまねぎ」「ぶたにく」が移動する）などルールを複雑にしていく。

本郷（2010）[2]を筆者が再構成

b．ルール遊びのルールをわかりやすくする：ルールを目で見てわかりやすくなるようにすることで本児の力だけでも遊びに参加できるようになる。このような工夫は本児だけでなく他児にとってもわかりやすくなるため，クラス集団全体の遊びの充実を図ることができる。

(2) 事例２：知的発達にアンバランスがみられ状況に合わない行動をする６歳児の支援例

　事例２の子どもは５歳児クラスに在籍する６歳６か月の男児である。１歳６か月，３歳児健診では問題は指摘されなかった。しかし，４歳になって集団での問題や他児とのかかわりの問題から保護者が専門機関に相談をしたところ自閉スペクトラム症／自閉症スペクトラム障害の診断がなされた。保護者はその後も継続的に相談機関にかかっている。
　子どもは知的発達には遅れがみられないため統合保育の対象にはならず，１人担任体制に保育内容によってフリーの保育者が補助に入るなどして支援体制を整えている。

1）子どもの特徴

① 保育者からみた子どもの姿

・知的な理解は年齢相応である。むしろ，文字や数の理解は他児よりも高い。
・お集まりで保育者の話とは関係ないことを話しはじめる。
・次の活動がわからない，どうすればよいかわからないときに，あちこち動き回って落ち着きがなくなる。
・発表会などいつもと違う状況では落ち着かず，ふざけてしまい，自分では制御できない。
・ルール遊びはルールがわかっていることであれば遊びに参加できるが，ルールがあいまいで理解が十分にできていないとふざけてごまかす。
・見通しがもてる遊びであればはりきって参加する。しかし，思い通りにならないと途中で抜けていなくなってしまう。
・自分の思いを出し抜けに話し出し，相手の意図を理解できないため他児との会話，保育者との会話のいずれも成立しないことがある。
・相手が嫌だと思うことを言ってしまう。
・他児は本児に対し拒否的である。

② 知能検査の結果

表20-2，20-3は6歳6か月時に保護者から提示されたWISC-Ⅲ（現在はWISC-Ⅳ，第12章参照）の結果である。この結果からは次のことがわかる。

・知能指数は言語性，動作性，全，いずれも約100程度と，知的な遅れはみられない。
・言語性下位検査結果では，「知識」と「単語」は7歳以上の発達であるのに対し「理解」は5歳程度と実年齢よりも遅れており，得意な検査と不得意な検査がある。
・「知識」「単語」のような辞書的なことばの理解を得意としているが，「理解」

表20-2 事例2 WISC-Ⅲの結果（6歳6か月時）

知能指数(IQ)	言語性	96
	動作性	107
	全	101

表 20-3 事例2 WISC-Ⅲの言語性下位検査の結果（6 歳 6 か月時）

下位検査	質問の内容	相当年齢	実年齢との差
知識	目は2つあるなど一般的な知識	7歳2か月	+8か月
類似	2つのことばの類似点	6歳10か月	+4か月
算数	10以下の暗算	5歳2か月未満	−16か月以上
単語	単語の意味	7歳6か月	+12か月
理解	日常的な問題の解決や社会的ルール	5歳2か月	−16か月
数唱	3-7-5といった数の記憶と復唱	5歳2か月未満	−16か月以上

といった話の内容の理解は苦手である。
・耳から入る情報を聞き理解することが必要な「算数」「数唱」は5歳2か月未満と遅れている。

2) 子どもの特徴の背景
① 単語はたくさんあるが話の内容を理解することができない
・知っていることばは多くても保育者の指示内容を十分に理解できないため，次の活動がわからなくなり動きが多くなる。
・相手の発話意図がわからないため他児との会話が成立しない。
② 具体的なことは理解できるが状況や場面を理解することができない
・見通しがもてると活動には参加できるが，状況から場面に合った行動を推測して実行することができないため，わからないときは動きが多くなりふざけてしまう。
・状況に適切な言動を理解できず不適切な言動をする。そのため，他児は本児に対し不快感をもち拒否的になっている。

3) 目標の設定
　本児のように他者の意図の理解に困難さを抱えている場合，その理解を通じた仲間関係の変化はすぐには期待できない。むしろ，本児の得意なことを活かして他児と一緒に協力して達成するような経験を通じて他児とのかかわりを広げていく必要がある。楽しいと思う経験が多くなることで思い通りにいかない場面でどのようにふるまえば楽しさを持続できるのかを考え，場面に合った行動をとれるようになることが期待される。
　また，本児の多動は見通しがもてないことと関連している。本児は年長児で

あることから翌年には就学を控えている。そのため、小学校での生活にスムーズに移行できるように見通しをもって生活できるような支援が必要である。

① 中・長期的目標
・混乱なく一日の生活を過ごせるようになる。
・新しい課題にも積極的に取り組めるようになる。
・他児との肯定的な仲間関係を形成する。

② 短期的目標
・活動の流れを確認しながら自分で生活の見通しを立てられるようになる。
・他児と協力しながら遊びを進める。

4）保育計画の考案

① 個別の対応

a. 新しい活動は事前に伝える：これまで経験したことのない活動やいつもとは違う活動をする場合には、本児には事前にその内容を伝える。その際、こ

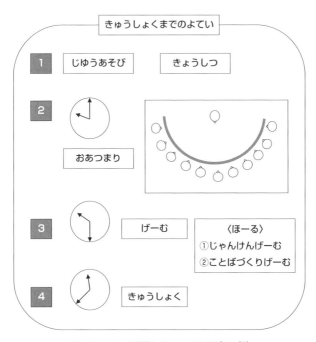

図20-2　見通しをもてる予定の例

とばで説明するだけでなく場所や使用する物などを示し，本人がこれから起こることをイメージできるように促す．

 b．**予定表と時間の提示から自分で見通しをもてるようにする**：予定は絵に描くなどして目で見てわかるようにする．文字の理解が進んでいれば文字で予定を示すと小学校への準備にもなる（図20-2）．また，これを時計で時間も一緒に示すことで，本児が自分で予定を確認し活動の見通しをもてるように促すことができる．

 ② 集団での対応
 a．**本児の得意な文字や数字を使ったチーム対抗のルール遊びを設定する**：本児は文字や数字への理解が高い．文字や数字の理解を促すことは他児にとっても就学へ向けて重要な取り組みである．そこで，チームで協力して文字や数字を使って遊べるようなルール遊びを設定する．具体的には，例えば「ことばづくりゲーム」があげられる．このゲームは，例えば「りんご」が3文字で構成されているといったことばの理解を発展させたものである．このゲームの主なルールは手持ちのカードを使ってチームで協力してことばをたくさんつくることと，文字数の多いことばをつくると得点が大きいことである．そのため，チームの仲間とことばが何文字で構成されるのか，それが長いのか短いのか，どうすれば手持ちのカードでたくさんのことばをつくることができるのかといったことを相談しながらすすめられる．

3．認知発達支援の留意点

　認知発達の支援は特別な配慮を必要とする子どもの生活が豊かになるようにするだけでなく，クラス集団全員が充実した生活を過ごせるようクラス集団への支援も重要である．例えば，事例1では座席位置を固定する，事例2では時計を子どもの目線の位置に下げるといった物的環境の整備をする．これらの整備を整えることで保育者が個別の配慮をする機会が減少し，その子どもへの対応の間に活動が中断されることも少なくなる．それによりクラス集団全体の保育がよりよいものになるだろう．また，配慮が必要な子どもとクラス集団全体の保育を豊かにするためには，ルール遊びなど1人担任では進行が難しい保育

第 20 章　認知発達への支援の実際　　*211*

ことばづくりゲーム

◆ルール◆

〈文字集め段階〉（図 20-3）
　①いくつかのチームに分かれる。
　②文字数カードゾーンで数字が書かれたカードを 1 枚取る。
　③文字カードゾーンで先ほど取った文字数カードに書かれている数と同じ数だけ文字カードを取り，自分たちのチームのカゴに入れる。
　④文字カードの数を数えて，カードを多く集めたチームの優勝。

〈ことばづくり段階〉（図 20-4）
　①自分たちのチームのカゴから文字カード使ってことば（単語）をつくり，ボードに文字カードを貼る。
　②短いことば（5 以下）は 1 点，長いことば（6 以上）は 3 点。
　③合計点数の多いチームの優勝。

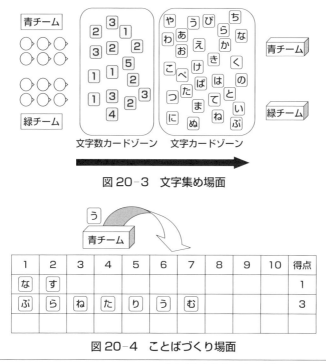

図 20-3　文字集め場面

1	2	3	4	5	6	7	8	9	10	得点
な	す									1
ぷ	ら	ね	た	り	う	む				3

図 20-4　ことばづくり場面

仙台市保育指導課（2010）[3] を参考に筆者が再構成

場面では職員間の連携を中心とした保育体制を整えるといったことも必要である。したがって，複数の支援を同時に並行して行いながら認知発達の支援がなされる必要がある。

このような認知発達の支援は子どもの特徴と発達の状態の整理に基づいて目標を設定し，複数の支援が立案された支援計画によってなされなければならない。そうすることで，支援計画の実践の結果がその子どもと行った保育内容を評価する重要な情報になる。すなわち，子どもの行動特徴に改善がみられれば子どもに対するみたてと支援計画が適切であることがわかり，改善がみられなければどこに問題があるのかを整理することができる。

さらに支援計画の実践と子どもの変化を整理することで，保護者に対し保育所での取り組みを伝えることができる。保護者支援では保育所で行っている取り組みを具体的に保護者に伝えることを通して，子どもの状態について保護者と共通理解を深めていくことが重要である[2]。

このように，認知発達の支援はしっかりとした支援計画に基づいてなされる必要がある。そのためには，日々の生活での子どもの特徴をとらえ，その背景となる発達の状態を整理することが重要である。

● 演習課題 ●

1. 実年齢は5歳6か月だが発達年齢は4歳である女児の認知発達を促す集団での対応について考えてみよう。
2. 知的な遅れはみられないが保育者の指示をすぐに忘れてしまう特徴をもつ5歳児（男児）の認知発達を促す個別の対応について考えてみよう。

■引用文献

1) 本郷一夫（2005）園での保育計画．渡部信一・本郷一夫・無藤隆編著：障害児保育，pp.109-120，北大路書房
2) 本郷一夫（2010）「気になる」子どもの保育と保護者支援，建帛社
3) 仙台市保育指導課（2010）「気になる」子どもの理解と対応の研究Ⅵ―共に育ち合う遊びの充実に向けて

第Ⅱ部 保育実践編 Ⅱ-Ⅱ 保育の場における支援の実際

第21章
言語・コミュニケーションへの支援の実際

1. 伝え合うこと

　動物が動物社会で生きていくためには，他の個体に自分の要求や，感情，状況を伝え，相手からも情報をもらって生きている。このような相互の伝え合いのことをコミュニケーションとよぶ。コミュニケーションが成立するためには，情報の発信者と情報の受け手，情報を伝える媒体が必要となる。発信者が情報を送る媒体としては，話しことば，音，絵や文字，身振りなどがあり，受信者は，聴覚，視覚，触覚などを使って情報を受け取る。

　人間の場合は，音声を使った「話しことば」と文字を使った「書きことば」という手段で情報の交換をしているが，音声によるコミュニケーションの際は，話しことばだけではなく，ノン・バーバル（非音声言語）での伝え合いも同時にしている。ノン・バーバルコミュニケーションとは，表情や視線の動き，しぐさ，身体接触，声の調子，姿勢，対人距離などによって対象と交信することをいう。ことに話しことばの未発達な発達の初期はノン・バーバルコミュニケーションの役割は大きい。したがって，乳幼児を対象とする育児・保育の場では，発話のための発達支援に偏るのではなく，ノン・バーバルなコミュニケーションも考慮した支援をしていく必要がある。

2. コミュニケーションの発達と保育の場における
コミュニケーション支援

(1) 0歳児保育の場で

　乳児は，視線や表情などのノン・バーバルな手段をフル活用しながら周囲の

人への働きかけをしている様子がみられる。並行して話しことばの表出の準備もしている。以下，両者の発達のプロセスと支援についてみていこう。

1）泣き，微笑みかけ，見つめ合い，相互作用

子どもは胎児の頃から，五感を使って自分の周りの環境を認識しようとしている。そして，生後すぐ，新生児は不快なことがあると泣くことで自分の状態を表現し，大人に不快な状況を除去してもらうと周囲の状態が変化したことを身体全体で認識し，心地良さを感じることができる。新生児期はまだ，大人に養護してほしいという意図性はないが，月齢が進むにつれ，「泣く」と大人が働きかけてくれることを学習していく。

乳児が発する「泣き」も火がついたような強い泣きから穏やかな泣きまで，本人の状況によって強さや高低が異なる。乳児の泣き方にも個性があり，いつも聴き慣れている養育者は，乳児が，お腹がすいているのか，おむつが濡れているのか，眠いのか，暑いのか，泣き方の特徴を乳児の生活リズムから判断できるようになる。乳児保育に携わる保育士も子どもの泣きの特徴を把握し，子どもの要求に応じた対応ができるようになることが望ましい。

気をつけたいのは，泣きの頻度が少ない乳児への対応である。育児をしている母親や保育をしている保育士はただでさえ忙しいため，子どもがあまり泣かず，おとなしいと手のかからない子と認識してしまい，つい働きかけないですましてしまいがちである。大人の働きかけが少なければ，子どもの反応も引き出せない。こうなると，人とのコミュニケーションの循環が起こらず，子どものコミュニケーション意欲も高まらない。積極的な大人からのかかわりは，乳児からの訴えがなくても常に必要なのである。

生後2～3か月頃になると，泣きだけでの表現だけでなく，ご機嫌のよい

図21-1

発声（クーイング）が出たり，微笑行動が多くなる。こうした行動は，周囲の大人を引きつけ，あやしたいという気持ちを起こさせる。あやされると子どもはさらに微笑み，大人を見つめ，子どもと大人の相互作用が盛んになっていく。

微笑みは，相手の気持ちをなごませる機能をもっている。人間は，微笑みを自分の身を守る手段として使っているとも言われている。笑顔が溢れる子どもは付き合い上手になれる。

周囲の大人が不機嫌であったり，子どもに緊張を強いることを常時していると子どもは笑えない。養護にあたる者に笑顔があれば，子どもは安心して笑うことができる。子どもの笑顔を絶やさないようにするには，養護にあたる者の笑顔の維持も大切なのである。

2）大人のことばがけ

一般に母親が乳児にことばがけをするときは，大人同士の会話のときとは異なる高いピッチの声で，短いことばで，語尾を長くして，繰り返し話しかけていることが多い。

このように，子どもに大人の話かけの内容がわかるか否にかかわらず，大人が単純化した単語で，誇張した抑揚で話しかけることが子どもの言語獲得の一助となっているのである。こうした語りかけは養育者や保育者に心の余裕がないと生まれない。授乳や食事のときも，おむつを替えるときも，寝るときも，遊ぶときもゆったりと養育者や保育者が話しかけられるよう余裕をもって接したい。

3）共同注視から３項関係の成立へ

生後４か月頃からはじまる養育者の凝視したものを自分も視る共同注視行為を基盤としながら，９か月頃になると手さし（指さしの変形）や指さし，手渡し，提示の身振り（ジェスチャー）を使って，養育者に視てほしいものの方向を指したり，さわったりしながら，養育者の顔と物を交互に視て，養育者に視てほしいと訴える。これが，人と人あるいは，人と物との２項の関係から，人－物－人の３項関係への移行である。

３項関係が成立するようになるということは，直接相手の手を引くなどしてその物のそばに連れて行かなくても，身振りと視線の共有で物を介してのコミュニケーションができるようになることであり，また，指された物をどうにかしたいという意図を伝達することでもある。せっかく，子どもが身振りと発

声で視てほしいと大人に訴えている物を無視してしまうと子どもの関心は逸れ，コミュニケーションが続かなくなってしまう[1]。

　できるだけ，大人が，子どもが示している物を視て，何がしたいのか子どもの意図を理解していくようにして，コミュニケーションの連鎖を断ち切らないようにしたい。

4）喃語の出現と変化

　生後4か月頃から，子音と母音，母音と母音を組み合わせた音声が出はじめ，生後6か月頃には，「ババババ」のような反復喃語が出現する。この頃から，身近な大人が「ブブブ」のように反復音でことばがけをすると，口元をよく視て，音の模倣をするようになり，その音をさらに大人が真似すると，また子どもが真似るといった音真似ゲームが続く。

　9か月頃には，異なる子音と母音を組み合わせ，あたかも文章を話しているかのごとく長い発話と大人の抑揚パターンに似た発話がみられる。有意味単語になっていないので，大人にとってはでたらめ語に聞こえる。これが，ジャーゴン（jargon）とよばれるものである。

　大人には理解し難い発話であっても，わからないからといって無視したり，うるさがるのではなく，「ウン，ウン，それで・・・」とあいづちをうちながら話しを聞いてあげ，しゃべろうという意欲をそがないようにしたい。

遊びの中で　その1

　遊びのなかで，子どもは周囲の人からことばや動作を学んでいく。保育者がことばを聞かせる，乳児の発声を促す，物の理解を促すための遊びの例を示してみた。具体的な遊び方は，あそびのアイディアの文献を参照されたい。

　①歌遊び——わらべうた
　②触れ合いと発声を促す遊び——赤ちゃん体操，くすぐり遊び
　③隠れているものを想像する遊び——「いないないばあ」遊び
　④音を楽しむ遊び——楽器遊び（マラカス，鈴，たいこなど）

---

(2) 1歳児保育の場で

1）身振りの活用

　1歳を過ぎると，身振りを伝達手段によく使うようになる。指さし，首ふり，

パチパチ（拍手），うなずき，バイバイ（手ふり），ちょうだいの動作などをその子どもなりの形態と使用のしかたはあるものの，大人も共有できる意味のあるジェスチャーとして機能しはじめる。

例えば，指さしは，何かを周囲の人にしてほしいとき（要求），「犬がいた」などと知らせたいとき（叙述），

図21-2

何かという疑問に応えてほしいとき（質問）などに使用できることを学習し，それぞれの場面で伝達手段として機能させるようになる。さらに1歳半頃には，大人の「○○はどこ？」の質問に応じて，物や人を指さす応答の指さしも出てくる。

話しことばは発せられなくても，身振りを伝達手段として使えることを学習しはじめた頃には，周囲の大人も，その子の使えるジェスチャーを使って伝達してあげることで相互の意思伝達がより可能になる。保育者も話しことばだけの働きかけではなく，積極的にジェスチャーを使ってみよう。

2）話しことばの出現 ― 一語文から二語文へ

1歳を過ぎると，事物や出来事とそのものの概念との関係が理解できるようになり，意味のあることば（有意味語）が出現する。

大人にもわかる有意味語が出はじめると，大人は「それでよい」と言わんばかりに子どもの発したことばを繰り返して子どもに語りかける。その繰り返しが子どもの意味理解の再確認になっていく。

自分を含む人や物には，名前があることがわかると命名することがおもしろくなり，語彙が増えていく。

大人が，子どもがすでに知っているものを子どもの前でゆっくり，はっきり命名してあげることで，子どもはことばを覚えやすくなる。

覚えることばは，名詞ばかりでなく動詞も加わり，「マンマ，たべる」のように二語文が使えるようになっていく。二語文も表出できるようになったとはいえ，使える語彙はまだ少ないので，ジェスチャーもことばに添えて伝達しよ

うとする姿がみられる。ジェスチャーの形は，手指や身体の運動機能の発達の具合と連関するので，その子ども，子どもによって形が異なることがある。保育者はその子どものジェスチャーの意味をとらえ，保育者もその子どもに通じるジェスチャーを使用して伝達意図を共有できるようにしたい。

遊びの中で　その2
　①模倣を促す遊び――手遊び歌
　②指さしや発語を促す遊び――絵本，絵カード遊び
　③つもり（みたてる）遊び――人形遊び，ままごと遊び
　④人の名前の理解を促す遊び――名前呼びの歌

---

(3) 2歳児保育の場で

　2歳児の話しことばの発達はめざましいものがある。徐々に，会話も成立しはじめる。

1) 会話のはじまり ― 伝えたい ―

　会話を成立させるためには，①話し手と聞き手の役割交代を理解する，②注意または話題を共有する，③会話の話題の変化を認識する，④新しい会話の話題を生み出し，維持し，発展させることが必要になる。これらの会話のルールを2歳から3歳にかけて習得し，相手との対話を楽しむようになる。

　この会話のルールの習得には，大人の助けが大きな役割を果たす。子どもがことばを話そうとする努力に大人が敏感に応えて支援する足場づくりをすることで，子どもは会話の積極的な参加者となることができる[2]。会話の途中で「あのね，あのね」と話が続くサインを出したときは，しっかり待ってあげたい。

　またこの頃は「ワンワン　て　ないてる」，「おほしさま　キラキラ」など，擬音語や擬態語を交えた表現をよくしたりする。大人が子どもの行為にぴったり一致するような擬音語や擬態語を使うことで子どもの行為の進行役としての役割を担うことができる[3]と言われるように，子どもにとっても言いやすい擬音語や擬態語も交えて語り合うことで，情景を互いにイメージしやすくなる。

2) 人と人をつなぐことば

　2歳児は，自分以外の子どもの存在を意識しはじめ，他の子どもが遊んでいくところに寄っていくようになる。人が持っている物を使いたがったり，同じ

ように遊んでみたがったりする。ともするとぶつかり合いや「○○ちゃんの！」と取り合いになってしまうことも多々ある時期である。「かして」「ありがとう」「ごめんなさい」などの人と人をつなぐ挨拶ことばを大人に促されて，または保育者と保護者のやりとりなど大人と大人のやりとりを見ることから覚え，動作とことばを添えて自分でも表現できるように徐々になっていくのである。挨拶ことばの学習は，日常場面での大人の行動の影響が大きい。保育の場でも大人同士が積極的に挨拶している場面を子どもに見せられるようにしたい。

3）気持ちをことばで表す

2歳の頃に，「悲しい」「嬉しい」「嫌な」など内的心的状態を表すことばを使いはじめる。2歳後半から3歳にかけては，自我が芽生え，自立を主張する時期でもあるので，「あっち行って」「○○がする」「やだ」等，大人の指示に異議を申し立てる行為をするようになる。そして自分の思い通りにならないとだだをこねる行動が出てくる。保育者は，「おもちゃ使いたかったんだね。ちょうだいって言おうね」「○○ちゃんもしたいって」などと子どもの気持ちを代弁し，子どもを納得させながら，ことばで気持ちを伝えるように促していくよう心がけたい。

4）質問をする

2歳の後半になると，大人からの「これなに？」の質問に答えられるようになるとともに自分でも「なに？」と疑問詞を使って質問したり，語尾をあげて，「○○いく？」のように質問してくる。しかもさっき答えてあげたばかりなのに，また繰り返し同じ質問をしてくることがある。大人に応えてもらうことが楽しいのである。「待ってて」「あとで」と応答をはぐらかさず，根気よく応えてあげることが大切である。

遊びの中で　その3

①やりとりを楽しむ遊び——ごっこ遊び（ままごと，お出かけごっこ，電話ごっこ，買い物ごっこ，人形ごっこ，電車ごっこなど）

②呼気を調節する遊び——ストロー吹き，紙吹き

③物の名前の理解と表出遊び——隠し絵，絵カルタ，絵本，紙芝居

④リズムを楽しむ遊び——手遊び歌，童謡，楽器遊び

(4) 3歳児保育の場で
1) 過去・未来を語る
　3歳を過ぎると，今ここにないものやここで起きていない出来事について語るようになる。例えば「きのう　おとうさんと　動物園　行った」「あした　おもちゃ　買いにいく」のように過去の出来事や未来のことを語るようになる。ただ，まだ昨日，今日，明日の時系列は正確でなく，過去の出来事はなんでも「きのう」で表現していたり，あとですることはなんでも「あしたする」になっていたりする。保育者が事実関係をよく認識した上で，話を聞いてあげるようにしたい。

2) 空想遊び
　3歳になるとことばでことばを考える，思考としての言語が発達する。声に出していなくても，言語化して考えるのである。それと相まって3歳児は空想の世界で遊ぶのが大好きになる。なんでも生き物にみたてて遊び，友だちともアニメのキャラクターになったり，動物になったりして「○○ごっこ」を盛んに行う。以前に見たり聞いたりした場面やことばを再現する。また，実在しないものを想像して話したり描いたりするようになる。グループでのごっこ遊びのなかで他児の使うことばを吸収し，家庭では習得するチャンスがないと思われるような言い回しも発するようになり，話しことばの世界が広がる。ごっこ遊びをしやすい環境設定を保育の中でも考えたい。

　Aちゃんのエピソード：押し入れが少し開いているのを見て
　　Aちゃん「なんか　においがする」
　　おかあさん「なんの　におい？」
　　Aちゃん「おばけの　におい」

3) 質問に応えてほしい
　疑問詞「なに」「だれ」「どこ」「どっち」を使っての質問は，2歳後半からみられるが，3歳を過ぎると，「どうして」「なんで」「どうやって」とWhy？やHow？に当たる疑問詞を使って質問をしてくる。この頃の質問は，質問の内容を正確に答えてほしいというよりは，大人にとにかく自分の質問に応えてほしいという思いが強い。例えば，「どうして　幼稚園行くの？」の質問に正当な理由を大人が答えたとしても，子どもは理解できそうもないにもかかわら

ず，大人に何か答えを出してほしいという要求があるようである。保育の場でも質問をしつこくしてくる子どもがいたら，「質問」というかたちでの関係づくりを求めていると解釈して対応してみるとよいかもしれない。

(5) 4歳児保育の場で
1) 報告をする
「きのう　おかあさんと　買い物に　行った」のように，その場面を見ていない人に自分の経験を報告することができるようになる。昨日，今日，明日の理解も進む。今，ここで以外の経験を友だちの前で語れるように，テリング（telling）タイム（お話の時間）を保育の中で設けてみるのも子どもの語りを促すひとつの方法になるであろう。
2) 相手の意図理解
4歳を過ぎると相手の意図の理解や，信念の理解ができるようになってくるという。相手と衝突したとき，けんかして相手が傷ついたときなどに，「○○ちゃんはどんな気持ちかな？」「○○ちゃんは何をしようと思っていたのかな？」などと保育者がことばがけをして，相手の気持ちを考える機会をつくっていくこともこの時期には大切である。
3) ないしょ話
人はなぜ，ないしょ話をするのであろう。周囲の人に聞かれると恥ずかしいとき，特定の人と秘密を共有したいとき，特別に特定の人に聞いてほしいとき，大きい声が出せないときなどにないしょ話をする。

保育所や幼稚園の4歳児クラスでは，仲間を意識しはじめ，いつも一緒に行動する仲のよい友だちがあちこちでできている。友だちとは，秘密も共有することで一層仲間意識を強めるのであろう。ないしょ話を仲のよい友だちとしている場面をみかける。また，羞恥心も芽生えてくる頃であり，信頼できる人にしか言えない恥ずかしいことをないしょ話でしてくれる。恥ずかしいことばかりでなく，特に嬉しかったことなども「ねえねえ　ちょっと　耳かして」などと言いながら大人に話してくれる。

みんなの前では自分の意思表示ができにくい子どもには「ないしょ話で先生に話して」とそっと話を聞いてあげるのもコミュニケーションをとる1つの手

4）構音の発達

ことばはよくしゃべるようになったが，4歳になっても発音が不明瞭で聞き手にわかりにくいという相談をよく受ける。一般的に視覚的に確認しやすく動きがダイナミックな，両唇破裂音（p, b）や半母音（w, j），通鼻音（m, n）は早期に習得され，歯摩擦音（s）や歯破裂音（ts, dz）やはじき音（r）の習得は，5歳前後になってからと言われている。

発音が不明瞭だからといって，「はっきりしゃべりなさい」と強要して，子どものコミュニケーション意欲をなくさないように注意したい。

5）読みの理解

4歳になると，記号や文字に興味をもち，識別できるだけでなく，読む子どももいる。なかには，絵本の中の知っている文字を拾って読んでいる子どももいる。いつも読み聞かせている絵本であると，内容を覚えていてあたかも文章をすらすら読んでいるかのように声を出している子どももいる。文字で話が語られていることは認識しているのである。

また，「くるま」の語を見せると，「クルマ」と言うものの，「く」，「る」，「ま」1文字ずつ別に尋ねると読めない，つまり文字と文字が集まって語を形成しているという認識ではなく，複数の文字のかたまりとして語を認識しているということもこの時期にはみられる。まずは，語を多く提示して語の意味と実物とを一致させる学習ができるとよい。保育の生活の場で身近な物の名前や友だちの名前を文字化してみるのも文字への興味を促す方法である。

遊びの中で　その4
　①語りを促す遊び――ショー　アンド　テル
　②伝えることの大切さを知る遊び――伝言ゲーム
　③文字理解を促す遊び――カルタ取り，しりとり遊び，頭文字集め
　④想像を働かせる遊び――なぞなぞ

（6）5歳児保育の場で

1）順序立てて話す

5歳になると，だれが，いつ，どこで，なにをしたと順序立てて話すことが

できるようになる。また，話の因果関係や，相関関係を理解し，物語を聞いたり，自分でも人に語って聞かせることが好きになる。

ストーリーのある絵本も自分で読むことができる子どももいる。絵本の文字を自分で読めるようになったとはいえ，内容を理解するには，ことばの概念や絵本の内容に関する予備知識がいることから，大人による読み聞かせはなお必要である。

2) 書くこと

自分ではじめて書けるようになる文字は，自分の名前の文字が多い。書けるようになりはじめの頃の筆順は正確でないことも多く，鏡文字になったり，「ぬ」と「ね」のように形態の似た文字を書き誤ることも多い。筆順の誤りを問いただし過ぎて，書く意欲をそがないように注意したい。

図21-3　鏡文字の例

3) 言い訳

3歳頃からしたくないときに理由づけするような言い訳をするようになる[4]が，5歳を過ぎると言い訳もじょうずになる。失敗の原因を自分以外の物や人に帰属させたり，大人顔負けの説得力のある言い訳をしたりするようになる。言い訳は聞きたくないと突き放すのではなく，子どもの弁明も聞く姿勢を保育者はもちたい。

　Bちゃんのエピソード：Bちゃんが車の中で飴玉を落としたとき
　　おとうさん：あーあ，落とさないように気をつけなさい
　　Bちゃん：だって，おとうさんの運転がへただから，落っこっちゃったんだよ
　　　　　　（おとうさんのせいにする）

遊びの中で　その5
　①問題を考える遊び――なんでもバスケット
　②書字を促す遊び――手紙ごっこ
　③物語を表現する遊び――劇遊び

(7) コミュニケーション支援が必要な子どもたち

1) アセスメント（査定）の必要性

　言語の遅れや，コミュニケーションの問題が気になる場合，聞く，話す，読む，書く力のどこに支障があるのか，分析してみる必要がある。

　以下，コミュニケーションの問題に関するアセスメントの視点をあげた。

① ことばに遅れがあるか，あるとすれば，どの程度か。
② 遅れの内容は，構音（発音），語彙，統語（文法），語用（使い方）のいずれか。
③ 言語習得に関連する聴力や認知の問題，書字に関係する運動能力の問題，社会性の問題はないか。
④ 言語を育む環境はあるか。

2) 言語発達の遅れ・障害の背景

　言語障害には，「音声機能の障害」と「言語機能の障害」がある。音声機能の障害の主なものには，構音障害，吃音，早口言語症などがある。言語機能の障害には ASD や ADHD，限局性学習症／限局性学習障害（LD），知的能力障害に伴うもの，失語症，発達性言語障害がある。ことばの遅れの背景には，このほかに虐待を受け閉じ込められていた等で良好な言語環境がなかったためや，事故等の PTSD で精神的負荷がかかってことばがでないなどの例もある。

3) 専門機関，専門家との連携

　ことばの専門家として，言語聴覚士がことばの教室や療育機関，発達支援センター，病院などで働いている。ことばの問題で気になったら，言語聴覚士に相談して，日常の保育の場での留意点や支援のポイントの助言をもらい，連携しながら支援を進めるとよい。

4) ことばの遅れのある子どもへの言語発達支援

　秦野[5]は，言語発達支援の目標として，①生活文脈の中で，他者とのコミュニケーションを基礎とした遊びや，日常的な出来事の体験をどのように積み上げていくのか，という言語使用の背景となる活動をすること，②大人はどの程度，意識的に子どもの行動にかかわっていけるかを試みることをあげている。大人の意識的なかかわりの例として，子どもの行為，発話，音声などを真似たり，子どもの行動や気持ちを言語化したりすること，大人自身の行動や気持ち

を言語化したり，子どもの発話（発音，意味，文法，使い方）の間違いを正しい表現にして子どもに返したりすることをあげている。

　また，コミュニケーションには，単に情報を伝えることだけにとどまらず，他者とかかわることによって情緒的に交流することも含まれている。「寒いね」「できたよ」など自分の気持ちや感情を相手に伝えたり，「とてもがんばったね」など相手の行為に共感したり，自分が知っていることを教えて情報を共有することで，人と人との関係の中で，他者と共通世界を築くようなかかわりも，ことばを育てる基礎となるとしている。

5）具体的なコミュニケーション支援

　コミュニケーションに困難を示す子どもへの個別の支援計画は，その子どもの状態に合わせて作成され，それぞれ異なるが，困難の特徴に応じた支援の例を以下にあげてみる。

① 自閉的傾向がある場合

　自閉症の特徴：①対人関係がうまくいかない，②コミュニケーションがうまくいかない，③こだわりがあり，常同行動をする，イメージを膨らませられない。

　支援の実際例：
- 注意を喚起し，相手に注目したり，指示された物を見ること（共同注視）を促す。
- 時系列が見て理解しやすいように提示する。（例：スケジュールの提示）
- 大人からも，また子どもからも写真や絵カード，文字カード，ジェスチャーなど視覚的手がかりとなる物を使って伝える。
- 数字や文字，絵や写真などへのこだわりや関心があるものを伝達のツールとして利用してコミュニケーションの媒体とする。
- 字義通りに受け止められないことばや文脈に内包された意味を教える。
- 人と人をつなぐことば「ありがとう」「かして」「すみません」「すてきですね」などを場面，場面で使えるように習慣づける。

② 注意欠如・多動症／注意欠如・多動性障害（ADHD）の傾向がある場合

　ADHDの特徴：①不注意・落ち着きのなさ，②多動，③衝動性

　支援の実際例：

- 一度に複数の指示をださないようにする。
- 話の区切りをはっきりさせ，話の途中で割り込まないように促す。
- 時系列が見て理解しやすいように提示する。（例：スケジュールの提示）
- 順序立てて話す・書くように促す。
- 声の強弱が区別できるような指標を提示する。（声のものさしなど）
- 静と動の動きの区別がつく遊び（だるまさんがころんだ等）で静動の弁別ができるようにする。
- 日常の事象の因果関係を推察できるようにする。（例：ガラスのコップが床に落ちたらどうなる？）

③ **限局性学習症／限局性学習障害（LD）傾向がある場合**

LD の特徴：読む・聞く・書く・計算する・推論することのいずれかの困難の偏り。

支援の実際例：
- 入力しやすい感覚刺激を利用する。（視覚的刺激または聴覚的刺激）
- 音韻の弁別がしやすいように，語を比較する。（例：タカナ，サカナ）
- 文節の区別がつきやすいように区切りを提示する。（例：文節さがし）
- 話しの初めがどこか，今読んでいるところはどこか確認できるようにする。
- いつ，どこで，だれが，なにを，なぜ，どのようにした（5W1H）を意識化できるようにする。
- 話には順序があることを理解できるようにする。（例：4 コマ漫画，紙芝居，絵本）
- 書き写すときは，遠くの見本でなく，手元に見本をおいて書き写せるようにする。
- 1 対 1 対応をさせながら数を数える。

④ **知的な遅れがある場合**

知的能力障害の特徴：発達が全般に遅れている，抽象的な概念を学習しにくい，判断力が弱い，言語理解・表出に困難がある。

支援の実際例：
- ことばでの指示や教示は，はっきり，ゆっくりと明確にし，一度に複数の指示をださない。

・絵や写真，マーク等視覚的にわかりやすいツールも提示する。
・形と形，文字と文字の異同弁別ができるようにする。
・抽象的なことばの意味をくだいて説明する。
・ものの共通性を理解し，上位概念のことばを学習できるようにする。（例：犬も猫もうさぎも動物と言う）

⑤ 構音障害がある場合

構音障害の特徴：発音に一貫した誤りがある。

支援の実際例：

・絵や文字を手がかりに語音弁別を促す。
・指導目標音を決めて構音器官の動きの練習をする。
・聴覚障害からくる構音障害には，トータルコミュニケーション（読話，発語，文字，手話を併用）を試みる。
・重篤な構音障害があって表出困難な場合は，AAC（補助代替伝達手段：動作サイン，書字，視覚シンボルなど）も使ってみる。

⑥ 吃音がある場合

吃音の特徴：ことばの流暢性の欠如（ことばの引き延ばし，音の繰り返し，音の詰まり）。

支援の実際例：

・聞き取りにくかったことばを繰り返し聞き返さない。
・大人がゆっくり聞く姿勢をもつ。
・養育者の態度や家庭環境，保育環境を変えてみる。

7) 養育者への支援

　自分の子どもがことばを話せるか話せないかは，養育者からみれば大きな問題である。1歳頃に初語が出たときには，この先，話せるようになると一安心する。しかし，その後ことばの発達が思わしくないと，「ことばが遅れている」「ことばが増えない」と乳幼児健診時の相談などにあげてくる養育者もいる。このように，話しことばの発達を発達全般の指標のようにとらえている養育者も少なくない。

　一方，ことばが遅れていることだけが問題ではなく，対人関係や知的な理解の問題があるにもかかわらず，「うちの子は，ことばが遅いだけです」と言っ

て他の行動の問題に目を向けない養育者もいる。

　様々な価値観をもつ養育者への支援の姿勢として保育者は，養育者の考え方に理解を示しながらも，保育の場での子どものコミュニケーションの様子を丹念に伝えながら，子どもの発達支援として最善の方策はなにか養育者と考えていく必要があろう。保育者からの伝え方としては，子どもの長所を伝えながら，保育所や幼稚園で生活環境として整えられることを伝えていき，家庭での変化の様子を聞くようにする。その際，子どもの粗さがしをしたり，養育者の怠慢を指摘し，責任追及をするようなことは避けたい。保育者の一言が養育者の気持ちを追い詰めてしまわないように注意したい。

　まずは，保育者が養育者とコミュニケーションを円滑に取れるようにし，信頼関係を築きながら，情報交換できるようにしていくことが大切である。

● 演 習 課 題 ●

1. 乳児期のコミュニケーションで大切にしたいことはなんだろうか。
2. 幼児でも言える人と人をつなぐことばを具体的に考えてみよう。
3. ことばの遅れのある子どもへの言語発達支援の目標としたいことはなんだろうか。

■引用文献

1) 金谷京子（1997）養育者の無視行動が幼児のコミュニケーション行動に与える影響．第39回日本教育心理学総会発表論文集
2) 岡本夏木（1999）言語発達研究を問い直す．中島誠・岡本夏木・村井潤一：ことばと認知の発達，東京大学出版会
3) 遠矢浩一（1998）擬態語・擬音語とからだ．秦野悦子・やまだようこ編：コミュニケーションという謎，第4章，ミネルヴァ書房
4) 金谷京子（2009）The Developmental Changes of 'Excuse' in Early Childhood. XIVth European Conference On Developmental Psychology.
5) 秦野悦子（2002）言語発達支援の現代的問題と支援の場．岩立志津夫・小椋たみ子編著：言語発達とその支援，ミネルヴァ書房

さくいん

*イタリック体は，次頁以降にわたり同一語が出現することを示す

A-Z

ADHD … 129, 130, 199, 225
ASD … 101, 127, 130
Barker 仮説 … 27
CA … 114
critical period … 6
DA … 114
difficult children … 105
DQ … 114
FAS … 27
I … 191
imprinting … 6
IQ … 114, 124
IUGR … 27
KIDS … 7
LD … 129, 226
MA … 114
Me … 191
PTSD … 131
sensitive period … 6
SIDS … 27

あ

愛着 … 31, 132, 156
愛着障害 … 132
相手の意図の理解 … 221
足場（言語理解） … 90
足場づくり … 218
アセスメント … 113, 147, 163, 224
遊びの発達 … 178
扱いにくい子ども … 105
アニミズム … 35
アベレージパフォーマー … 153

い

育児語 … 91
一語文 … 36, 87
一次元可逆操作 … 76
一次的ことば … 42
遺伝説 … 3
移動運動 … 62, 67
意図理解 … 78

う-お

うつ状態 … 158
運動障害 … 130
運動発達 … 62
延滞模倣 … 35, 78
応答的な環境 … 40
親子関係 … 154, 193
音声機能の障害 … 224
恩物 … 12

か

外言 … 37, 89
鏡実験 … 191
書きことば … 43
核家族化 … 57
限局性学習症/限局性学習障害 … 129, 226
学習説 … 3
獲得 … 2
学級崩壊 … 145
過度の拡張 … 87
過度の制限 … 87
感覚運動的段階 … 73
環境閾値説 … 4
環境説 … 3
観察法 … 110, 118
感情（定義） … 93
感情の分化 … 95
感情の理解 … 96
感情表現の制御 … 99
間接検査 … 114
完全性の獲得 … 59
カンファレンス … 152

き

記憶範囲の狭さ … 120
擬音語 … 218
気質 … 103, 157
擬態語 … 218
吃音 … 227
「気になる」子ども … 7, 119, 144, 161, 198
機能間連関 … 5, 49
基本感情 … 94
基本的人権 … 56
基本的信頼 … 32
基本的生活習慣 … 34
虐待 … 15, 40, 101, 131, 163
ギャング集団 … 47
9, 10歳の節 … 49

さくいん

協調運動 ………… 62, 68
協同遊び ………………170
共同注意 ………………168
共同注視 ………………215
巨視表情 ……………… 98
均衡化 ………………… 75
勤勉性対劣等感 ……… 46

く・け

クーイング ……… 83, 215
具体的操作 …………… 44
具体的操作期 ………… 74
群指数 …………………117
経験説 ………………… 3
形式操作の段階 ……… 53
形式的操作期 ………… 74
継次処理 ………………117
言語獲得援助システム… 90
言語機能の障害 ………224
言語性IQ ………………117
言語聴覚士 ……………224
原始感情 ……………… 94
原始反射 ……………… 24
原初模倣 ………………154

こ

語彙の爆発 …………… 87
行為障害 ………………123
構音障害 ………………227
向社会的行動 ………… 47
行動観察 ………………113
刻印づけ ……………… 6
極低出生体重児 ……… 24
心の理論 ……………… 78
誤信念課題 …………… 78
ごっこ遊び ……… 77, 178
子どもの家 …………… 13

子どもの体力低下問題
　………………………… 62
個別の支援計画 ………225
個別の対応 ……………203
コミュニケーション …213
コミュニケーション障害
　…………………………129
コンピテンシー ………153
コンピテンス …………196

さ

作業検査法 ……………109
3項関係 ……… 36, 84, 215
産後うつ ……………… 28

し

ジェスチャー …………217
シェマ ………………… 75
支援計画 ………………202
自我アイデンティティ（同
　一性）の確立 ……… 54
自我の目覚め ………… 52
時間的拡張自己 ………193
子宮内胎児発育不全 … 27
自己意識 ………………194
自己意識的感情 ………193
思考としての言語 ……220
自己価値 ………………196
自己向上 ………………196
自己高揚 ………………196
自己実現 ………………195
自己主張 ………………195
自己制御 ………………195
自己中心性 ……… 78, 160
自己調整 ………………157
自己に対する否定的な評価
　………………………… 45

自己抑制 ………………195
自己理解 ……………… 45
自然観察法 ……………118
自尊心 …………………196
自他未分化な状態 ……190
実験的観察法 …………118
実念論 ………………… 35
質問紙法 ………………109
児童虐待 …………⇒虐待
児童相談所 … 145, 147, 150
児童デイサービス ……150
自発的微笑 …………… 26
自閉症 …………………225
自閉スペクトラム症／自閉
　症スペクトラム障害
　………………… 101, 127
社会的参照 …………… 76
社会的（語用論的）コミュ
　ニケーション症 ……130
社会的情報処理 ……… 80
社会的相互交渉 ………155
社会的微笑 ……………155
集団での対応 …………203
習得度 …………………117
馴化－脱馴化法 ……… 25
小1プロブレム（小1問題）
　………………44, 145, 149
小学校との連携 ……… 19
小学校への入学（適応）… 42
少子化 …………………159
象徴機能 ……… 35, 84, 178
情動伝染 ……………… 30
生得説 ………………… 3
所期 …………………… 84
初語 …………………… 87
事例検討会 ……………134
神経発達障害 …………123

人工論……………………35
新生児の知覚……………25
新生児反射………………64
心的外傷後ストレス障害
　………………………131
心理・社会的危機…32, 46
心理的離乳………………52

す–そ

随伴性……………………75
スクリプト………………77
ストレンジ・シチュエー
　ション…………………156
刷り込み……………………6
性格………………………*103*
生活年齢…………………114
成熟説………………………3
精神年齢…………………114
生態学的環境システム…38
正の機能間連関……………5
生理的早産説……………20
セルフ・エスティーム…196
前概念的思考……………35
全検査IQ…………………117
選好注視法………………25
潜在的な発達………………5
漸成説……………………56
前操作的段階……………73
相互作用説…………………4
喪失…………………………2
相貌的知覚………………35
ソーシャルサポート……159

た

ターンテーキング………83
第1次反抗期………38, 159
待機児童…………………151

大綱化……………………18
胎児性アルコール症候群
　…………………………27
対象化された自己……191
対人関係能力……………40
対人関係の枠組み………46
第二次性徴………………51
弟2次反抗期……………159
対話………………………138
脱抑制型対人交流障害／反
　応性愛着障害・脱抑制型
　…………………………133
多語文……………………88
脱中心化……………44, 53
タブラ・ラサ……………3
短期的目標……………203

ち

地域子育て支援センター
　………………146, 149
知的能力障害……124, 226
知的リアリズム…………36
知能検査……………113, 117
知能指数…………………114
注意欠如・多動症／注意欠
　如・多動性障害
　……………129, 198, 225
中・長期的目標………202
調節………………………75
超低出生体重児…………24
直接検査…………………113

て・と

低出生体重児……………24
出前型の育児支援……159
転導推理…………………35
投影法……………………109

同化………………………75
統合の獲得………………59
動作性IQ………………117
同時処理…………………117
特性論……………………108
特別支援…………………152
特別支援教育コーディネー
　ター……………………152
特別（保育）支援コーディ
　ネーター………………152
トラウマ…………………131

な–の

内言…………………37, 89
内的ワーキングモデル…162
仲間………………………*167*
仲間関係………160, *167*
喃語…………………83, 155
ニーズ……………………146
2項関係……………………84
二語文…………36, 87, 217
二次的ことば……………42
二次的障害………129, 199
乳幼児突然死症候群……27
乳幼児発達スケール……7
認知処理過程……………117
認定こども園……………18
ネグレクト………………163
能期………………………84
ノン・バーバルコミュニ
　ケーション……………213

は

ハイパフォーマー……153
バウム・テスト………110
発達（定義）……………1
発達アセスメント……113

発達加速現象 …………52
発達課題 …………32, 53, 68
発達期待 …………194, 197
発達検査 …………113, 115
発達支援センター
　　　　…………145, 147, 150
発達指数 ………………114
発達障害 ……123, 161, 199
発達年齢 ………………114
発達の悪循環 …………106
発達の最近接領域 ………81
発達の主導的活動 ………38
発達連関 …………………49
母親語 ……………90, 191
場面検討会 ……………136
バランス ……………62, 67
反射 ………………………64
反応性アタッチメント障害
／反応性愛着障害 ……133
反復喃語 ………………216

ひ・ふ

ビッグ・ファイブ説 …108
一人（独り）遊び ………170
微表情 ……………………98
被養育経験 ………158, 162
表示規則 …………………98
表象 ……………73, 77, 84
表面的発達 ………………5
敏感期 ……………………6
夫婦関係 ………………158
フェノメニズム …………36
輻輳説 ……………………3
負の機能間連関 …………6
プランニング ……………80

へ・ほ

平均発話長 ………………88
並行（平行）遊び ………170
偏差知能指数 …………114
保育カンファレンス …134
保育検討会 ……………134
保育コーディネーター …152
保育所保育指針 …18, 142, 154, 167
保護者からの聞き取り 113
母子・親子通園事業 …150
「保存」の概念 ………5, 77
保存の成立 ………………36

ま〜も

マージナルマン …………51
マタニティブルー ………28
みたて・つもり遊び …178, 187
メタ認知 …………………79
メタ認知能力 ……………45
目と手の協応 ……………76
目と手の協応動作 ………68
目的と手段の分化 ………76
モニタリング ……………79
物の永続性 ………………35
物の永続性の理解 ………76
物の操作 …………………69

ゆ・よ

有意味語 ………………217
有意味単語 ……………216
有能さ …………………196
幼児心性 …………………35
幼稚園教育要領 …………17
幼保一元化 ………………18

幼保小連絡会 …………149

り・れ・わ

臨界期 ……………………6
類型論 …………………106
ルール遊び …178, *183*, 188
レッジョ・エミリア・アプローチ ……………………14
連合遊び ………………170
ワールド・カフェ ……*138*

人名

アリエス, P. ……………10
イザード, C.E. …………93
ヴィゴツキー, L.S. …81, 89
エクマン, P. …………94, *97*
エリクソン, E.H.
　　　…………32, 45, *54*, 59
エインズワース, M.D.S. …156
カナー, L. ……………101
ジェンセン, A.R. …………4
シュタイナー, R. …………13
シュテルン, W. ……………3
スマイリー, P. …………96
ハヴィガースト, R.J. …32, 53
バロン-コーエン, S. …101
ピアジェ, J. …5, *35*, 44, 53, *73*, 84
ブリッジス, K.M. ………95
フレーベル, F.W.A. ……12
ペスタロッチ, J.H. ………12
ボウルビィ, J. ……157, 162
ポールソン, J.F. ………158
ポルトマン, A. …………20
モンテッソーリ, M. ……13
ローレンツ, K. ……………6
ワトソン, J.B. …………95

執筆者・執筆担当

〔編著者〕

本郷　一夫（ほんごう　かずお）　東北大学名誉教授　　　　　　　　　　第1章

〔著　者〕（執筆順）

糠野　亜紀（こうの　あき）　常磐会短期大学教授　　　　　　　　　　　第2章
津田　千鶴（つだ　ちづる）　元修紅短期大学講師　　　　　　　　　　　第3章
西野美佐子（にしの　みさこ）　元東北福祉大学福祉心理学科教授　　　　第4章
平川　昌宏（ひらかわ　まさひろ）　東北福祉大学社会福祉学科准教授　　第5章
片岡　彰（かたおか　あきら）　元聖和学園短期大学教授　　　　　　　　第6章
澤江　幸則（さわえ　ゆきのり）　筑波大学体育系准教授　　　　　　　　第7章
鈴木　智子（すずき　ともこ）　仁愛大学人間生活学部准教授　　　　　　第8章
小泉　嘉子（こいずみ　よしこ）　尚絅学院大学人間心理学科教授　　　　第9章
佐藤　幸子（さとう　ゆきこ）　山形大学医学部教授　　　　　　　　　　第10章
村上　凡子（むらかみ　ぼんこ）　和歌山信愛大学子ども教育学科教授　　第11章
平川久美子（ひらかわ　くみこ）　石巻専修大学人間学部准教授　　　　　第12章
山本　有紀（やまもと　ゆうき）　洗足こども短期大学准教授　　　　　　第13章
井上　孝之（いのうえ　たかゆき）　岩手県立大学社会福祉学部准教授　　第14章
松好　伸一（まつよし　しんいち）　仙台白百合女子大学人間発達学科講師　第15章
足立　智昭（あだち　ともあき）　宮城学院女子大学教育学科教授　　　　第16章
高橋　千枝（たかはし　ちえ）　東北学院大学文学部准教授　　　　　　　第17章
杉山　弘子（すぎやま　ひろこ）　尚絅学院大学子ども学科教授　　　　　第18章
八木　成和（やぎ　しげかず）　桃山学院教育大学人間教育学部教授　　　第19章
飯島　典子（いいじま　のりこ）　宮城教育大学教育学部准教授　　　　　第20章
金谷　京子（かなや　きょうこ）　聖学院大学人間福祉学部特任教授　　　第21章

シードブック
保育の心理学Ⅰ・Ⅱ 〔第2版〕

2011年（平成23年） 1月25日　初版発行～第7刷
2015年（平成27年）11月20日　第2版発行
2022年（令和 4 年） 8月25日　第2版第6刷発行

編著者　本　郷　一　夫

発行者　筑　紫　和　男

発行所　株式会社 建　帛　社
　　　　　　　　 KENPAKUSHA

〒112-0011　東京都文京区千石4丁目2番15号
　　　　　TEL　（03）3944-2611
　　　　　FAX　（03）3946-4377
　　　　　https://www.kenpakusha.co.jp/

ISBN978-4-7679-5035-8　C3037　　　　　　教文堂／田部井手帳
Ⓒ本郷一夫ほか，2011, 2015.　　　　　　　　Printed in Japan
（定価はカバーに表示してあります）

本書の複製権・翻訳権・上映権・公衆送信権等は株式会社建帛社が保有します。
JCOPY　〈出版者著作権管理機構　委託出版物〉
本書の無断複製は著作権法上での例外を除き禁じられています。複製される
場合は，そのつど事前に，出版者著作権管理機構（TEL03-5244-5088,
FAX03-5244-5089, e-mail : info@jcopy.or.jp）の許諾を得て下さい。